Q&Aで読む日本外交入門

片山慶隆・山口 航 編

吉川弘文館

目次

日本外交は何を目指すか　片山慶隆

テーマ別・60のQ&A

戦前編

現代編

日本外交は何を目指すか

片山慶隆

〔日本外交の現在と本書の目的〕

二一世紀はアジアの世紀だといわれることがある。だが、日本にとって今世紀におけるアジアとの関係が必ずしも平穏だったわけではない。

中国との関係では、二〇〇二年の小泉純一郎《こいずみじゅんいちろう》首相による二度目の靖国《やすくに》神社参拝を機に関係が悪化し、二〇〇五年には日本の国際連合安全保障理事会常任理事国入り問題を主因として中国の多くの都市で大規模な反日デモが起きた。二〇一〇年には尖閣《せんかく》諸島沖での海上保安庁巡視船への中国漁船衝突事件によって「尖閣問題」が日中対立の焦点に浮上し、二〇一二年には日本政府による尖閣諸島国有化に反発した中国で七年前を上回る激しい反日デモが巻き起こった。

また、北朝鮮とは二〇〇二年に初の首脳会談が行われ、その後、一部の拉致被害者が帰国した。だが、朝鮮半島の安全保障問題を扱う多国間枠組みとして二〇〇三年に成立した韓朝日米中露の六ヵ国協議（六者会合、六者協議）は、まもなく機能不全に陥る。しかも、北朝鮮は二〇〇六年に核実験を成功させ、以後、合計六回の核実験と一六〇回を超える弾道ミサイルなどの発射によって軍事力を強化し、日本にとって最大の脅威となっている。

二〇二二年二月からウクライナに侵攻しているロシアとの北方領土問題は、解決の糸口がみえない。二〇二二年五月に尹錫悦《ユンソンニョル》大統領への政権交代以降は比較的良好な関係を保っているとはいえ、韓国とは徴用工・従軍慰安婦・竹島《たけしま》をめぐる領土問題など多くの懸案を抱えている。他のアジア諸国やアメリカ・ヨーロッパ・中南米・アフリカの各国とは緊急に解決すべき目立った問題はないとはいえ、現在の日本外交に閉塞感を覚える人もいるかもしれない。

確かに、日本の国力は数十年前と比較すれば、相対的に低下している。二〇一〇年に中国は日本を抜いて世界二位の経済大国になり、日本は四二年間も維持してきた座を譲り渡した。また、韓国は一九九六年に「先進国クラブ」ともいわれるOECD（経済協力開発機構）に加盟し、統計によっては購買力平価を考慮した一人当たりGDP（国内総生産）で日本を上回っている。台湾も、鴻海《ホンハイ》が二〇一六年にシャープを買収したように、経済的な強国である。インド・ブラジルといった「新興国」の台頭もあって、非西洋世界で唯一近代化に成功した国や欧米諸国以外で唯一の先進国といった自負も、すっかり過去の話になっている。

★—小泉純一郎首相の靖国神社参拝
（2002年、共同通信社提供）

とはいえ、冷静に考えれば、日本は依然として世界第三位の経済大国である。二〇二三年現在、人口は世界で一二位と上位であり、国際連合の非常任理事国では加盟国で単独一位の一二回も選出されている国際的な影響力を持つ国でもある。

また、本書の各項目でも論じているように、過去を振り返ってみれば、一九世紀や二〇世紀の日本外交が常に順調だったわけではない。むしろさまざまな問題をいつも抱えていたり、時に大きな挫折を経験したりした時期も少なくなかった。本書は、日本外交の過去と現在を知るとともに、未来の日本外交を考えるヒントを読者に与えることを目的としている。

〔戦前の日本〕

では、まず戦前から振り返ってみよう。日本政治外交史研究の大家である五百旗頭真は、文明史家アーノルド・トインビーの「ゼロット派（熱狂派）」と「ヘロデ主義」という概念を援用して、日本の外交路線を描いた（五百旗頭眞『政治史Ⅱ　日本政治外交史』放送大学教育振興会、一九八五年、五百旗頭真「序章　戦後日本外交の構図」五百旗頭真編『第三版補訂版　戦後日本外交史』有斐閣、二〇一四年）。「ゼロット派」と「ヘロデ主義」とは、有力な外部文明から挑戦を受けた際の対応のことである。前者が民族的誇りに突き動かされて外部勢力に対して勝ち目のない対決に走る国粋派であり、後者が強大な外部文明から学んで長期的に外部勢力を克服することを指す。日本は幕末以来、西洋文明に学び、近代国家となって、ついには日露戦争でヨーロッパの大国ロシアに勝利するまでになった「ヘロデ主義の成功例」（トインビー）であった。

だが、一九三〇年代になると、外部文明に学ぶよりも日本回帰と自主外交に軸を移し、軍事的排外主義に傾斜したと五百旗頭は指摘する。日本は日露戦争、第一次世界大戦、シベリア出兵でロシア／ソ連やドイツといったヨーロッパ諸国と戦争したこともあった。だが、この間、シベリア出兵期までは日英同盟でイギリスと同盟国であり続け、第一次世界大戦では協商国／連合国の一員として戦い、シベリア出兵でも欧米諸国とともに派兵している。第一次世界大戦中の対華二十一ヵ条要求のように欧米諸国と軋轢を生じることはあったものの、一九三〇年代に自主外交を始めるまでの日本は、基本的に協調外交を展開していたと考えていいだろう。

〔戦後の日本〕

「ゼロット派」と化して太平洋戦争に突入した日本は、敗戦後、占領下での民主化に向けた改革を進めていく。このような「アメリカナイゼーションに邁進した」姿も、五百旗頭のいうように「ヘロデ主義」的な対応と評すことができるだろう。

もっとも、戦後の日本外交に路線対立がなかったわけではない。アメリカとの協調外交だけではなく、「ゼロット派」ほど過激ではないが「自主外交」を求める勢力も存在した。たとえば、吉田茂《よしだしげる》首相を「対米追随」外交と批判した鳩山一郎《はとやまいちろう》は、一九五四年に首相の座に就くと「対米自主外交」を展開することになる。鳩山をはじめ「自主外交」を唱えた政権の外交政策に、どこまで自主性があったかは、さまざまな評価があり得るだろう。

★—鳩山一郎（国立国会図書館所蔵）

ここで確認しておきたいのは、冷戦下に西側陣営の一員だった国は、日本に限らずアメリカの強い影響下にあったがゆえに、アメリカからの「自主」を求める勢力が一定数、存在したことである。たとえば、フランスのシャルル・ドゴール大統領による一九六〇年代の「自主外交」や、西ドイツで対米協調を志向する大西洋派（アトランティカー）と激しく対立してフランスとの関係を重視したドイツ・ゴーリストがあげられよう（川嶋周一『独仏関係と戦後ヨーロッパ国際秩序—ドゴール外交とヨーロッパの構築 一九五八〜一九六九—』創文社、二〇〇七年）。また、「自主」を掲げるかどうかは別にして、同盟国であっても、具体的な外交政策をめぐってアメリカと立場を異にすることは当然あり得る。スエズ戦争（第二次中東戦争）やベトナム戦争期には、「特別な関係」と称されるイギリスですら、アメリカと険悪な関係になったことが知られている（ベトナム戦争期については、水本義彦『同盟の相剋—戦後インドシナ紛争をめぐる英米関係—』千倉書房、二〇〇九年を参照）。

かつてと比較すれば相対的な国力は低下したとはいえ、もちろん、冷戦後もさまざまな分野でアメリカは世界一の大国である。そして、大きな影響力を有しているがゆえに、多くの国にとってアメリカとの関係は時にセンシティブな性格を帯びることがある。再びイギリスの例をあげれば、二〇二一年六月には、ボリス・ジョンソン首相がジョー・バイデン米大統領に対して「イギリスが弱々しく見えるから、特別な関係という表現は嫌いだ」と発言したと報じられた。これを一政治家の個人的な意見とみなすこともできようが、歴史的に密接な関係を持つイギリスですら、アメリカという強大な同盟国への感情は一様でないと考えた方が妥当だろう。まして日本はアメリカとの戦争で原爆まで投下されたうえで敗れ、占領終了後も沖縄をはじめ国内に多くの基地を抱えているので、関係はもっと複雑である。

今世紀になってから、必ずしも周辺諸国と良好な関係が築けない状況が続く中、アメリカとどう向き合っていけばいいかは、日本にとって常に大きな課題であるだろう。

〔本書の構成〕

本書は、日本外交に関する六〇個の問いを用意し、各項目でその問いにわかりやすく答えるQ&Aの形式で、日本外交の基本的な知識を身につけていくことを目的としている。

特徴は、戦前編・戦後編・現代編の三部構成になっていることであり、各部は二〇項目ずつで成り立っている。歴史に関わる出来事は、各部で二〇項目に絞っていることもあり、通史のような網羅的な記述ではなく、論点を限定して解説している。

戦前編・戦後編ともに重要な出来事を扱っているが、本書の顕著な特徴は現代編に大きな比重を置いていることである。戦前における条約改正や対外戦争、戦後の日米安全保障条約改定や沖縄返還は、いうまでもなく重要である。だが、そもそも現在の外務省の組織や外交官の仕事がどのようなものか、はっきりとはわからないという方は多いのではないだろうか。本書では、そのような基本中の基本の情報とともに、中国・韓国・北朝鮮との懸案、アメリカ・東南アジア・ヨーロッパ・アフリカとの関係、環境政策やパブリックディプロマシー・経済安全保障・難民問題といった近年注目されるようになった外交課題についても説明していく。

本書の各項目を読んでいくことで、過度に楽観的や悲観的になるのではなく、日本外交の未来を建設的に考えられればと思う。読者の方々が日本外交の過去と現在を学び、日本外交への理解を深める一助となることができれば、編者としてこれに勝る幸せはない。

60questions

60のテーマから知る日本外交入門

Q1 ペリー来航の影響はどのようなものでしたか

A

マシュー・ペリーの来航は、直接的には、日本の政府が外国と結んだ初めての条約（一八五四年日米和親条約）の成立につながった。それは下田《しもだ》・箱館《はこだて》でのアメリカ船（以下、米船）への薪水《しんすい》食糧石炭給与を保障する一方、通商規定を含まず、幕府の視点では従来の「鎖国《さこく》」体制を転換するものではなかった。しかし条約中に日米の解釈の相違を内包した領事駐在規定が含まれ、一八五六年、米側の解釈に基づき総領事タウンゼント・ハリスが派遣された。その結果一八五八年日米修好通商条約が結ばれ、それが後続の西洋諸国の通商条約の呼び水となり、また諸条約を天皇の勅許《ちょっきょ》なく調印したことが、最終的には幕府の倒壊につながる深刻な政治動乱を引き起こした。その意味ではペリー来航は、間接的には日本の政治外交体制の革命的転換を引き起こしたといえる。

〔日米和親条約の交渉と調印〕

一八五三年に浦賀《うらが》に来航したペリー艦隊は、翌年再び江戸湾に来航し、一八五四年、横浜で幕府側の交渉委員らと日米和親条約を調印した。同条約は主に、米船に対し下田・箱館の両港を薪水食糧石炭その他欠乏品の給与のために開き、米漂流民の撫恤《ぶじゅつ》（保護）を保障するとともに、下田への領事駐劄に関わる条項（後述）、及びアメリカの片務的最恵国《さいけいこく》待遇条項を含んだ。一方、米側が当初あわせて求めた通商の許可規定は、日本側の拒絶により載録されなかった。

日本政府の代表としてペリーと交渉を行ったのは、江戸時代の日本と唯一正式の国交があった朝鮮との関係を取り仕切っていた幕府の世襲の儒家林家《りんけ》の当主（林大学頭《はやしだいがくのかみ》）と大目《おおめ》付《つけ》・目付ら高位の幕臣である。彼らは老中《ろうじゅう》阿部《あべ》正弘《まさひろ》を首班とする幕閣の江戸での評議を踏まえながら交渉を行った。幕閣の評議には、阿部の国内宥和政策により攘夷《じょうい》論者の徳川斉昭《とくがわなりあき》（御三家《ごさんけ》の水戸《みと》藩主）が加わっていた。評議に関わった大名・幕臣らには交易許容論を唱える者も多かったが、斉昭は通商の断固拒絶を主張し、それを反映して、日本側交渉委員は米側の通商要求に対し拒絶の姿勢を貫き、ペリーはこの点で譲歩した。米側が交渉で最も重視していたのは、米漂流民の人道的救助を日本に保障させ、また米船の太平洋航海の中継・避難港として一連の港を開港させることであった（日本近海での米船の捕鯨活動の活発化や米海軍による太平洋横断蒸気船航路の開発計画を背景とする）。対する日本側は、下田・箱館のみの開港提案でペリーを納得させ、米漂流民は両港に護送して保護することが約された。なお斉昭は以上の交渉経過の報告を受けると、下田・箱館の開港にも反対したが、老中らは両港の開港と引き換えにペリーの通商要求を退けた交渉成果を評価して斉昭の極論を退け、条約の大枠が定まった。ペリー来航時の幕府の対応は、明治期以降の通説では無知・無能なものとされてきたが、林大学頭ら日本側交渉委員は交渉を通じ通商拒絶や開港地の限定など日本側の要求を一定程度通すことに成功しており、近年の研究では、幕府外交の主体性が再評価されている。

〔和親条約をめぐる日米の解釈の相違〕

ペリー来航時の日米交渉は、日本側が英語通訳を、米側が日本語通訳を持たなかったこと、そうした中で、日本側は漢文を解する儒者とオランダ語を解する長崎通詞《つうじ》を擁し、米側は米人中国語通訳（多少の日本語を解した）と中国人、オランダ語ネイティヴを連れてきていたことから、漢文及びオランダ語による重訳を介した交渉となった。これを反映して、条約文は、日本語・漢文・オランダ語・英語の四言語で作成され、最終的に、日本側代表は日本語条文に、米側代表は英語条文に署名したが、いずれの条文にも双方の代表は揃って署名をせず、かつどの言語の条文が正文となるかは、うやむやなままにされた。以上の状況を反映し、条約の意味合いに関する双方の解釈はかなり乖離していた。

日本側は、交渉と条約を通じて、ペリーが持参した米国書への返翰はなしで済ませ、通商も拒絶し、漂流民の撫恤と航海の欠乏品給与のため二港を開くことは認めた、と交渉を総括した。つまり条約により従来の対外体制（通信・通商国を朝鮮・琉球・オランダ・中国に限る「鎖国」体制）に本質的な変更はなく、ただ一八四二年より施行している薪水給与令に基づく対応を行った、というのが公式の立場であった。これに対し米側では、「鎖国」日本に対し米船への開港と米国民

★―下田寺院（了仙寺）境内に上陸するペリー日本遠征隊（『日本遠征図集』）

の保護を約束させた成果を強調するとともに、条約の中に将来の通商への手掛かりを盛り込んだと解釈した。日本の開国と通商への道筋をつけたものとして、条約を位置づけたのである。

こうした解釈の相違は、条約を接点とする双方の同床異夢の関係性に根本的原因があろうが、条約中複数の条項について、四言語の条文の間に齟齬が生じつつ、そのまま放置されたことにも由来していた面がある。その最たるものは、条約第一一条の下田への領事駐在規定である。同条について、日本語・漢語の条文は、両国政府がやむを得ないとみなせば（条約調印から一八ヵ月後に）下田に「合衆国官吏」を差し置ける、という趣旨であった。一方、英語・オランダ語の条文では、いずれか一方の政府が必要とみなせば米政府は下田に領事または代理人を駐劄できる、となっていた。この条項に基づき、米政府は日本総領事としてハリスを下田に派遣した。日本側は、当初ハリスの駐在を拒もうとしたが、結局はこれを認めざるを得なかった。

〔間接的影響〕

以上がペリー来航の日本外交史上の直接的影響とすれば、間接的影響はより広範囲にわたる。国内的にいえば、まず、幕府の政策は従来、幕府の上層部が独占的に決めるもので、当局者以外の政治的発言は禁忌とされていたところ、ペリー来航に際して阿部正弘政権は諸大名や旗本《はたもと》らに広く対外政策を諮問し意見を上申させた。こうしてつくられた前例は、ハリスへの対応にあたっても再び採用され、言論の奨励は雄藩《ゆうはん》の幕政干渉を招き、「処士横議」を活発化させ、幕府の決定について朝廷の勅許を要する状況も生んだ。つまりその後の政治的動乱の種が、ペリー来航に際して蒔かれた面がある。

他方、近世日本の対外関係はそれまで、（オランダへの）朱《しゅ》印状《いんじょう》や（長崎来航中国人への）信牌《しんぱい》（貿易許可証）、（朝鮮への）国書など、将軍・幕府の一方的意志の表明により形作られてきたが、日米和親条約に至り初めて、それは相互的な契約の形をとることとなった。調印時の幕府の意図はどうあれ、以後日本は、こうした契約の形で、国際社会の中に位置づけられていくこととなる。

またペリー来航に際し幕府は、前述の如く、日朝外交を司ってきた儒者に命じて対米交渉にあたらせ、儒者の操る漢文が、長崎通詞の操るオランダ語と並ぶ交渉言語として用いられた（同じ頃来航したロシア使節との交渉でも同様）。しかし日米和親条約の調印後、幕閣は漢文を交渉言語から外す決定を下す。条文の交渉で重大な食い違いが生じたのを受けた措置といわれ、以後、幕末期日本の西洋諸国との外交言語は漢文・オランダ語併用から後者に一本化され、かつまた、職業的な儒者が交渉の前面に立つことはなくなった。

国際的には、ペリー艦隊の日本派遣は、他の西洋諸国による対日外交の積極化を誘発した。たとえばロシアは、米艦隊日本派遣の予告情報を得るやプチャーチン艦隊の日本派遣を決定し、シーボルトの意見も踏まえて対日交渉を行い、一八五四年ペリーに遅れて下田で日露和親条約を結んだ。オランダも、ドンケル＝クルチウスを新たな出島《でじま》商館長に任命して、シーボルト起草の条約草案を持たせて長崎に派遣した。黒船来航の衝撃から海防強化を切望していた幕府の意向を汲み、彼はオランダ海軍による長崎海軍伝習《でんしゅう》を提供し、それと引き換えに日蘭条約（一八五六年）、次いで日蘭追加条約（五七年）を結んで、オランダなりの日本「開国」を図った。

しかしその後の日本外交史により大きな影響を与えることになったのは、前述の経緯で着任したハリスが展開した対日交渉であり、彼が諸列強に先駆けて調印に成功した日米修好通商条約である。同条約は、一連の開港地での自由貿易を初めて規定する画期的なものとなった。一方でその調印問題が時の将軍継嗣《けいし》問題（当時の将軍徳川家定《とくがわいえさだ》の後継者をめぐって争われた政治対立）と一体化し、中国のアロー戦争に連動する国際情勢の緊迫化のもと、幕府が天皇の勅許を得ずに調印を断行したことで、安政の大獄を含む深刻な政治動乱が引き起こされた。以降やがては幕府の倒壊と王政復古、明治維新に至る国内政治の流動化過程が本格的に始まっていく。

（福岡万里子）

〔参考文献〕石井孝『日本開国史』（吉川弘文館、二〇一〇年復刊）、今津浩一『ペリー提督と開国条約』（ハイデンス、二〇一一年）、加藤祐三『幕末外交と開国』（筑摩書房、二〇〇四年）、三谷博『ペリー来航』（吉川弘文館、二〇〇三年）、三谷博「「開国」の三論点」・横山伊徳「日米和親条約再考」『歴史地理教育』（九三八、二〇二二年）

Q2 不平等条約といわれるものについて教えてください

A

幕末から明治初年にかけて、日本は一連の西洋諸国と条約を結んだ。特に一八五八年に結ばれた安政の五カ国条約以降、それらは共通して、西洋側締約国に対し領事裁判権と片務的な最恵国《さいけいこく》待遇を認める一方、日本の輸出入品に対する関税率をあらかじめ定めているという特徴があった。これらの規定はやがて、不平等であり日本にとって不利なものとみなされるようになり、明治政府は、不平等条約を改正して対等なものにすることを国家的課題とした。不平等条約の三つの指標として、領事裁判権・関税自主権の欠如・片務的最恵国待遇があり、それぞれを概観する。なお近年、これらの諸条約は、同時代的にみてはたして不平等であったのか、あるいはそれらは当初から不平等なものであったのかという指摘がしばしばなされ、論議を呼んでいる。そうした議論も紹介しながら、問題の概要をまとめたい。

〔領事裁判権〕

領事裁判権は、一方の条約当事国の領事が駐在国で自国民をその本国法に基づき裁判する権利で、当該国民は滞在国の裁判権から免除されることとなる。これは古代より、トルコなど中近東地域に到来した西洋キリスト教世界の商人らに対し、滞在国の支配者らが恩恵的に付与した権利に由来し、やがて条約の形式で規定されるようになった。一九世紀に入ると欧米諸国は中近東に加えてアジア・アフリカで一連の条約を結び、その中で領事裁判権が盛り込まれ、一八五〇年代以降、この制度は欧米と日本の条約にも取り入れられた。日本の条約で領事裁判権を初めて規定したのは一八五六年の日蘭条約といわれる。同条約は基本的に、長崎出島《でじま》での旧来の日蘭関係を初めて明文規定したものであった。その後、米総領事ハリスが一八五七年に下田で結んだ日米協約の中で、後続の諸条約に継承されていく領事裁判権の原型が作られた。それは、場所は日本を前提に、日本人がアメリカ人に法を犯したら日本の法律により日本当局が罰する、アメリカ人が日本人に法を犯したらアメリカの法律により総領事・領事が罰する、というものであった。その原則は、その後の安政の五ヵ国条約を含む諸条約で、民事・刑事訴訟の区別を含め徐々に詳細化され、幕府の倒壊を経て一八六九年明治新政府のもとで結ばれたオーストリア＝ハンガリーとの修好通商条約において、規定上完成された（それらの改定は都度、各条約の最恵国待遇条項により他の条約諸国にも適用された）。

この領事裁判権をめぐる「不平等性」については、近年、特に日本近世史研究の視点から、見直しの議論が提起されている。例えば、徳川政権は伝統的に外国人の犯罪につき属人主義（ある者に法を適用する際にその者の出身国の法に準拠する考え方）をとっており、領事裁判権の認可はその延長線にある、幕府にとってはごく自然な対応であったとの指摘（笠谷二〇一一ほか。同趣旨の指摘はすでに住吉一九六九ら国際法学者にもみられる）。また幕末の条約締結時点では日本人の海外渡航は想定されておらず、場所が日本に限定されている限り、日本人及び外国人の扱いは制度上対等であったとの指摘（三谷二〇〇三）、制度の運用について、幕末維新期の事例を考察する限り、同制度は異文化間の紛争解決システムとして機能していたという指摘（森田二〇〇五）などがある。

他方で、明治期の領事裁判権の運用実態において、その不公正さが糾弾されたのは事実である（例えば一八八六年ノルマントン号事件では、同名の英国船が日本近海で難破した際に英船長と船員らは避難する一方日本人乗客は全員死亡し、英側の領事裁判で船長らが無罪となったため、日本の世論は憤激した）。また条約規定上の領事裁判権は、日本滞在の条約国人に対し日本の裁判権を免除したものに留まるが、実際の運用過程では、裁判権・行政権など日本のあらゆる法権から免除されたものとみなし、西洋人が日本で無法に振る舞う事態がまま生じた。また幕末期でも一八六六年に日本人の海外渡航が解禁され日本人が海外に居留を始めると、西洋諸国では属地主義に基づき外国人に国内法を適用したから、不平等性が顕在化した。そして日本人自身が欧米の法制度に価値を認め、欧米式の近代主権国家として振る舞い扱われることを志向するようになると、欧米諸国同士は相互に認めていない領事裁判権の存在は、明らかな不平等性の指標になった。こうして明治期には、領事裁判権は不平等条約の象徴として、撤廃を目指される対象となる。

〔関税自主権の欠如—片務的協定関税制度〕

安政の五ヵ国条約以降の諸条約は、条約本文に対し貿易章程と呼ばれる付属規定を付帯し、日本の輸出入品に賦課される関税率があらかじめ定められた（協定関税）。これに対し欧米諸国側は自国の関税率を自由に定めることができた。こうした片務的協定関税制度のもと幕末から明治期の日本に課された関税率は、多くの時期において低く抑えられていた。欧米諸国は高い関税を設定して国家歳入の相当部分を関税収入で得られ、また関税操作により国内産業を保護できた一方、日本は低関税のため歳入を関税に依存できず、また関税操作による国内産業の保護という選択肢を奪われていた。

こうした不平等性の根幹には、日本側に関税自主権が欠如しており、かつ協定関税が低く抑えられているという二点があるが、このような事態が生じた経緯につき、近年の新説を紹介しておく。関良基によれば、協定関税を最初に定めた日米修好通商条約の貿易章程では、ハリスと日本側全権の合意の結果、当時国際的にみても標準的な輸入関税（原則二〇％の従価税）が設定されていた。なおかつ章程末尾には税率改定の規定が付され、その文言は、神奈川開港の五年後以降に日本側が税率改定を望めば米側はそれに応じる法的義

★—日英修好通商条約交渉の様子（Oliphant, Laurence, *Narrative of the Earl of Elgin's mission to China and Japan in the years 1857, '58, '59*）

務がある旨明記したものであり、日本側には一八六四年以降の関税自主権が認められていたとみなし得る。しかし続いて英全権エルギン伯との間で結ばれた日英修好通商条約の貿易章程で、開港後五年後以降に日英いずれかが希望すれば税率改定がなされるとの文言に変更され、英側の希望でも改定可能な内容とされるとともに、イギリスの主要輸入品である綿製品・羊毛製品の関税率は二〇％から五％に引き下げられた。そして一八六六年には、長州藩《ちょうしゅうはん》の攘夷《じょうい》戦争の事後処理の中で、英公使ハリー・パークスの要求により幕府は改税約書の調印を強いられ、そこで日本の輸出入関税は原則五％の従量税に引き下げられ、この低関税が以後実質的に固定された。つまり幕末の条約における関税上の不平等性は、一八五八年の日米修好通商条約の時点では認められず、

同年の日英修好通商条約及び一八六六年の改税約書を通じて段階的に生じ、強められたという議論である（関二〇二〇）。学界での今後の議論の動向が注目される。

〔片務的最恵国待遇〕

最恵国待遇とは、条約当事国の一方が、その領域内で第三国の国民に与える最も有利な待遇を、相手の条約当事国に保障することである。それが片務的であるとは、たとえば日米間の条約の場合、日本はアメリカに最恵国待遇を保障する一方、アメリカの日本への最恵国待遇は言及されていないことを指す。こうした片務的最恵国待遇条項は、幕末の徳川政権が西洋諸国と結んだ諸条約中、最初期の日米和親条約・日英協約・日露和親条約で既に盛り込まれた。

その後ハリスが交渉した日米修好通商条約の米側草案では、当初第一一条に双務的な最恵国待遇が規定されていた。しかし関税交渉で日本側が米船に輸出税を課すことにこだわり、一方アメリカは諸外国に輸出税を課していなかったため、双務性が崩れることをきらったハリスが草案第一一条を削ることを提議し、日本側はこれを認めた。その結果、日米修好通商条約では最恵国待遇条項が盛り込まれず、日米和親条約の片務的最恵国待遇条項をもって同規定が日米間に適用され続けるという変則的な形をとった。続けて結ばれたその他の安政五ヵ国条約中、日露修好通商条約には双務的最恵国待遇条項が盛り込まれる一方、日蘭・日英・日仏条約では片務的最恵国待遇条項が採用され、後者がその後の諸条約に継承された。同条項のゆえに、日本が一国に与える権利は他の条約諸国にも無条件で適用されなければならないとされたことは、明治期の条約改正交渉を強く規定した。

〔アジアの中の不平等条約〕

以上述べた三つの特徴は、一九世紀に欧米諸国が中国やシャム（現在のタイ）と結んだ修好通商条約でも概ね共通していた。ただし日本の条約では、両国と違い外国人の内地通商が認められていなかった点に大きな違いがある。明治期の条約改正交渉では、この点が特に領事裁判権の撤廃を求める際の有力な交渉カードになり得た。

（福岡万里子）

〔参考文献〕笠谷和比古「幕末の「不平等条約」問題に関する一考察」『大阪学院大学 法学研究』（四七、二〇二一年）、住吉良人「日本における領事裁判制度とその撤廃」『法律論叢』（四二―三・四三―一、一九六九年）、関良基『日本を開国させた男、松平忠固』（作品社、二〇二〇年）、三谷博『ペリー来航』（吉川弘文館、二〇〇三年）、森田朋子『開国と治外法権』（吉川弘文館、二〇〇五年）

Q3 日本最初の外交官と外務大臣は誰ですか

A

日本最初の外交官・外務大臣を誰にするかは定義次第では江戸時代も含め諸説分かれるところかもしれない。本稿では、現代に直接繋がる明治維新後の制度設計上の位置づけとしてこの問いに答えたい。

〈日本最初の外務大臣（外務卿）・澤宣嘉〉

まず、名称に忠実に従うならば、最初の外務大臣は内閣制成立後に鹿鳴館《ろくめいかん》外交を主導した井上馨《いのうえかおる》だが、実質的な外相としては太政官制《だじょうかんせい》下の一八六九年六月から一八七〇年七月まで初代外務卿《がいむきょう》を務めた澤宣嘉《さわのぶよし》（一八三六―七三）が最初といえるだろう。井上に比べると知名度が低い澤だが、彼は戊辰《ぼしん》戦争期から貴族として期待された人材だった。澤はいわゆる「七卿落ち」で有名な尊攘《そんじょう》派《は》公卿《くぎょう》の一人だったが、維新後九州鎮撫総督《ちんぶそうとく》として在勤、同地で外交を担当したことを買われての抜擢である。澤については、一八六九年に外国官知事に就任した際に、ハリー・パークスから、それまでの外国との親交を深めるという外交方針を転換するのか、と問い合わせが寄せられるほどの攘夷派と目されていた（岡一九六四）。外務卿在任中の一八六九年には、日本とオーストリア＝ハンガリー二重帝国との間に最初の条約（日墺修好通商航海条約）を締結した。また一八七〇年には、各国駐日公使に対し、条約改正に関し条約所定の交渉期日を待って商議を開始する旨を通告し、その後の条約改正交渉の発端をつくった。当該期の外務省内での実務はもっぱら外務大輔《だゆう》の寺島宗則《てらしまむねのり》が担当し、彼が事実上の長官として省内の実権を握っていたとされるが（犬塚一九九〇）、たとえ形式的側面が強かったとしても、最初の外務卿はあくまで澤だった。その後澤は、一八七三年にロシア公使として赴任する直前に病死している。

〈日本最初の外交官・鮫島尚信〉

明治維新後、外務省は条約改正交渉の準備のため在外使臣制度を検討し始め、世界的潮流にあわせ最初の外交代表として弁務使《べんむし》の派遣を決めた。この時、ヨーロッパに派遣する少弁務使（後の代理公使）に薩摩藩《さつまはん》出身の鮫島尚信《さめじまなおのぶ》（一八四五―八〇）が任じられた。一八七〇年一一月三〇日に澤外務卿が与えた辞令（図参照）では、英仏独の管轄を命じたうえで、第三条では「条理（国際法）」に基づき諸外国と「交誼《こうぎ》」を厚くするよう訓示した。また、外交官は本国政府の決裁を経ずには動けないが、第二条「其内小事ハ往復之暇無之且差迫候節ハ臨時専決可致事」には黎明期特有の特徴も窺える。すなわち、電信もない時代のため連絡の「往復」には書簡に頼るほかなく、月単位の時間を要するため、「小事」の決断に関しては外交官の裁量は比較的大きかったのである。

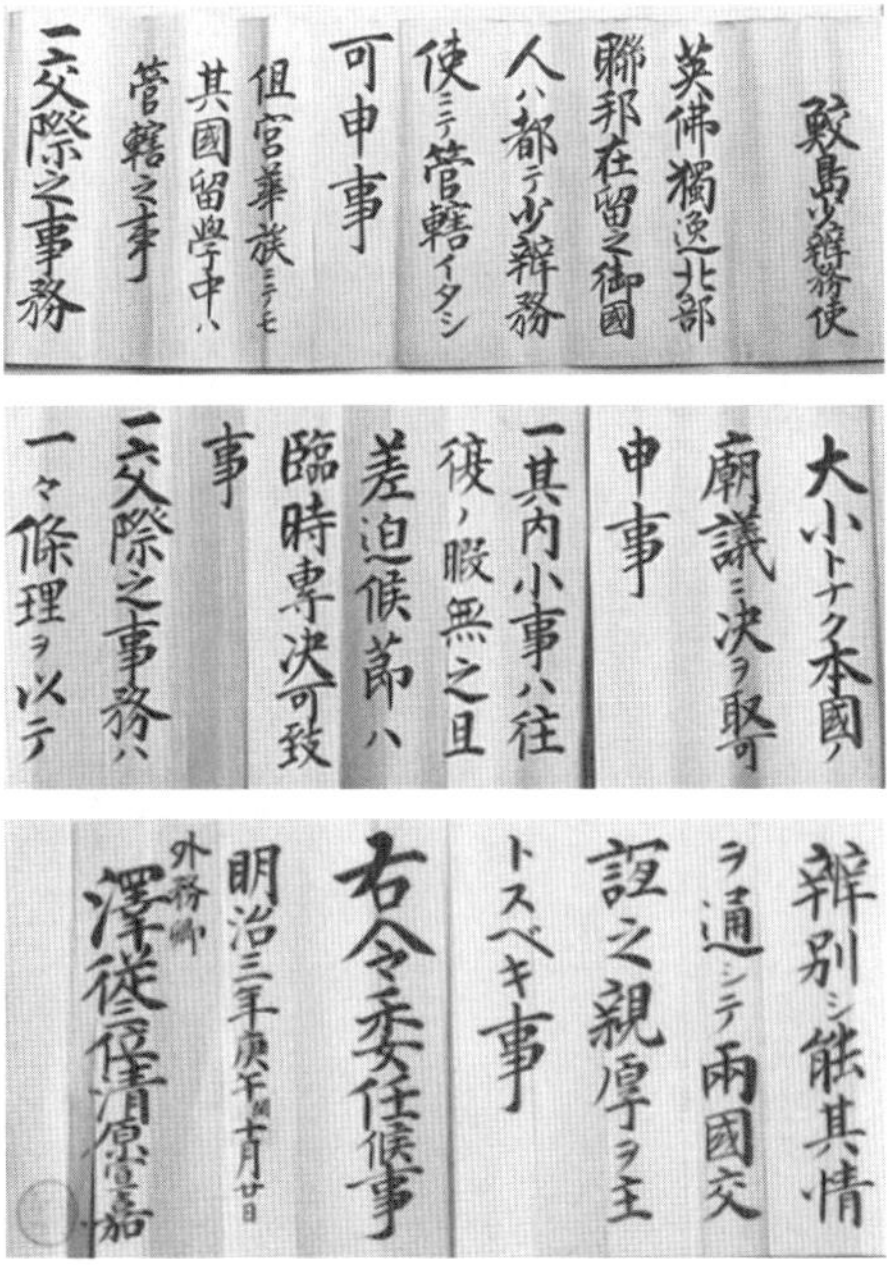
鮫島少辨務使
英佛獨逸北部
聯邦在留之御國
人ハ都テ少辨務
使ニテ管轄イタシ
可申事
但官華族ニテモ
其國留学中ハ
管轄之事
一交際之事務
大小トナク本國ノ
廟議ニ決ヲ取可
申事
一其内小事ハ往
復ノ暇無之且
差迫候節ハ
臨時専決可致
事
一交際之事務ハ
一々條理ヲ以テ
辨別シ能其情
ヲ通シテ兩國交
誼之親厚ヲ主
トスベキ事
右令委任候事
明治三年庚午閏十月廿日
外務卿
澤従四位清原宣嘉

★―「鮫島少弁務使英仏独北部連邦管轄辞令」（個人蔵，鹿児島県歴史・美術センター黎明館保管）

当の鮫島は幕末期に長崎で蘭学や英語を学び、イギリスに留学もした経験を有する外務省内きっての国際派であった。一八七一年六月に鮫島は、パリに仮公館を置き本格的に業務を開始した。鮫島は、御雇い外国人フレデリック・マーシャルの助けを借りながら、後進の外交官向けにDiplomatic Guide（『外国交法案内』）を出版する成果を出した。この書物は外交の入門書ともいうべきものであり、ヨーロッパの複雑な外交慣例や実務の知識を教えるべく、公使館の権利、任命手続、外交特権、信任状の雛形、領事の職務などが書かれている。鮫島は一度帰国した後、一八七八年からの二度目の公使在任中に寺島外務卿主導の条約改正交渉の一翼を担い仏政府との間で交渉を行った。しかし、惜しむらくはその短命であり、交渉半ばの一八八〇年に三五歳の若さで没し、パリ郊外のモンパルナス墓地に葬られた。

（醍醐龍馬）

〔参考文献〕犬塚孝明『寺島宗則』（吉川弘文館、一九九〇年）、犬塚孝明『明治外交官物語』（吉川弘文館、二〇〇九年）、岡義武『黎明期の明治日本』（未来社、一九六四年）

Q4 征韓論政変について教えてください

A

明治初期の重要な政変である征韓《せいかん》論《ろん》政変（明治六年政変）は、どのような経緯から発生し、その後の日本にいかなる影響を与えたのだろうか。本稿では、東アジア国際関係を踏まえた日本外交史の視点からこの問いに答えたい。

〈征韓論の台頭とその背景〉

一八六九年一月、成立間もない明治政府は、対馬《つしま》藩主宗義《そうよし》達《あきら》に対し、王政復古を朝鮮政府に通告させた。しかし、朝鮮側は宗氏の使者に対し、日本からの国書の形式が、日本天皇が朝鮮国王より上位にあることを示すに等しいとして、その受理を拒否した。具体的に朝鮮側は、日本が示した国書中には「皇室」「奉勅」といった字句が含まれるほか、新印が使用されているなど、従来の日朝間における外交文書交換の旧例に反すると主張した（書契《しょけい》問題）。

そこで政府は対朝鮮交渉事務を宗氏の私的管轄から接収し、一八七〇年一月に外務省出仕佐田白茅《さだはくぼう》・外務《がいむ》少録《しょうさかん》森山《もりやま》茂《しげる》を釜山《プサン》に派遣した。同年四月、朝鮮の国情を視察して帰国した両人は、外務《がいむ》卿《きょう》澤宣嘉《さわのぶよし》に対し征韓の建議をした。その背景には、ロシアをはじめとする列強が朝鮮にまで進出する前に、日本が機先を制して確保すべきとの国防上の見地があった。これに対して政府内では、先行して日清対等の条約を締結すれば、清国皇帝に臣下の礼をとってきた朝鮮国王は日本の国書を拒否できなくなるだろうとの意見が出され、一八七一年九月に両国対等の日清修好条規を結ぶに至った。しかし、一八七三年六月、朝鮮側は倭館《わかん》の門前に日本を「無法之国」と侮辱した書札を掲示し、日本国内にくすぶっていた征韓論を一気に高めることになる。

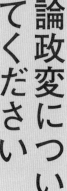

〔朝鮮への遣使の是非をめぐって〕

朝鮮での事件を受け、岩倉使節団外遊中の国内を預かる留守政府では、筆頭参議《さんぎ》西郷隆盛《さいごうたかもり》ら外征派が征韓論を強く主張した。日清修好条規を批准して七月二五日に帰国した副島種臣《そえじまたねおみ》外務卿もこれに同調し、清からは朝鮮自主の保証を得たとして自ら使節の任に志願したが、八月一九日に西郷の遣使が決まり、太政大臣《だじょうだいじん》三条実美《さんじょうさねとみ》の意向で岩倉具視《いわくらともみ》らの帰国後に再評議と決まった。先に帰国した大久保利通《おおくぼとしみち》や木戸孝允《きどたかよし》はこの動きに反発し、政界復帰を拒否した。岩倉帰国後の一〇月一二日に大久保が参議に復帰し、正院《せいいん》内での均衡の観点から征韓派の副島も同日付で参議になった。こうして岩倉・大久保ら外遊組は、内治派として内治優先論を主張し征韓論争に発展した。当初、議論の焦点は、朝鮮への遣使派遣自体の是非を問うものであり、内治派は海軍軍備の不足を理由に征韓中止を主張したが、征韓派を納得させられなかった。

〔ロシア問題（樺太問題・中立問題）の浮上と征韓延期論〕

そこで新たに俎上に載ったのが、ロシア脅威論だった。内治派は、一〇月一四日の閣議でまず樺太《からふと》問題を持ち出し、その先決の必要性を説き始めた（高橋一九九三）。というのも、日露の雑居地だった樺太では、ロシア兵が破壊活動や消火活動妨害を行った函泊《ハッコトマリ》出火事件が発生しており、朝鮮と開戦した場合、背後をロシアに脅かされる危険性があったからである。その頃、係争地を預かる開拓次官黒田清隆《くろだきよたか》が、北海道開拓の必要性から樺太問題の先決を説いていたが、この考えが内治派に採用され、征韓論牽制の手段として論争の前面に押し出されたのである（醍醐二〇一二）。

さらに岩倉らは、朝鮮へのロシアの不介入の約束も得てからでないと、征韓はとてもできないとも主張した。ロシアの脅威が樺太方面に限らず、東アジア全体にあるとみていたのである。具体的には、ロシアがクリミア戦争敗北後のパリ条約で結んだ黒海《こっかい》中立化条項を普仏戦争中の一八七〇年に破棄したことや、極東の軍事拠点を一八七一年にニコラエフスクからウラジオストクに移したことなども、日本政府内の対露脅威認識を高めていた（麓二〇〇六）。岩倉らが説いたロシア脅威論などを受け、当初征韓論に反対はしていなかった大隈《おおくま》重信《しげのぶ》や大木《おおき》喬任《たかとう》が内治派にまわり、板垣退助《いたがきたいすけ》や副島らも歩み寄りを模索したが（高橋一九九三）、西郷はあくまで遣使即行を求め岩倉・大久保と対立したのである。

このように、延期論への争点移行は内治派からの譲歩だったが、説得しきれなかった。一〇月一五日の閣議では、江藤《えとう》新平《しんぺい》がその場を欠席した西郷に代わり遣使決定を迫り、そもそも樺太の紛争は政府間ではなく私人間の問題だとし、征韓

★—征韓論政変の対立構図（肖蔵は国立国会図書館所蔵）

時の中立約束（「内約定」）も国際社会では通用しないと、その発想自体を根底から否定した（一八七三年一〇月一五日付岩倉具視宛江藤新平書簡、日本史籍協会編『岩倉具視文書』第五巻、東京大学出版会、一九六九年）。さらに、「魯と内約定使節差立は事を延ばすの名か……決定遷延威権に関わらん」と、中立問題を征韓延期の口実にすれば政府の権威を落とすと強く批判したのである（一八七三年一〇月一五日付三条実美宛江藤新平書簡「三条実美関係文書」）。一方、同じ征韓派に属する副島は、既にこの中立案を独断で駐日ロシア公使エフゲニー・ビユーツォフに打診しており、回答が保留されていたにもかかわらず（醍醐二〇一八）、既に約束済みだとして内治派に反論した。この激論を受け、西郷の下野による軍の暴発を恐れた三条は、そのまま閣議決定を上奏することとした。

　これを受け、岩倉は病気を理由に引き籠もり、大久保は参議を辞した。一〇月一七日の閣議で西郷らに即時遣使を迫られ困窮した三条は、翌朝発病し岩倉に太政大臣代行の沙汰が下った。ここから巻き返し始めた内治派は、岩倉が閣議決定の上奏を引き延ばす間に、黒田が大久保との間で形勢挽回のための謀議を行い、宮中工作により閣議決定を覆した。この逆転劇に反発した西郷は即時征韓を主張して譲らず一〇月二三日に辞職し、江藤・副島・板垣・後藤《ごとう》象二郎《しょうじろう》らも翌日下野した（高橋一九九三）。こうしてロシア問題先決論が征韓論を退ける形で、政変は内治派の勝利に終わったのである。

〔大久保外交への影響〕

征韓論政変後の樺太問題は、この問題の先決を盾にして征韓派を下野させて成立した大久保政権の正当性を揺るがし得る問題となった。すなわち、樺太問題の解決に失敗すれば、下野した征韓派に面子がなくなり批判を浴びることが予想され、仮に成功したとしても本来は着手したくはない朝鮮問題に移らなければならなくなったのである（醍醐二〇一五）。

結局、その後の大久保政権は後者の通り進むこととなり、まずは樺太千島《ちしま》交換条約を締結し、それから程なくして日朝修好条規が結ばれていく流れが形作られた。同時に、その動きに付随し、征韓時にロシアから中立約束を取りつける事案に関しても、正式に検討されていく。このように樺太方面を中心にロシア問題が多角的に焦点化した征韓論政変は、その後の日本の東アジア政策の順序に関し、樺太問題から朝鮮問題へと移行させていくことを規定路線化した。（醍醐龍馬）

〔参考文献〕醍醐龍馬「榎本武揚と樺太千島交換条約（一）（二・完）」『阪大法学』（六五—二・三、二〇一五年）、醍醐龍馬「外務卿副島種臣と日露領土交渉」『国際政治』（一九三、二〇一八年）、醍醐龍馬「黒田清隆の樺太放棄運動」『年報政治学』（二〇二一—一、二〇二一年）、高橋秀直「征韓論政変の政治過程」『史林』（七六—五、一九九三年）、田保橋潔『近代日鮮関係の研究』上巻（鮮光印刷株式会社、一九四〇年）、藤村道生「征韓論争における外因と内因」『国際政治』（三七、一九六八年）、麓慎一「維新政府の東アジア政策」『環日本海研究年報』（一三、二〇〇六年）

Q5 条約改正はどのように行われたのですか

A

明治政府にとって条約改正は悲願だったと、しばしばいわれる。条約が結ばれた幕末に不平等だったかどうかは疑問であるが、明治政府にとって桎梏《しっこく》だったことは間違いない（Q2参照）。では日本は、どのように不平等といわれた条約を改正していったのだろうか。

〔挫折の連続〕

条約改正の対象となったのは、一八五八年の安政五ヵ国条約をはじめとする欧米諸国と締結した条約である。通説では、日本は領事裁判権の撤廃と関税自主権の回復を目指して交渉したとされてきた。だが、五百旗頭薫の研究によって、一八八二年までは条約の根本的な改正ではなく、運用の改善、つまり行政権の回復を主な目標としていたことが明らかになった。

実現までに長い年月を費やした条約改正への道は、挫折の連続であった。一八七一～七三年にかけての岩倉具視《いわくらともみ》を全権大使とする遣欧米使節団でも条約改正に関する協議は行われた。だが、本格化するのは一八七三年に寺島宗則《てらしまむねのり》が外務卿《がいむきょう》に就任してからである。寺島外務卿期は、行政権回復に好意的なアメリカとの交渉が順調に進み、開港地の増加などを認める代わりに関税自主権の回復を定めた日米協定（吉田・エヴァーツ協定）を一八七八年に締結した。もっとも、苦しい財政状況を背景に歳入増加を図りたい大隈重信《おおくましげのぶ》大蔵卿《おおくらきょう》と大蔵省は、関税自主権の回復ではなく、協定関税の税率引き上げを望んでおり、寺島の交渉方針には政府内部からも批判が生じていた。さらに、ヨーロッパ諸国の合意が発効の条件だったにもかかわらず、イギリスを筆頭にフランス・ドイツは反対していた。このような国内外からの批判にさらされた寺島は、一八七九年に外務卿を辞任した。

同年、寺島の後任になったのは井上馨《いのうえかおる》である（内閣制度の導入に伴い、一八八五年からは外務大臣）。井上は当初、表向きは領事裁判権の撤廃を求めつつ、現実には行政権の回復（行政規則の制定権）と協定関税の税率引き上げを実現させようとしていた。大きく変わったのは、交渉方式である。寺島外務卿期は欧米各国との二国間交渉を行っており、井上もこれを引き継いでいた。だが、井上の改正案に不満を訴えるヨーロッパ諸国の要求によって、関係諸国が一堂に会する多国間交渉方式になり、一八八二年から東京で条約改正予備会議が開催されることになった。この会議での議論は困難を極め、広範囲に及ぶ行政権の何をどこまで回復させるのかを決定し、欧米各国と国内の諸勢力に納得させるのは不可能に近かった。

そこで井上は、五百旗頭が「法権回復への跳躍」と評する大胆な提案を試みる。井上は、開港地の居留地に限定されていた外国人に内地の全面開放を認めることと引き換えに、領事裁判権の撤廃を求めたのである。この提案を関係各国は歓迎した。その後も長く交渉は続けられたが、一八八六〜八七年にかけての条約改正会議で合意された条約では、批准から二年後の内地開放と五年後の領事裁判権撤廃を定めた。もっとも、西洋式法典の編纂と欧米各国への通知、裁判所への外国人判事・検事の任用が条件とされた。この条件は、立法権と司法権の侵害に当たると国内から強い反発を受けた井上は外相を辞任し、またも改正交渉は挫折したのである。

〔領事裁判権の撤廃〕

後任外相の大隈重信は、井上外相期の案をもとに交渉を行った。ただし、反発の大きかった二つの条件について、西洋式法典は通知をやめて編纂・実施にとどめ、外国人の任用は大審院《だいしんいん》（現在の最高裁判所に相当）判事のみとした。また、多国間交渉ではなく、二国間交渉に戻して、英米露などと条約を調印していく。だが、イギリスの新聞で報道された改正条約案が日本の新聞に転載されると、井上期と同様の批判が巻き起こる。結局、一八八九年一〇月、大隈は国権派団体の玄《げん》洋社《ようしゃ》社員であった来島恒喜《くるしまつねき》の爆弾テロで右足を切断する重傷を負い、辞任と交渉中止を余儀なくされた。

同年一二月、青木周蔵《あおきしゅうぞう》が外相に就任した。青木外相期には、これまで最も手ごわい交渉相手となってきたイギリスが、外国人判事任用の要求をやめ、西洋式法典編纂・実施に関しても明白な保証を求めなくなった。なぜなら、一八九〇年一一月に帝国議会が誕生することが決まっていた中で、居留民に不利益な法律を定められることを危惧したからであ

★―陸奥宗光（国立国会図書館所蔵）

る。交渉の障害は除かれたかにみえたが、一八九一年五月、ロシアの皇太子ニコライ（後の皇帝ニコライ二世）が襲撃された大津《おおつ》事件の責任を取って青木は辞任した。後任の榎本武揚《えのもとたけあき》も交渉を順調に進めることはできなかった。

一八九二年八月には、陸奥宗光《むつむねみつ》が外相に就任した。陸奥外相期が青木や榎本の時期と違ったのは、首相の伊藤博文《いとうひろぶみ》をはじめ実力者が閣僚を務めた「元勲《げんくん》内閣」だったため、政府内で目立った反対がなかったことである。佐々木雄一が指摘するように、陸奥は「対等」な条約を強調することで国内の合意形成を図った。また、情報管理が徹底されていたので、条約案が漏洩することもなかった。それでも、立憲改進党《りっけんかいしんとう》を中心とした反対勢力は存在したが、一八九四年六月から朝鮮半島をめぐって日本と清国との対立が強まっていたことが条約改正交渉には有利に働いた（Q6参照）。清国に対する強硬な主張が激しくなる中で条約改正反対運動は弱まっていき、七月一六日に日英通商航海条約が調印される。この条約は五年後に発効し、ついに領事裁判権が撤廃されたのである。

〔関税自主権の回復〕

一八九九年に発効した条約では、領事裁判権こそ撤廃したものの、片務的な協定関税制度は維持されていた。しかも、条約の有効期限は一二年間だったため、一九一一年までには改定する必要があった。

この時期に交渉を担当したのは、第二次桂太郎《かつらたろう》内閣で二度目の外相になっていた小村寿太郎《こむらじゅたろう》である。ただし、当時フランスやドイツは保護貿易を採用しており、イギリスでも自由貿易に対する批判が起きていたので、片務的な関税協定を撤廃し、互恵的な協定を新たに結ぶことが現実的な目標となった。

一九一〇年三月からイギリスと日英通商航海条約の改定協議を開始したが、交渉は難航した。日本は協定関税の廃止を求めていたが、イギリスは反対し続けた。そこで、加藤高明《かとうたかあき》駐英大使はイギリスの望む輸出品には現状の協定関税率を適用する妥協案を出したが、小村は受け入れなかった。だが、無条約状態に陥る危惧から日英で交渉の停滞に対する批判が高まりつつある中で、両国はお互いに落としどころを模索していく。結局、イギリスが重視する輸出品に協定関税を認めることと引き換えに、日本のいくつかの輸出品を無課税とすることで妥協が成立し、一九一一年四月三日、新日英通商航海条約が調印される。同年には、フランスやドイツなど他の列強とも新しい通商航海条約を締結した。

交渉では、ヨーロッパ諸国の国内事情に配慮したため、輸入品目によっては関税率を低めに抑えた。そのため、経済的な利益は大きくなく、条約の対等性は形式的だったとの評価もある。しかし、条約を結んだ幕末からだと半世紀以上、実際に交渉を始めてからでも約四〇年に及んだ悲願を達成した意義は大きい。「不平等」条約を克服した日本は、第一次世界大戦を経て名実ともに大国となり、さらに国際的地位を向上させていくことになる。

（片山慶隆）

〔参考文献〕五百旗頭薫『条約改正史』（有斐閣、二〇一〇年）、五百旗頭薫「条約改正外交」井上寿一編『日本の外交第一巻　外交史戦前編』（岩波書店、二〇一三年）、佐々木雄一『陸奥宗光』（中央公論新社、二〇一八年）

Q6 日清戦争期の外交について教えてください

A

日清戦争は近代以降、日本が初めて経験した外国との戦争である。東アジアの大国である大清帝国に勝利した日本は、初めての植民地である台湾と澎湖《ほうこ》諸島を獲得した。また、朝鮮を独立させたことで朝鮮半島における清国の影響力を大幅に低下させることにも成功する。一方、遼東《りょうとう》半島割譲は露独仏による三国干渉を招き、日本は同半島を返還せざるを得なかった。日本と東アジア国際政治に大きな影響を与えた日清戦争期の外交を振り返ってみよう。

〈朝鮮半島をめぐる日清対立〉

日清戦争は一八九〇年代に勃発したが、その要因をさかのぼれば、一八八〇年代の朝鮮半島をめぐる両国の対立にある。日本や欧米諸国が影響力を強める以前の東アジアでは、清国の皇帝に貢ぎ物をする国が見返りに貿易を許される朝貢《ちょうこう》体制、あるいは朝貢・冊封《さくほう》体制といわれる上下関係があった。清国と朝鮮も同体制の中にあり、たぶんに儀礼的ではあるが、宗主国と属国の関係であった。

このような伝統的な宗属関係に変更を迫りたい日本は、一八七六年に不平等条約である日朝修好条規を結び、朝鮮との貿易を認めさせた。その後、日本の影響力が強まる中で起きたのが、一八八二年の壬午《じんご》軍乱である。当時、朝鮮では近代化政策の一環で日本の指導による新式軍が設置されていた。だが、その影響で待遇が悪化していた旧式軍の兵士たちが役所を襲撃し、都市下層民を中心とする一般民衆も加わって政府高官の邸宅や日本公使館が襲われた。事件後、清国は迅速に大軍を派遣し、軍乱を鎮圧した。清国と朝鮮は商民水陸貿易章程を締結したが、これは清国の領事裁判権を認める不平等条約であり、朝鮮は清国の「属邦」と明記されるなど、清国の存在感が強まる結果となる。一八八四年には親日派の急進改革派がクーデターを実行したが彼らの政権はすぐに瓦解し（甲申《こうしん》政変）、朝鮮での日本の影響力はさらに低下した。

もっとも、日本が朝鮮への発言権をすべて失ったわけではなかった。一八八五年、甲申政変時に派遣していた日清両国の軍隊を撤兵させる交渉の結果、天津《てんしん》条約が締結された。この条約では、朝鮮に再派兵する際は相手方に通告することや、事態が鎮静化したらすぐに撤兵することなどを定め、緊張状態にあった日清両国の軍事衝突は回避することができた。天津条約に基づく朝鮮における日清協調体制は、その後、一〇年近く続くことになる。

〔日清開戦への道〕

だが、日清の協調体制が崩れる時がきた。きっかけとなったのは、甲午《こうご》農民戦争である。

一八九四年二月、朝鮮半島の全羅道《チョルラド》で全琫準《チョンボンジュン》が蜂起し、他の地域の農民も加わることで大規模化した反乱軍は五月三一日に全州《チョンジュ》を占領した。この反乱を鎮圧するために、六月三日、朝鮮政府は清国に出兵を依頼した。清国の出兵を予測していた日本も二日に朝鮮出兵を閣議決定し、七日には日清両国が相互に出兵通告を行った。もっとも、一〇日に日本軍が派兵した頃には反乱軍は急速に勢いを失っており、翌一一日に政府との和約に応じて、全州からも撤退している。居留民保護という名目で出兵した日本にとって、軍隊を留めておく必要性はなくなっていたが、このまま撤兵すれば、朝鮮政府の要請で派兵した清国の影響力はさらに強まることになる。それを避けたい日本は、一六日に朝鮮の内政改革を共同で実施することを清国に提案した。だが、二一日、内政改革は朝鮮政府が自ら行うべきであるし、反乱は鎮定しているので日清ともに撤兵すべきだとして、清国はこれを拒否した。日本側は朝鮮の安寧を保つためにも撤兵しないと通告し（「第一次絶交書」）、その後、さらに増兵した結果、六月末には漢城《ハンソン》に一〇〇〇名、龍山《ヨンサン》に七〇〇〇名の日本兵が駐屯することになった。

日清間の軍事衝突が懸念される中、列強が調停に動く。清国の依頼を受けたロシアは、六月三〇日にミハイル・ヒトロヴォー駐日公使が陸奥宗光《むつむねみつ》外相と面会し、日清同時撤兵を要求した。一方、イギリスからも同時期、日本政府に対して日清共同朝鮮内政改革を進める条件を確認し、清国との交渉が成立するためには同時撤兵が必要だと伝えられた。日本は七月二日、ロシアの要求は拒否したが、イギリスには、清国が日本との共同朝鮮内政改革を受け入れるなら最初の議題として撤兵問題を扱うと伝えた。日本がイギリスの調停を受け入れたことで、開戦は避けられた可能性があったのである。だが、九日、日本が撤兵しなければ交渉には応じないと清国から回答が寄せられたことで、日本側の態度は硬化する。一二日に日本は清国に対して、今後生じる事態に日本は責任を持たないという「第二次絶交書」の送付を決定した。イギリスはなおも調停を試みていたが、一八日に清国が朝鮮に大規模な援軍を送るとの情報を入手した日本側は、一九日に清国が増兵した場合は攻撃するように陸海軍に命じ、開戦を決意する。そして二五日に両国の海軍は豊島《プンド》沖の海戦で激突し、日清戦争の火蓋は切っておとされた。八月一日に清国光緒帝《こうしょてい》の宣戦上諭が、二日に日本側の宣戦詔書が公布され、国際法上も両国は戦争状態に入ったのである。

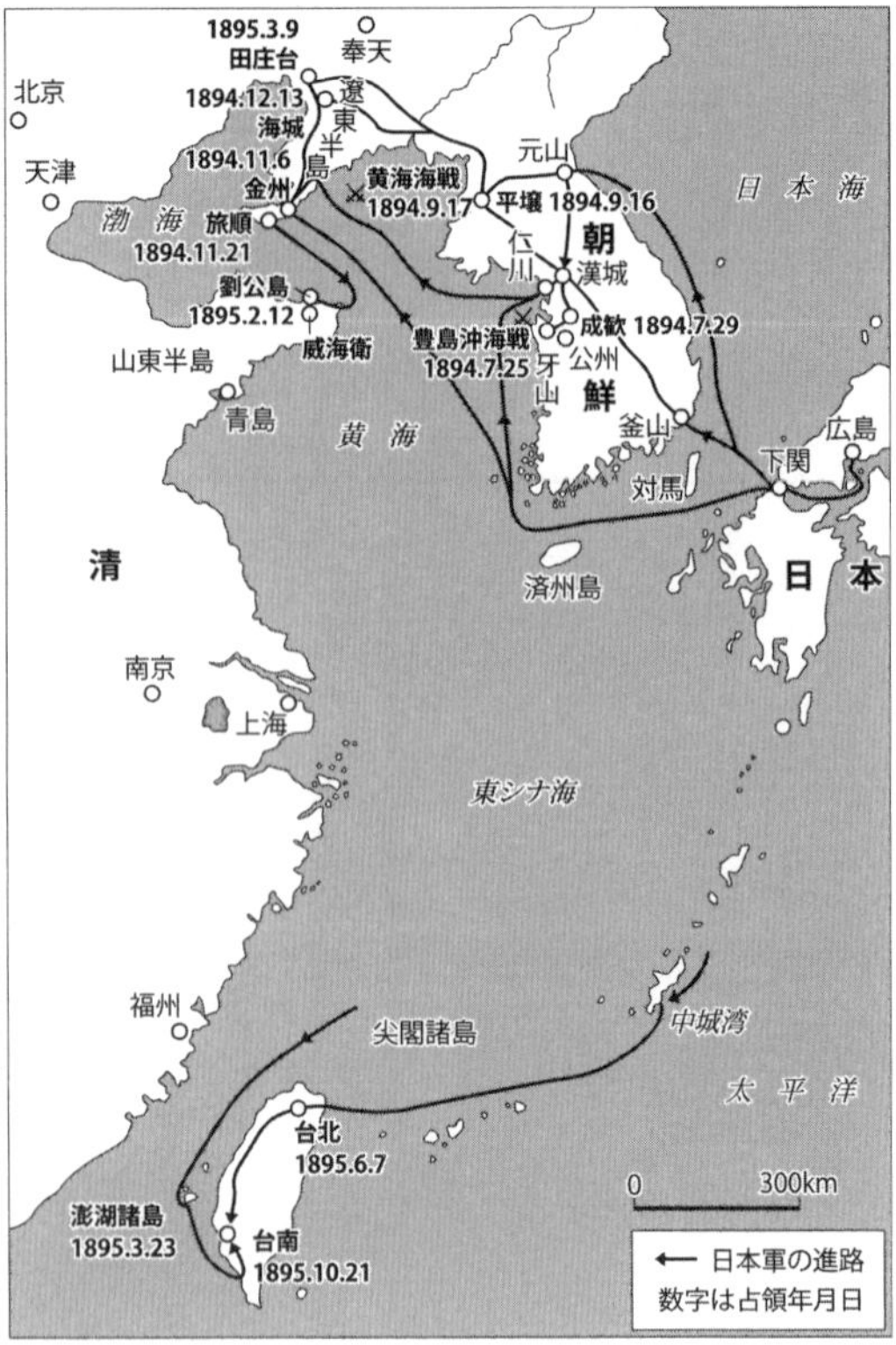

★—日清戦争全体図（大谷 2014）

〔講和と三国干渉〕

豊島沖海戦に先立つ七月二三日、日本は漢城の朝鮮王宮を占領した。さらに二九日に成歓《ソンファン》の戦い、九月一五日の平壌《ピョンヤン》の戦い、一七日には黄海の海戦と苦戦も挟みながら序盤の戦闘で連勝を続け、朝鮮半島全土を占領下に置く。一〇月下旬には鴨緑江《アムノッカン》渡河と遼東半島上陸によって二方向から清国に攻め入り、一一月二一日には旅順《りょじゅん》を占領。清国でも戦況を優位に進めていく。

日本側は一〇月、清国では一一月から講和条件の検討はなされていた。だが、清国は講和に不熱心であり、なるべく有利な条件で講和条約を結びたい日本の思惑もあって、実際に下関《しものせき》で講和交渉が始まるのは一八九五年三月二〇日である。全権は日本側が伊藤博文《いとうひろぶみ》首相と陸奥外相、清国側が李鴻《りこう》章《しょう》であった。

李鴻章は、まず休戦条約を結ぶことを提案した。だが日本側は、休戦の条件として天津・大沽《たいこ》・山海関《さんかいかん》の占領や休戦期間中における日本の軍備費用を清国が負担することなど過大な要求を突きつけた。そのため、李は休戦を諦め、講和交渉を開始した。ところが二四日、戦争継続を望み、講和に反対していた小宮豊太郎《こみやとよたろう》が李鴻章を狙撃したことで、事態は急転する。負傷した李が帰国したり、列強が干渉したりすることを恐れた日本は、三〇日、休戦条約に調印した。ただし、期限は三週間であった。速やかに講和交渉を終えたい日本は、四月一日に条約案を提示し、一〇日に割譲地範囲の縮小、賠償金の減額などでは譲歩したものの、当初の要求を大幅に修正するつもりはなかった。続々と大軍が下関海峡を通過する様子をみていた李鴻章と李経芳《りけいほう》（李鴻章の養子で、一日、全権大臣に任命）は日本軍の北京攻撃を恐れ、一七日、講和条約に調印した。

講和条約で日本は、朝鮮が自主独立の国であることを清国に認めさせる。また、遼東半島・台湾・澎湖諸島の割譲、庫《こ》平銀《へいぎん》二億両（当時の日本円で約三億一一〇〇万円に相当）の賠償金支払い、清国とヨーロッパ諸国で結ばれている条約を基礎とした日清通商航海条約の締結など通商上の特権も獲得した。二三日には独露仏が、北京に対する脅威、朝鮮独立の有名無実化、極東の平和に対する障害を理由として、遼東半島の返還を迫る三国干渉が発生する。日本は英米伊に助力を求めたり、金州《きんしゅう》以外の遼東半島返還という譲歩案を提示したりするが上手くいかず、要求を受諾して遼東半島の返還を決定した。しかし、それでもなお、日本が得たものは大きかった。日清戦争に勝利したことで日本と清国との国際的地位は逆転し、東アジアを代表する大国として、朝鮮半島や中国大陸に利権や影響力の拡大を図るようになっていくのである。

（片山慶隆）

〔参考文献〕大谷正『日清戦争』（中央公論新社、二〇一四年）、佐々木雄一『リーダーたちの日清戦争』（吉川弘文館、二〇二二年）、原田敬一『日清戦争』（吉川弘文館、二〇〇八年）

Q7 日英同盟について教えてください

A

日英同盟は義和団《ぎわだん》戦争後も満洲《まんしゅう》を占領し続けるロシアに対抗するため、一九〇二年に締結された。一九〇五年と一九一一年の二度にわたって改定され、「帝国外交の骨髄」といわれるほど重視されたが、一九二二年のワシントン会議で廃棄が決定した。

〔日英接近の背景〕

一九〇二年一月三〇日、ロンドンで林董《はやしただす》駐英公使とヘンリー・ランズダウン外務大臣が日英同盟協約に調印した。ドイツとアメリカの経済力向上によって国際的地位が相対的に低下しつつあったとはいえ、依然としてイギリスは世界的な大帝国であった。そのイギリスと、アジアの新興国にすぎない日本の同盟はなぜ実現したのだろうか。

結論からいえば、ロシアへの対抗という点で両国の利害が一致したからである。かつては世界各地で優勢であったイギリス海軍の地位は、一九世紀末になると揺らいでおり、東アジアではロシアとフランスからの脅威にさらされていた。だが、地中海や大西洋のような安全保障上極めて重要なヨーロッパでの制海権確保のためには、東アジアに海軍力を割くわけにはいかなかった。そこで、提携できる国として目をつけたのが日本であった。

また、ロシアは陸軍力でもイギリスを脅かしていた。義和団戦争（一九〇〇年六月〜〇一年九月）終結後もロシアは満洲占領を続けていたが、これは清国本土に大きな権益を持つイギリスにとって懸念材料だった。

日本にとっても、ロシアによる満洲占領は死活的な問題であった。ロシアが韓国に南下して勢力を拡大することは何としても阻止しなければならず、一刻も早く満洲からのロシア軍撤兵を実現させたかった。このように、日本とイギリスの思惑が合致したため、両国は接近したのである。

〔同盟の締結とその影響〕

同盟交渉は一九〇一年四月に林がランズダウンに打診して始まったが、急速に進展したのは一一月にランズダウンが同盟協約草案を提出してからである。

交渉で主に意見が対立したのは二点である。まず韓国問題では、韓国での「行動の自由」を日本は求めたが、日本の危険な政策に巻き込まれることを警戒したイギリスは断固として同意しなかった。また、イギリスは、インドへの同盟範囲の拡張を主張したが、日本は拒否した。協約案をめぐるやり取りは二ヵ月半以上に及んだが、お互いに妥協して同盟は成立した。

日英同盟の主な内容は以下の通りである。

一、イギリスは主として清国に関して、日本は清国で有する利益に加えて、「韓国において政治上ならびに商業上および工業上格段に利益を有する」ことが認められた。

二、日英のいずれかが、ある国と戦争状態に入ったならば、もう一つの締約国は厳正中立を守り、他の国が交戦に加わるのを妨げることに努める。

三、交戦状態の時に一国または数ヵ国が戦争に加わった場合、一方の締約国は共同戦闘にあたり、講和も同盟国同士が合意したうえで行う。

四、有効期間は五年間。

日英同盟は、事実上の仮想敵国となったロシアに衝撃を与えた。そのため、一九〇二年四月に清国と露清満洲還付条約を締結し、一年半を半年ずつ三期に分けて段階的に満洲から撤退することを約した。ただし、第二次撤兵期限である一九〇三年四月にロシアが満洲から撤兵しなかったことで、東アジア国際政治は再び緊張する。つまり、日英同盟がロシアに与えた抑止効果は、短期間にとどまったのである。

また、日英両国の外交政策には齟齬もあった。日露開戦前に、日本の敗戦を予想していたイギリスは最後まで戦争に反対していた。さらに、韓国への進出を積極化したい日本に対して、韓国を日露間での緩衝地帯としたいイギリスは牽制をし続けた。一般的に蜜月関係として描かれる日英同盟初期の両国関係は、自国の国益に基づく主張をぶつけあうことも少なくなかったのである。

〔一度目の改定〕

とはいえ、一九〇四年に日露戦争が始まると、イギリスは同盟国として日本に協力をするようになる。ロシアはヨーロッパ方面からバルチック艦隊を東航させたが、イギリスは自領の港湾への寄港や石炭供給を拒否した。また、日本が戦況を有利に進め、日本の韓国占領が朝鮮半島に安定した秩序をもたらしたと考えるようになったイギリスは、次第に日本の韓国支配を支持するようになっていく。そして、一九〇五年二月の日英同盟三周年祝賀会で小村寿太郎《こむらじゅたろう》外相が同盟の強化を望む演説を行ったことを受けて、翌三月にイギリスは同盟改定の交渉を打診した。

　五月に林とランズダウンとの間で正式な交渉が開始されたが、争点となったのはやはり韓国と同盟範囲の二点だった。日本は韓国保護国化の承認を、イギリスはインドへの同盟範囲の拡大を求め、交渉は難航した。ただ、再び両国が譲歩したことで同盟の改定が実現し、第二次日英同盟協約は八月一二日に調印された。

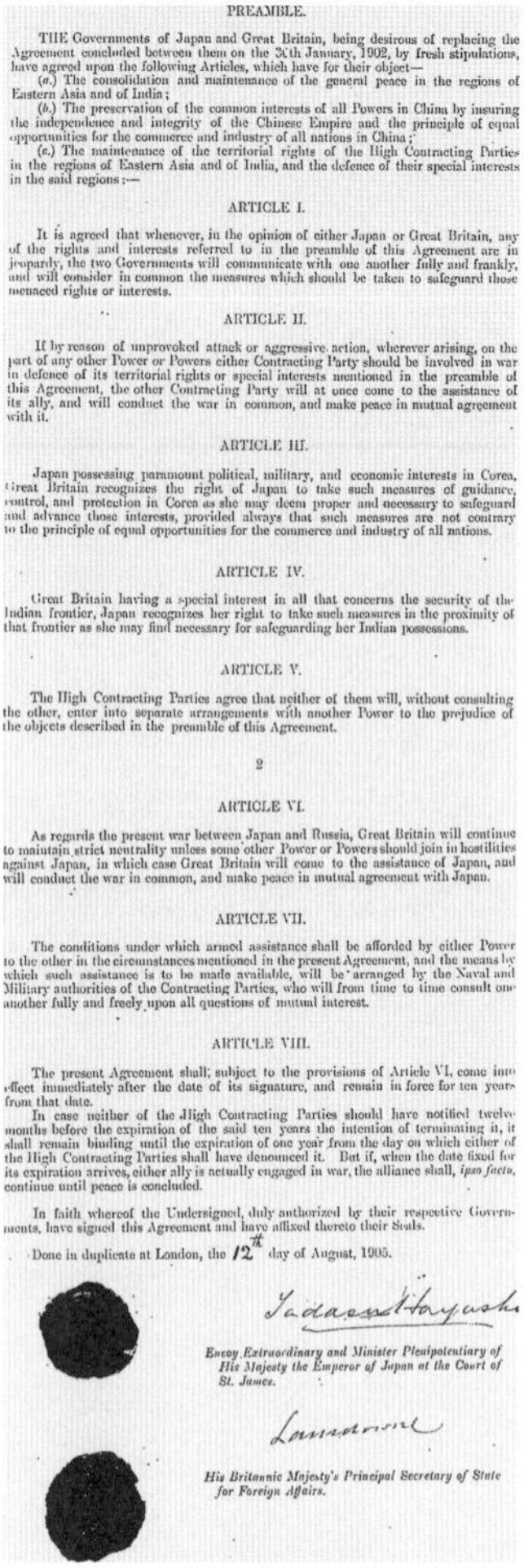

PREAMBLE.

THE Governments of Japan and Great Britain, being desirous of replacing the Agreement concluded between them on the 30th January, 1902, by fresh stipulations, have agreed upon the following Articles, which have for their object—

(a.) The consolidation and maintenance of the general peace in the regions of Eastern Asia and of India;

(b.) The preservation of the common interests of all Powers in China by insuring the independence and integrity of the Chinese Empire and the principle of equal opportunities for the commerce and industry of all nations in China;

(c.) The maintenance of the territorial rights of the High Contracting Parties in the regions of Eastern Asia and of India, and the defence of their special interests in the said regions:—

ARTICLE I.

It is agreed that whenever, in the opinion of either Japan or Great Britain, any of the rights and interests referred to in the preamble of this Agreement are in jeopardy, the two Governments will communicate with one another fully and frankly, and will consider in common the measures which should be taken to safeguard those menaced rights or interests.

ARTICLE II.

If by reason of unprovoked attack or aggressive action, wherever arising, on the part of any other Power or Powers either Contracting Party should be involved in war in defence of its territorial rights or special interests mentioned in the preamble of this Agreement, the other Contracting Party will at once come to the assistance of its ally, and will conduct the war in common, and make peace in mutual agreement with it.

ARTICLE III.

Japan possessing paramount political, military, and economic interests in Corea, Great Britain recognizes the right of Japan to take such measures of guidance, control, and protection in Corea as she may deem proper and necessary to safeguard and advance those interests, provided always that such measures are not contrary to the principle of equal opportunities for the commerce and industry of all nations.

ARTICLE IV.

Great Britain having a special interest in all that concerns the security of the Indian frontier, Japan recognizes her right to take such measures in the proximity of that frontier as she may find necessary for safeguarding her Indian possessions.

ARTICLE V.

The High Contracting Parties agree that neither of them will, without consulting the other, enter into separate arrangements with another Power to the prejudice of the objects described in the preamble of this Agreement.

2

ARTICLE VI.

As regards the present war between Japan and Russia, Great Britain will continue to maintain strict neutrality unless some other Power or Powers should join in hostilities against Japan, in which case Great Britain will come to the assistance of Japan, and will conduct the war in common, and make peace in mutual agreement with Japan.

ARTICLE VII.

The conditions under which armed assistance shall be afforded by either Power to the other in the circumstances mentioned in the present Agreement, and the means by which such assistance is to be made available, will be arranged by the Naval and Military authorities of the Contracting Parties, who will from time to time consult one another fully and freely upon all questions of mutual interest.

ARTICLE VIII.

The present Agreement shall, subject to the provisions of Article VI, come into effect immediately after the date of its signature, and remain in force for ten years from that date.

In case neither of the High Contracting Parties should have notified twelve months before the expiration of the said ten years the intention of terminating it, it shall remain binding until the expiration of one year from the day on which either of the High Contracting Parties shall have denounced it. But if, when the date fixed for its expiration arrives, either ally is actually engaged in war, the alliance shall, *ipso facto*, continue until peace is concluded.

In faith whereof the Undersigned, duly authorized by their respective Governments, have signed this Agreement and have affixed thereto their Seals.

Done in duplicate at London, the 12th day of August, 1905.

Tadasu Hayashi

Envoy Extraordinary and Minister Plenipotentiary of His Majesty the Emperor of Japan at the Court of St. James.

Lansdowne

His Britannic Majesty's Principal Secretary of State for Foreign Affairs.

★―第2次日英同盟協約（外務省外交史料館所蔵）

日本は韓国での機会均等原則を守ると約束して、韓国の保護国化をイギリスに認めさせた。また、締約国の一方が、一国もしくは数ヵ国より攻撃された時、他の締約国は同盟国に援助を与え、共同戦闘にあたることとされ、軍事同盟として強化されることになった。同盟の有効期間は一〇年間とされた。さらにインド問題は、イギリスがインド国境の安全に繋がる事項に関して特殊利益を有するので、日本はイギリスが必要な措置をとる権利を承認することで落ち着いた。兵力的援助を与える条件や実行方法は陸海軍当局者の協議に任せることになったが、一九〇七年に締結された第二回日英軍事協商によって日本は実質的にインド派兵を実施しなくて済むことになった。この改定を経て日英同盟は絶頂期を迎えることになる。

〔再改定と同盟の衰退〕

　しばらく極めて良好な関係を築いていた日英両国であったが、再改定を機に同盟は下り坂になっていく。

一九一〇年九月、加藤高明《かとうたかあき》駐英大使はグレイ外相から同盟の再改定について意向を尋ねられた。英米間で紛争を仲裁機関に解決してもらう仲裁裁判条約の締結が検討されていたため、日本が加入するか、本条約に違反しないように同盟を改定するかを選択してほしいという趣旨であった。仲裁裁判条約は国家間対立を平和的手段で解決することを定めているため、英米は戦争することができない。つまり、同条約に違反しないようにするには、もしも日米間で戦争が起きた場合に、イギリスが巻き込まれないために、同盟を改定するか、日本が条約に加わるしかなかったのである。

小村外相は、日本に不利な判決を下す傾向のある仲裁裁判条約に批判的だったため、一九一一年一月、同盟の改定を望むと回答した。交渉の結果、七月一三日に調印された第三次日英同盟協約では、アメリカに同盟が適用されないことが定められた。また、小村は強硬に反対したが、アメリカが別の国と同盟を結んだ場合に同盟が発動されないことも決まった。

日本政府の政策決定者たちは、もともと同盟がアメリカに適用されるはずがないと考えていた。しかし、これが明文化された意味は重い。既に一九〇七年と一〇年の日露協商でロシアとの関係が改善し、日本では同盟の重要性が低下しつつあった。また、移民問題や満洲権益をめぐって険悪になることもあった日米間の対立に、イギリスが巻き込まれることを避けた面があったことも確かであった。日英同盟は曲がり角を迎えていたのである。

第一次世界大戦期の日本は日英同盟に基づいてドイツ陣営に宣戦布告して、アジア・太平洋戦線で戦った。しかし、イギリスが望んだヨーロッパ戦線での陸軍の派遣には同意しなかった。また、対華二十一ヵ条要求など対中政策で日英両国はしばしば対立し（以上、Q10参照）、日本国内では露仏を加盟させた「四国同盟」案が主張されるなど、次第に日英同盟は「帝国外交の骨髄」とは言い難くなってきた。

そして、一九二二年、ワシントン会議での四ヵ国条約締結によって日英同盟は廃棄が決まったのである。（片山慶隆）

〔参考文献〕片山慶隆『小村寿太郎』（中央公論新社、二〇一一年）、片山慶隆「日英同盟と日露戦争」井上寿一編『日本の外交第一巻　外交史戦前編』（岩波書店、二〇一三年）、千葉功『旧外交の形成』（勁草書房、二〇〇八年）

Q8 日露戦争期の外交について教えてください

A

一九〇五年、日本は大国ロシアに勝利し、賠償金こそ獲得できなかったものの、満洲《まんしゅう》での権益や南樺太《からふと》（サハリン）を獲得し、韓国併合への道筋をつけ、国際的地位を向上させた。だが、当時の日本が列強の一角を占めるロシアに勝てる保証はなかった。日本は、なぜロシアとの戦争に踏み切ったのであろうか。

〔開戦過程〕

日清戦争に勝利した日本にとって、領土や勢力圏を拡大していくうえで次なるライバルとなったのがロシアである。日本とロシアは朝鮮半島で対峙し（Q９参照）、義和団《ぎわだん》戦争（一九〇〇年六月〜〇一年九月）終結後もロシアが満洲を占領し続けたことで両国の緊張はさらに高まった。一九〇二年一月に日英同盟が結ばれた影響もあり、ロシアは四月に清国と露清満洲還付条約を締結し、一年半を半年ずつ三期に分けて段階的に満洲から撤退することを約束した。これによって東アジアの国際政治は安定を取り戻したかにみえたが、第二次撤兵期限である一九〇三年四月にロシアが満洲から撤兵しなかったことで、日露関係の緊張は再び高まっていく（Q７参照）。

六月二三日には桂太郎《かつらたろう》首相をはじめとする主要閣僚と存命の元老《げんろう》が全員出席した御前《ごぜん》会議が開催され、対露政策が協議された。会議では、韓国での日本の優位性と満洲における鉄道権益の確保をロシアに認めさせる案が全員から支持された。八月一二日、この御前会議での決定に基づき作成された協定案をロシア側に渡したことで始まった日露交渉は、九月七日に小村寿太郎《こむらじゅたろう》外相とロマン・ローゼン駐日ロシア公使が全権委員に任命されてから本格化する。

一〇月三日、ロシアから修正案が提出されたが、その内容は以下のようなものであった。まず日本による満洲権益要求は拒否された一方で、韓国における日本の優位性は認めていた。ただし、韓国内政改革のための助言や援助は民政上の目的に限られ、軍事目的のものは受け入れなかった。また、韓国の三分の一に当たる北緯三九度以北を中立地帯とする新たな提案をしている。小村とローゼンは四度にわたって会談を行い、妥協点を探った。だが、韓国に対する日本の助言・援助に軍事目的のものを含めるか否か、満洲での日本の権益を認めるか否か、中立地帯の範囲で対立した。

日本が一〇月三〇日に提出した修正案も、これらの対立点を反映したものとなった。日本は、軍事上の目的で韓国に助言や援助を行うことを再度主張したが、軍事施設はつくらない譲歩を行った。また、韓国と満洲の両側に五〇㌔ずつ中立地帯を設置し、満洲での特殊利益は日露ともに持たないとの提案によって、相互にバランスをとろうとしたのである。

これに対するロシア側の回答は、一二月一一日に提出された。満洲は日本の利益範囲内であることをわずかに認める譲歩は行っていたものの、韓国への助言や援助を民政上の目的に限定し、中立地帯を韓国側のみに設定していたこととあわせて、一〇月三日のロシア案とほぼ同内容であった。さらに、一二月二三日提出の日本案、一九〇四年一月六日提出のロシア案は、ともに従来の主張を繰り返すことに終始していた。交渉による解決は期待できないと考えた日本側は、一月一六日に韓国全土を勢力圏とする案を提出後、二月四日の御前会議で対露戦を決定し、六日に交渉の中止と国交断絶をロシアに通告した。八～九日にかけての旅順《りょじゅん》港と仁川《インチョン》沖における日露海軍の衝突で戦いの口火が切られ、一〇日に宣戦布告がなされたことで、名実ともに日露戦争が始まったのである。

〔戦争は回避できたのか〕

日露戦争は、両国に大きな人的・物的損失をもたらしただけでなく、日本の領土拡大や韓国支配を進展させ、国際的地位を向上させた。それだけに多くの研究が蓄積されてきた。

伝統的な通説では、桂首相・小村外相を中心とする対露開戦派が日本の政策決定を主導し、強硬な政策をとるロシアとの戦争は不可避だと描かれてきた。だが、二〇〇〇年代に単著が刊行された伊藤之雄や千葉功の研究では、日露戦争は回避できた可能性があると主張されている（千葉の研究はQ7の参考文献を参照）。伊藤は、ロシア側の要因を、一九〇三年八月以降、積極的な満洲・韓国経営に意欲を失っていたにもかかわらず、戦争を避けたいという考えを日本側に伝える努力をしなかったことや、政策決定の遅れによって日本側への返答が遅れたことなどに求めた。一方、日本側の要因は、一九〇三年八月の日本側第一案が韓国だけでなく、南満洲での鉄道権益なども要求する強硬なものでロシア側の態度を硬化させたことや、駐露公使・駐在武官によるロシアは戦争を望んでいないとの情報を日本政府が無視したことなどにあるとした。また、千葉は日露交渉の最終段階で両国の考えはかなり接近してきており、交渉が継続されれば、韓国と満洲を犠牲にしつつ戦争を回避できた可能性があることを指摘した。だが、ロシア軍の増強が進む中で早期の決着を望む日本と交渉を長引かせたいロシアとの思惑の違いや、互いに「満韓交換」（満洲はロシア、韓国は日本の勢力圏とするのを認めること）を望んでいたにもかかわらず、その真意を見抜けなかったことによって、日本はロシアとの戦争を決意したとする。

もっとも、近年の研究では、再び開戦不可避説が勢いを増している。たとえば、佐々木雄一は、日露戦争を「必然的開戦」と捉えている。なぜなら、佐々木によれば、ロシア軍が満洲に居座り続けることは韓国独立の危機であり、日本の危機であるという論理が日本政府で主流になっていた。さらに満洲と韓国を結びつけて「等価交換」を目指す日本と、満洲について日本と交渉するつもりのないロシアとの交渉は、ほとんど妥結が不可能だったからである。

開戦から一〇〇年以上経っても、開戦過程に関する新たな見解が発表される日露戦争研究の今後の展開が注目される。

〔講和への道〕

日露戦争の戦況は日本に優勢なまま展開し、一九〇五年一月、日本は旅順を陥落させ、三月には奉天《ほうてん》会戦にも勝利した。だが、交戦能力が限界に近づきつつあったため、日本政府は四月二一日に「日露講和会議予定の件」を閣議決定し、韓国の自由処分といったロシアに要求すべき項目を確定した。そして、五月下旬、日本海海戦で圧勝した後、アメリカに斡旋を依頼し、講和勧告をロシアが受け入れると、八月一〇日から講和交渉の本会議が開始されることになった。なお、会議の全権委員は日本側が小村外相と高平小五郎《たかひらこごろう》駐米公使、ロシア側がセルゲイ・ウィッテ元蔵相とローゼン駐米大使である。

日本側全権に与えられた七月五日の訓令では、三つの絶対的必要条件、四つの比較的必要条件が示された。絶対的必要条件は、韓国での支配権確立がロシア側の抵抗にあったものの、結局、満洲からの撤兵、遼東《りょうとう》半島の租借権と東清鉄道南満洲支線の日本への譲歩を含む三点すべてをロシアは受け入れた。だが、比較的必要条件の方は交渉が難航する。ロシアが認めたのは沿海州《えんかいしゅう》沿岸の漁業権獲得だけで、賠償金の獲得、中立港に逃げたロシア艦隊の引き渡し、樺太の割譲は拒否した。交渉は非常に難航したが、結局、賠償金とロシア艦隊の引き渡しは断念し、北緯五〇度以南の樺太南部を割譲することで妥協が成立した。九月一日に休戦議定書、五日には日露講和条約と付属協定が調印された。

賠償金が獲得できなかったうえに、領土や権益の獲得も不十分だと不満に思った民衆が暴徒化したことは、よく知られている。だが、多大な犠牲を払ったうえではあったが、日本の獲得したものも大きかった。韓国支配を認めさせたことで、一一月には第二次日韓協約で韓国の保護国化を実行に移した。また、日本の安全保障上、大きな脅威だと考えられていた満洲のロシア軍を撤兵させた。さらに、遼東半島の旅順・大連《だいれん》、南満洲の鉄道権益を獲得した。領土や権益を拡大し、大国ロシアに勝利したことで、日本の国際的地位は向上したのである。

（片山慶隆）

★—日露講和会議後の記念写真（外務省外交史料館所蔵）

〔参考文献〕伊藤之雄『立憲国家と日露戦争』（木鐸社、二〇〇〇年）、佐々木雄一『帝国日本の外交一八九四〜一九二二 増補新装版』（東京大学出版会、二〇二三年）、和田春樹『日露戦争』上下（岩波書店、二〇〇九・一〇年）

Q9 韓国併合について教えてください

A

日本は一九一〇年、韓国を併合した。三五年間に及ぶ植民地支配は、現在も日本と朝鮮半島との関係に影を投げかけている。古代以来、深い関わりのあった韓国を、日本はなぜ、どのようにして併合したのであろうか。なお、本稿では朝鮮半島の呼称を、大韓帝国が成立した一八九七年一〇月から併合条約が調印された一九一〇年八月までを韓国、その前後を朝鮮と表記する。

〔ロシアとの対峙―日清戦後の朝鮮半島情勢〕

日本が朝鮮半島を支配下に置こうとしたのはいつか。豊臣《とよとみ》秀吉《ひでよし》の朝鮮出兵までさかのぼるという考え方もあるかもしれないが、韓国併合の直接的な起源を探るならば日清戦争時であろう。一八八〇年代から朝鮮半島をめぐって争ってきた日本と清国は一八九四年、ついに開戦する。日清戦争に勝利した日本は、翌年の日清講和条約（下関《しものせき》条約）で清国に朝鮮の独立を認めさせた。これによって、清国と朝鮮との伝統的な宗属関係は終わりを迎えることになった（Q6参照）。

だが、日清戦後に日本の朝鮮支配が順調に進んだわけではない。一八九五年一〇月には、三浦悟楼《みうらごろう》駐朝公使らによる閔《ミン》妃《ビ》（高宗《コジョン》国王の王妃）殺害にくわえて、「親日派」内閣による太陽暦の導入や断髪令といった近代化政策への批判から、朝鮮各地で反日感情が高まった。さらに、一八九六年二月には「露館播遷《ろかんはせん》」が実施された。露館播遷とは、高宗が王宮からロシア公使館に避難した事件のことである。高宗から詔勅で批判された閣僚たちが激昂した民衆に虐殺されたことで親日派内閣は瓦解し、親露派内閣が成立した。朝鮮における日本の影響力低下は明らかであり、新たなライバルとなったロシアの存在感が高まったのである。

日本はロシアと、五月に小村・ヴェーベル覚書、六月には山県・ロバノフ協定を結び、巻き返しを図った。前者は釜山《プサン》―漢城《ハンソン》間の電信線保護のための憲兵、公使館や各開港場の日本人居留地を保護するために漢城で二中隊、釜山と元山《ウォンサン》で各一中隊を置くことを定めていた。また、ロシアも各地に日本の兵数を超えない範囲で護衛兵を置くことで合意した。後者は、朝鮮財政への共同援助、朝鮮で騒乱が起きた際の共同出兵などを約したものである。これで、少なくとも条文上は、朝鮮における軍事力や軍事・財政への発言権で日露の均衡が得られたことになった。さらに、一八九八年四月には西・ローゼン議定書も成立した。同議定書では、ロシアは日韓間における商工業上の関係発展を妨害しないことを約し、日露は韓国の独立尊重と内政不干渉を承認した。この間、一八九七年二月には高宗の王宮への帰還が実現している。露館播遷中に各政治集団の勢力を削ぐことに成功した高宗は、日本とロシアに対して自身と家族に危害を加えないことを約束させ、一〇月には皇帝に即位した。露館播遷の終了はロシアの影響力低下を物語っていたが、かといって日本の朝鮮半島支配が進んだわけではない。この時点では、ロシアとの三つの取り決めによって韓国に影響力を残しつつ、将来の勢力拡大を虎視眈々と狙っている状況であった。

〈韓国の保護国化〉

日本の韓国支配が一気に進んだのは、日露戦争時である。韓国も、ただ手をこまねいていたわけではない。日露関係が緊迫化する中で、高宗は一九〇三年一一月にロシアへ密使を送り、日露が開戦した際にはロシアに協力すると伝えさせ、ロシア皇帝ニコライ二世から韓国の独立と局外中立を支持するとの言質をとっている。また、韓国が日本の意に反する協定を第三国と結ぶことを禁じようとした日韓密約交渉を、一九〇四年一月二一日の局外中立宣言で不成立に追い込むといった抵抗を行っていた。

だが、二月の日露開戦とともに日本軍が韓国に上陸し、仁川《インチョン》・漢城を立て続けに占領すると、韓国の立場は苦しくなる。ロシア公使館を韓国から撤収させた日本は、二三日に韓国と日韓議定書を締結した。この議定書で、日本は韓国皇室の安全と無事、及び韓国の独立と領土保全を保証した一方で、軍隊の駐留権を獲得した。また、相互の承認を経ずに議定書の趣意に反する協約を他国と締結してはいけないことが定められ、日本の望まない協定を韓国が結ぶことは極めて難しくなった。

次いで五月三一日には「対韓施設綱領」が閣議決定される。綱領では、軍事・外交・財政などについて対韓政策で目指すべき目標が掲げられた。ここで重要なのは外交と財政である。外交面では、「外交部門で一人顧問官を入れて、裏で政務を監督指揮すること」が決定された。また、財政面では、貨幣制度の改革に始まり、将来的には韓国財政の実権掌握まで目標とされた。

そして、対韓施設綱領に基づき調印されたのが、八月二二日の第一次日韓協約である。この協約では、第一に外国人一名を外交顧問に採用させることを定めた。外交顧問には、駐米日本公使館顧問のアメリカ人ダーハム・スティーブンスが就任した。スティーブンスは、一八八二年から外務省に勤務している親日的な人物であり、日本政府にとっては外交顧問として適任であったといえよう。協約では、第二に財務顧問を採用することも定めており、大蔵省主税局《おおくらしょうしゅぜいきょく》長の目賀田種《めがたたね》太郎《たろう》が就任した。一〇月に韓国政府が目賀田と結んだ協定では、韓国の財政に関する一切の事務は目賀田の同意を経た後に施行することに決まり、絶大な権限を有することになった。その後、日本は軍事・警察など他分野にも日本人顧問を送り込み、韓国の内政への影響力を強めていく。

さらに日露戦後の一九〇五年一一月一七日には、第二次日韓協約が締結された。この協約で日本政府は実質的に韓国の外交権を奪い、保護国にした。既に日本は、八月七日に成立した桂・タフト覚書、一二日に調印した第二次日英同盟、そして、九月五日のポーツマス条約（日露講和条約）で米英露から韓国保護国化の国際的な承認を受けていた。第二次日韓協約によって絶大な権限を持つ韓国統監《とうかん》を置くことが決まり、伊藤博文《いとうひろぶみ》が就任すると、日本の韓国支配はますます強まっていく。

〔韓国支配の完成〕

高宗は、外交権のない状況の中で、第二回万国平和会議に密使を派遣して、世界各国に自国の苦境を訴える手段を選んだ。だが、結果的に彼の試みは裏目に出た。一九〇七年六月、三人の密使は会議の開催地であるオランダのデン・ハーグに到着し、日本を除く参加国に対して、日本による外交権剝奪を批判する文書を送った。そのうえで、各国の代表に接触を図ろうとしたが、平和会議議長のロシア代表アレクサンドル・ネリドフをはじめとする各国代表に拒否された。日本との関係に配慮した参加国は、二年前から外交関係がないことを理由に密使の会議への参加を認めず、彼らへの助力も行わなかったのである。

このハーグ密使事件は、当然ながら日本政府の怒りを招いた。七月一〇日には西園寺公望《さいおんじきんもち》首相など主要閣僚と元老《げんろう》、さらに前首相の桂太郎《かつらたろう》が出席した会議で、韓国内政の実権を掌握する方針が決定した。さらに、密使を派遣した高宗を韓国政府が退位させるつもりであることを知った伊藤統監もその動きを後押しし、一八日に高宗は皇太子の純宗《スンジョン》に譲位する意思を示した詔勅を発表することになった。二四日には第三次日韓協約が締結され、大臣など重要な役職者の任免や外国人

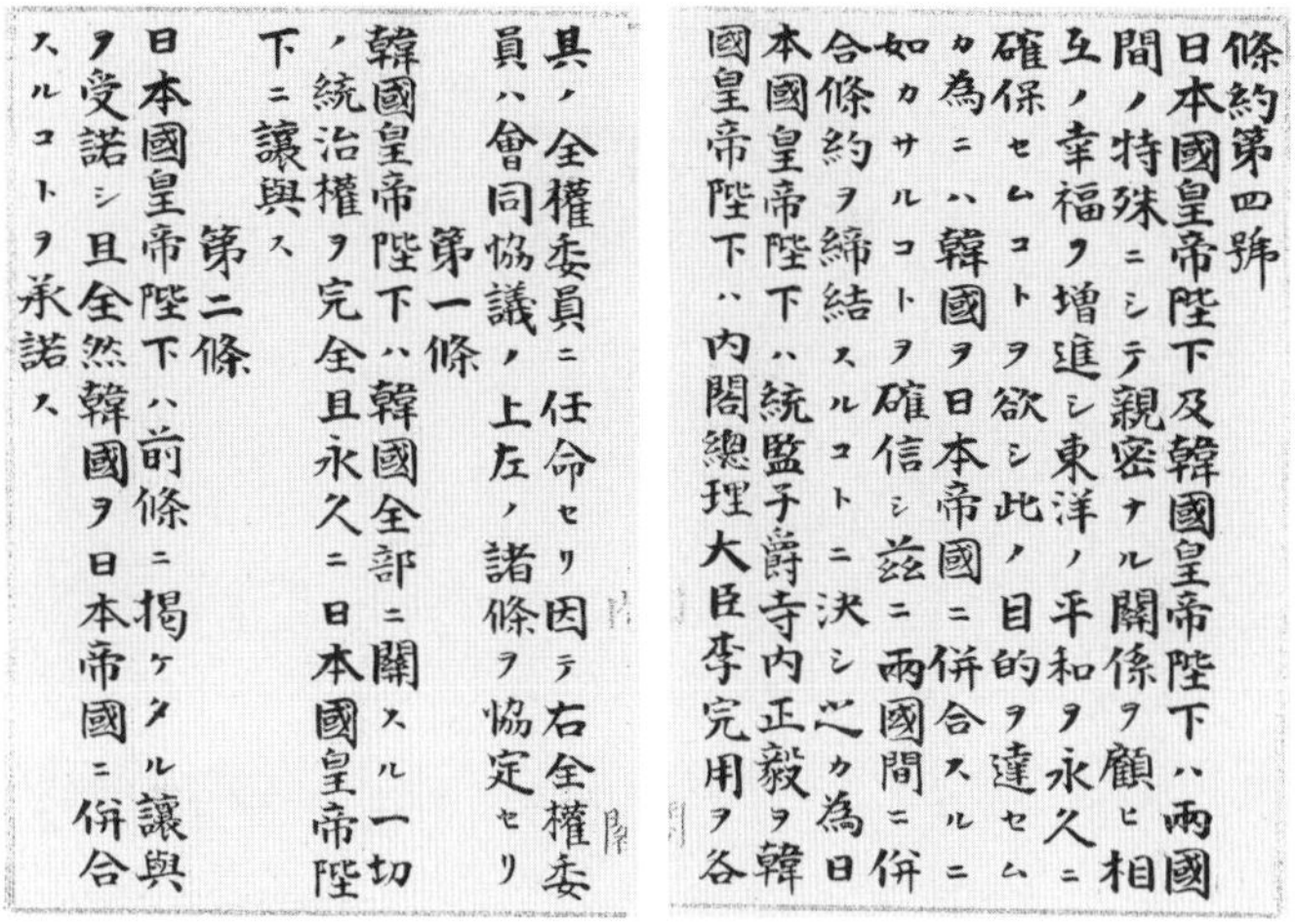
條約第四號
日本國皇帝陛下及韓國皇帝陛下ハ兩國間ノ特殊ニシテ親密ナル關係ヲ顧ヒ相互ノ幸福ヲ增進シ東洋ノ平和ヲ永久ニ確保セムコトヲ欲シ此ノ目的ヲ達セムカ為ニハ韓國ヲ日本帝國ニ併合スルニ如カサルコトヲ確信シ茲ニ兩國間ニ併合條約ヲ締結スルコトニ決シ之カ為日本國皇帝陛下ハ統監子爵寺内正毅ヲ韓國皇帝陛下ハ内閣總理大臣李完用ヲ各其ノ全權委員ニ任命セリ因テ右全權委員ハ會同協議ノ上左ノ諸條ヲ協定セリ
第一條
韓國皇帝陛下ハ韓國全部ニ關スル一切ノ統治權ヲ完全且永久ニ日本國皇帝陛下ニ讓與ス
第二條
日本國皇帝陛下ハ前條ニ掲ケタル讓與ヲ受諾シ且全然韓國ヲ日本帝國ニ併合スルコトヲ承諾ス

★—韓国併合条約（外務省外交史料館所蔵）

顧問の雇用には統監の同意が必要になった。また、三一日に軍隊解散の詔勅が出され、韓国は軍事力も奪われることになったのである。

韓国の「文明化」を名目として、伊藤統監は日本人顧問の増加や、教育・財政・司法など各分野で近代化政策を進めていった。だが、伊藤の政策は必ずしも韓国人の受け入れるところとはならず、義兵運動と呼ばれる武力闘争など根強い抵抗を受けた。そのため、日本の領土に組み込むことで問題の解決を図ろうとした日本政府は、もともとは併合に慎重だった伊藤の許可を得たうえで、一九〇九年七月に「韓国併合に関する件」を閣議決定した。さらに日本は、大国から横槍を入れられないように、一九一〇年四月にロシア、八月にはイギリスから韓国併合の同意を得ている。このような段階を経て、一九一〇年八月二二日、韓国併合条約は結ばれたのである。二一世紀になっても両国の関係に暗い影を落としている、三五年間に及ぶ植民地支配の始まりであった。

（片山慶隆）

〔参考文献〕海野福寿『韓国併合史の研究』（岩波書店、二〇〇〇年）、木村幹『高宗・閔妃』（ミネルヴァ書房、二〇〇七年）、森万佑子『韓国併合』（中央公論新社、二〇二二年）

Q10 日本の第一次世界大戦参戦と対華二十一ヵ条要求について教えてください

A

かつて「欧州大戦」と呼んでいたように、日本にとって第一次世界大戦は縁遠いものかもしれない。だが、日本は大戦の戦勝国であり、戦後は国際連盟で常任理事国の地位を占め、国際的地位は向上した。一方、大戦中の対華二十一ヵ条要求は国際的な非難を呼び、その後の日中関係に悪影響を与えた。光と影の両面がある第一次世界大戦期の日本外交は、どのようなものだったのだろうか。

〔第一次世界大戦への参戦〕

第一次世界大戦のきっかけとなったのは、一九一四年六月二八日のサライェヴォ事件である。これは、オーストリア＝ハンガリーの皇位継承者であるフランツ・フェルディナンド大公夫妻がセルビア人青年によって暗殺された事件である。オーストリア＝ハンガリーの最後通牒を拒否したことで、七月二八日にオーストリア＝ハンガリーがセルビアに宣戦布告し、第一次世界大戦が勃発した。ただし、サライェヴォ事件は直接的な要因ではあったものの、背景には、オスマン帝国の弱体化によって、バルカン半島を勢力圏に置こうとするオーストリア＝ハンガリーとロシアとの対立が激化したことがあった。セルビアには密接な関係にあるロシアが、オーストリア＝ハンガリーには同盟国のドイツが全面的な支援を約束し、その後、ロシアと同盟・協商を結んでいたフランス・イギリスや、ドイツと同盟を組んだオスマン帝国などを巻き込む大戦争に発展した。

では、主にヨーロッパ列強間の対立で始まった戦争に、日本はいかにして参戦したのであろうか。日本が第一次世界大戦に参戦する契機となったのは、八月四日、コニンガム・グリーン駐日イギリス大使が加藤高明《かとうたかあき》外相にドイツと開戦した場合の軍事協力を要請したことである。五日にイギリスがドイツへ宣戦布告を発すると、七日にグリーンはドイツの極東艦隊駆逐を正式に要請する。同日、加藤が主導して第二次大《おお》隈重信《くましげのぶ》内閣は参戦を決定し、翌八日には山県有朋《やまがたありとも》ら元老《げんろう》にも承認させた。だが、日本が中国権益の拡大に乗り出すことを懸念したイギリスは、一〇日に日本への参戦依頼を取り消す。それでも加藤はイギリスに何とか参戦を認めさせ、一五日にはドイツに最後通牒を送り、八月二三日に宣戦布告した。戦闘が始まると、戦力で勝る日本軍は南洋諸島を占領し、一一月七日には青島《チンタオ》を陥落させて、日独間の戦闘行為は二ヵ月半ほどで事実上終了した。

★—加藤高明（国立国会図書館所蔵）

〔加藤の狙い〕

では、イギリスの懸念を振り切って参戦した加藤外相の狙いは、何だったのであろうか。これについては、奈良岡聰智の研究が詳しい。従来、日本参戦の理由として、アジア・太平洋におけるドイツの経済的権益を奪うことやドイツの軍事的脅威が指摘されてきた。確かに、日本の対ドイツ最後通牒では、山東《さんとう》半島や南洋諸島におけるドイツの軍事的脅威が強調されている。だが、日独の圧倒的な戦力差を考慮すると、これは日英同盟の存在を参戦の理由にする口実であった。また、参戦前の日本で山東半島や南洋諸島の経済的権益への関心は、決して高くはなかった。

実は、加藤の真の狙いは、満洲《まんしゅう》問題の解決であった。日本は、一九〇五年の日露講和条約（ポーツマス条約）と北京条約で、遼東《りょうとう》半島の旅順《りょじゅん》・大連《だいれん》の租借権《そしゃくけん》、長春《ちょうしゅん》—旅順間の東清鉄道南部支線（南満洲鉄道）経営権、安東《あんとう》—奉天《ほうてん》間の安奉鉄道経営権などを獲得していた。だが、旅順・大連の租借権や安奉鉄道経営権の返却期限は一九二三年と九年後に迫っていたうえに、一九一一年の辛亥《しんがい》革命によって、中国ではヨーロッパ諸国や日本に奪われた権益を回収しようとする動きが顕在化していた。このような状況に危機感を持った加藤は、満洲権益の租借期限延長を狙って大戦に参戦した。第一次世界大戦参戦と対華二十一ヵ条要求は別々の問題と考えられがちであったが、両者は密接に結びついていることが明らかになったのである。

〔対華二十一ヵ条要求の提出〕

一九一五年一月一八日、駐華日本公使の日置益《ひおきえき》は袁世凱《えんせいがい》に二十一ヵ条要求を提出した。この要求は、主に以下のような内容であった。

第一号、山東省《さんとうしょう》におけるドイツ権益の継承（四ヵ条）

第二号、日本が南満洲・東部内蒙古《うちもうこ》に持つ権益の期間延長と拡大（七ヵ条）

第三号、漢冶萍公司《かんやひょうこんす》［一九〇八年に設立された鉄鉱・炭鉱会社］の日中共同経営（二ヵ条）

第四号、福建省《ふっけんしょう》における港湾・島嶼《とうしょ》の外国への租借や割譲の制限（一ヵ条）

第五号、中国政府に日本人の政治・財政・軍事顧問を置くこと、必要な地方における警察への日本人雇用あるいは警察の日中合同、日本からの兵器供給あるいは日中合同の兵器工場設立など（七ヵ条）

第一〜四号が要求事項、第五号は希望条項に分類され、交渉では要求事項が最重要であった。希望条項はできる限り実現に努めるべきとされたが、優先順位は要求事項より低かった。

交渉で最も問題になったのは、第五号の存在である。中国側は、中国を支配下に置こうとするものだと第五号を特に警戒し、交渉すら拒否していたため、第一回会議は二月二日まで遅れた。しかも、この間、秘匿していた第五号の内容が漏洩した。日本からの情報を信じていた同盟国イギリスをはじめ、欧米諸国は不信感を抱き、中国と欧米では同月半ばから日本批判が強まっていく。

中国側の強い抵抗にあった大隈内閣は、山東《さんとう》半島の膠州《こうしゅう》湾《わん》返還の可能性など中国に譲歩する修正案を閣議決定した。だが加藤は妥協せず、三月には中国に駐留している陸軍兵力の増強によって圧力をかけ、交渉を進展させようとした。

〔条約の締結とその影響〕

完全に行き詰っていた交渉を妥結に導いたのは、奈良岡の研究によれば、国内外の圧力である。加藤は膠州湾の還附や、第五号に含まれていた日中警察の合同を撤回した修正案を作成し、五月三日には、この修正案の受諾を求める最後通牒を発することが閣議で決定された。だが、ここで立ちはだかったのが元老である。翌四日の元老・閣僚会議では、元老の山県・松方正義《まつかたまさよし》・大山巌《おおやまいわお》がいずれも反対した。特に山県の批判は激しく、せめて第五号の一部は削除すべきであると主張し、松方も支持したため、会議では結論を出すことはできなかったのである。

また、外国からはイギリスの圧力が重要であった。イギリスでは、新聞や議会で二十一ヵ条要求が問題視されただけでなく、中国と関係の深い企業や団体も事態を憂慮していた。エドワード・グレイ外相は、日中間の対立で中国情勢が不安定化し、中国国内でのイギリスの利益が脅かされることを恐れ、三月八日には日本側に対して交渉が決裂しないように要望した。しかし、イギリスの懸念にもかかわらず、大きな譲歩を行おうとしない日本に業を煮やしたグレイは、日本に第五号の削除を要求する。五月四日の元老・閣僚会議後も議論を続けていた閣僚たちは、深夜にこの電報を受け取り、協議の結果、第五号を削除することを決定した。その後、五日の閣議、六日の元老・閣僚会議、御前《ごぜん》会議を経て成立した最後通牒が、七日に中国側へ渡された。中国政府は激しく反発したが、九日に受諾し、二五日に日中政府は条約と附属公文に調印した。

日本は最終的に二十一ヵ条要求を中国に受け入れさせたが、代償は大きかった。中国では受諾した五月九日を「国恥記念日」とするなど、同要求が「反日」の原点となったと評されることもある。また、同盟国のイギリスは、日本への不信を強めていった。さらに、アメリカも日本への批判を強めるようになった。アメリカが発した三月一三日の第一次ブライアン・ノートは、日中間の公正な仲介者であろうとしたウィリアム・ブライアン国務長官の考えを示した穏健な内容であった。ところが、中国が最後通牒を受諾した後の五月一一日に発表した第二次ブライアン・ノートでは、日本に批判的なウッドロー・ウィルソン大統領の主張を反映しており、二十一ヵ条要求を否認するものであった。対華二十一ヵ条要求をめぐる強引な外交手法は、英米中といった関係の深い国々との関係を悪化させる結果を招いたのである。

（片山慶隆）

〔参考文献〕高原秀介『ウィルソン外交と日本』（創文社、二〇〇六年）、奈良岡聰智『対華二十一ヵ条要求とは何だったのか』（名古屋大学出版会、二〇一五年）、山室信一『複合戦争と総力戦の断層』（人文書院、二〇一一年）

Q11 ワシントン体制とは何ですか

A

ワシントン体制とは、一九二二年に米国ワシントンで締結された諸条約に基づく、東アジア・太平洋における日英米の協調を特徴とする地域秩序を指す。各国の海軍力を制限し、中国における帝国主義的な勢力拡張を相互に抑制したこの多国間協調体制が、一九二〇年代の日本外交の枠組みとなった。

〔パリ講和会議が残した課題〕

第一次世界大戦後に開かれたパリ講和会議には連合国二七ヵ国が参加し、新たな戦後国際秩序の構築について話し合いが行われた。被支配地域における列強の勢力範囲の設定や二国間同盟といった大戦前の古典的外交を否定し、民族自決・集団安全保障を理念とする国際連盟の創設は、アメリカ大統領ウッドロー・ウィルソンの提案によるものだった。しかし、アメリカ上院が連盟参加案を否決したため同国は連盟に加入せず、東アジア・太平洋の集団安全保障や中国問題は国際連盟では充分に議論することができなくなった。敗戦でドイツが東アジア・太平洋に有していた領土を失い、ロシアが革命により崩壊したことで、同地域に影響力を有する大国は日英米の三ヵ国となっていたからである。そのため、国際連盟とは別に、同地域のルールをめぐる合意形成の場が必要とされた。またパリ講和会議では、日本が大戦中にドイツから獲得した山東《さんとう》半島の権益の返還をめぐり日中が激しく対立し、この問題には決着がつかなかった。講和会議は、東アジア・太平洋地域の秩序設計と、列強の中国権益の処遇を課題として残したのである。

〔各国の思惑〕

日英米の会議開催に向けて最初に動いたのはイギリスであった。一九二一年七月に更新期限を迎える日英同盟の延長には、イギリス国内で賛否両論があった。中国への二十一ヵ条要求など大戦中の日本の行動への不信は、同盟存続論にも同盟廃棄論にも接続した。首相のロイド・ジョージは同盟存続を決めたが、他方でイギリスはアメリカとの協調のために同国の日英同盟への不信を払拭する必要があった。この問題への打開策が、日英同盟を日英米の三国協定へとつくり変えることであった。アメリカ議会でイギリスを含む主要海軍国との軍縮交渉の必要が決議されると、これを好機とみたイギリスは、軍縮問題を含む極東会議をロンドンで開催することをアメリカに提案した。

そのアメリカでは、政権を担う共和党内で英米協調の必要（主流派）と海軍軍縮の必要（反主流派）が訴えられていた。そのためアメリカはイギリスからの会議の提案を歓迎したが、イギリスの主導権を警戒し開催地をワシントンに設定した。

列強の勢力範囲ごとに分割されていた中国は、二〇世紀初頭以来、主権回復と不平等条約の改正を目指していた。会議の招請を受けた中国は、この二大目標の達成と山東問題の解決を期待した。主権回復には領土保全、政治的・行政的独立、門戸開放、機会均等などの実現が、条約改正には関税自主権回復、治外法権撤廃が含まれる。

そして日本も、原敬《はらたかし》首相が対米協調を戦後外交の大方針としていたこと、建艦競争が財政負担となっていたことなどから、会議開催を歓迎した。ただし同時に、会議では東アジア・太平洋問題について山東地方や満蒙地域の現状変更は受け入れないという方針を定めた。駐米大使の幣原喜重郎《しではらきじゅうろう》、海軍大臣の加藤友三郎《かとうともさぶろう》、貴族院議長の徳川家達《とくがわいえさと》を全権に任命した原は会議の直前に暗殺されたが、日本の対米協調方針は維持される。

【会議の成果】

一九二一年一一月、中国に権益を有するアメリカ・イギリス・フランス・イタリア・日本・ベルギー・オランダ・ポルトガル、そして中国が参加するワシントン会議が開幕した。会議は約九〇日間続き、次のような成果を得た。

まず、五国条約（英米日仏伊）を結び、海軍主力艦・航空母艦の保有量や艦砲の口径を制限した。主力艦の総噸数比率は英：米：日：仏：伊＝一〇：一〇：六：三・三三：三・三三に定められた。アメリカ原案の対英米六割に対し、対英米七割を準備していた日本は一度は修正を求めたが、軍拡競争継続を回避したい加藤友三郎全権は協定成立を優先し六割を承諾した。他方で日本は日英米の太平洋防備の現状維持を提案し、同条約ではグアム・フィリピン・香港《ホンコン》・台湾・小笠原《おがさわら》諸島などにおいて要塞・海軍根拠地を新設・増強しないことも

★―海軍軍縮条約に署名するアメリカ代表（アメリカ議会図書館所蔵）

約束された。

また、四国条約（英米日仏）を結び、締約国は互いの太平洋島嶼《とうしょ》部の権利を尊重すること、紛争の際には協議を行うことを定めた。会議中、イギリスが日英同盟に代わる日英米の三国協約案を日米に提示すると、同盟の継続よりも対米関係を重視する日本はこれを受け入れた。その後アメリカがフランスを加盟国に追加し、条約が成立。これをもって一九〇二年以来日本外交の「骨髄」であった日英同盟は終焉した。

中国問題については九国条約（全参加国）を結び、中国の主権・領土の尊重、中国が自ら安定した政府を確立するための機会の供与、各国の商工業に対する機会均等、「友好国の安寧に害ある行動を是認することを差控ふること」などを定めた。多国間条約において中国の主権尊重・門戸開放・機会均等を明記したことで、各国が排他的な勢力範囲を設定し中国を分割するような行動様式は否定されたが、日本の満蒙《まんもう》権益などの既得権は承認された。

また当時、中国には中央政府（北京政府）が存在したものの、地方では軍閥《ぐんばつ》が群雄割拠しており、国内は統一されていなかった。権益確保のため中国の安定を望む列強は、内戦に対応しつつ国家統一を目指す北京政府の歳入増加のため、会議中、低率に抑えられていた中国の関税率の引き上げに合意して関税条約（全参加国）を結び、暫定的な関税引き上げと将来の会議開催を定めた（北京関税会議）。ただ、中国が望んだ関税自主権回復と治外法権撤廃はワシントン会議では未だ認められなかった。

会議では山東問題に関する日中の直接交渉も行われた。交渉は難航したものの、英米の仲介により協定が調印され、第一次世界大戦以来の山東問題はここに解決した（日本から中国への租借《そしゃく》地返還、日本撤兵、鉄道財産の日本への償却など）。

〔ワシントン体制の意義〕

現在の研究において、ワシントン体制の評価は揺れている。第一次世界大戦前とは異なる新理念に基づいた秩序であるとの評価もあれば、中国権益をめぐる列強の帝国主義的な姿勢は変わっていないとの評価もある。新規の勢力拡張は否定されたが、既得権益は承認されたからである。また中国に対する新四国借款《しゃっかん》団（一九二〇年一〇月、英米日仏）の成立にみられる列国協調の画期性を評価すると、協調体制という意味でのワシントン会議のインパクトは相対化され得る。

ただ、会議での諸条約を前提に、列国間で軍縮実施と中国問題に対する共同行動の必要が認知・共有されたことは確かであろう。しかし、一九二〇年代の中国の条約改正要求や反帝国主義運動、北伐へ対処する中で、各国の経済的利害、戦略のズレがあらわとなり、共同行動は難しくなっていく。

〈ワシントン体制の動揺と終焉〉

ワシントン会議で不平等条約の改正を達成できなかった北京政府は、会議後、国権回復を目指して「修約外交」を展開する。同時に中国社会でも、学生や実業家による反帝国主義運動（国民党や中国共産党、ソ連共産党の支援もあった）が盛んになる（五・三〇事件などのストライキ、抗議運動）。日英米は、こうした中国ナショナリズムへの対応において共同一致することができなかった。北京関税会議で成果をあげられなかっただけでなく、二五年七月に中国国民党が広東《カントン》に政府を樹立し（国民政府）、蔣介石《しょうかいせき》率いる国民革命軍が北の諸軍閥へ向けて進軍する北伐を開始すると、混乱する中国内政へ干渉するか、また国民政府の条約改正要求にどの程度応じるか、という点において日英米の戦略は一致しなかった。その後、満蒙権益擁護と対ソ防衛の観点から日本、特に陸軍は満《まん》洲《しゅう》への介入と工作を加速させ、関東軍による一九三一年九月の満洲事変が中国における日英米協調システムにピリオドを打った。

軍縮の面では、一九三〇年に補助艦軍縮のため開催されたロンドン海軍軍縮条約において、保有比率対米七割の要求が貫徹されなかったことが日本海軍内を条約派と艦隊派に分裂させた。一度は勢力を確立させた艦隊派（軍縮反対）はすぐに没落するものの、対米戦を念頭に置いた海軍内の軍縮条約廃棄要求は強く、日本は一九三四年一二月にワシントン海軍軍縮条約の廃棄を通告。三六年一月には第二次ロンドン海軍軍縮会議から脱退し、国際的な軍縮体制から完全に離脱した。

（吉田ますみ）

〔参考文献〕入江昭『日本の外交』（中央公論社、一九六六年）、佐々木雄一『近代日本外交史』（中央公論新社、二〇二二年）

Q12 シベリア出兵はなぜ長期化したのですか

A

シベリア出兵は、一九一八年、寺《てら》内《うち》正毅《まさたけ》内閣の時に始まった。ロシア革命政府を打倒するために列強が起こした干渉戦争の一環である。他の列強である欧米諸国が撤兵したにもかかわらず、なぜ日本は最も長い七年間にもわたって派兵を続けたのだろうか。

〔出兵の経緯〕

シベリア出兵は、一九一七年のロシア革命（一〇月革命）で成立した共産主義政権を倒すために、英仏が日米を誘ったのがきっかけである。英仏は、革命前のロシアに援助したものの、ウラジオストクに積まれたままになっている軍需物資を奪回し、シベリア鉄道を占領するように、日米に要請した。だが、戦争に発展することを恐れた両国は拒否した。

当初は出兵に慎重だった日米の態度を一変させたのは、一九一八年五月のチェコスロヴァキア軍団による蜂起であった。チェコスロヴァキア軍団とは、オーストリア＝ハンガリーからの独立を目指してロシア帝国に協力したチェコ人とスロヴァキア人の部隊のことである。シベリア鉄道沿線でロシアの革命政府に反乱を起こしたチェコスロヴァキア軍団を救出するために、英仏伊は出兵を再度求めた。チェコ人とスロヴァキア人の民族自決要求に共感したウッドロー・ウィルソン大統領率いるアメリカは要請を受け入れ、日本にも共同出兵を呼びかけた。日本では、アメリカからの提案を好機と考えた元老《げんろう》の山県有朋《やまがたありとも》や後藤新平《ごとうしんぺい》外相は派兵に積極的であった。

派兵積極派の動機は、さまざまであった。たとえば後藤は、第一次世界大戦後の講和会議で日本の発言権を大きくするために派兵を主張している。一方、政府が正式に派兵を決定する前から、ロシアで小規模な軍事行動など現地工作を行っていた陸軍参謀本部の上原勇作《うえはらゆうさく》参謀総長や田中義一《たなかぎいち》参謀次長は、シベリアの豊富な資源などの利権を獲得することを狙っていた。このような積極論に対して、牧野伸顕《まきののぶあき》（元外相）や原敬《はらたかし》（元内相）が臨時外交調査委員会（一九一七年六月に設置された挙国一致的な外交審議機関）で反対の論陣を張っていた。だが、ウラジオストクへの限定出兵であれば、将来の日米関係に寄与すると考えていた原は、結局出兵を容認する。

もっとも、日本の出兵は当初から限定的とは言い難かった。アメリカからは、チェコスロヴァキア軍団救援を目的として、日米ともに七〇〇〇名の兵力で派兵する提案がなされていた。だが、制約に反発した陸軍の要求もあって一万二〇〇〇名を派兵することにした。しかも、一九一八年八月に出兵宣言した日本は、次々に兵力を増援し、たちまち七万二四〇〇名を動員した。秋には五万八六〇〇名に減少したとはいえ、派兵した各国（米英中伊仏加）の中で最大勢力であったアメリカですら九〇〇〇名だったことと比較すると、日本の兵力数は圧倒的に多かったのである。

【戦線の拡大と各国の撤兵】

日本軍は、ロシアの沿海州《えんかいしゅう》・アムール州・ザバイカル州に進軍し、戦線を拡大していく。アメリカは、出兵数の上限や、ウラジオストク以外に派兵する際には事前に相談するとした日米合意を破った日本に反発を示す。九月下旬、首相に就任した原敬は、日米協調の観点から出兵に歯止めをかけようとした。早速一〇月には英仏によるシベリア西部への派兵要請を拒否し、シベリアの日本軍を一万四〇〇〇名削減することも閣議決定した。しかし、アメリカは、依然として大軍を派兵している日本に対し、ドイツの敗戦によって日独接近の恐れがなくなった一一月以降は、さらに批判を強めた。

アメリカとの軋轢《あつれき》があっても、連戦連勝だった出兵当初、日本の軍部は戦況に楽観的な見通しを持っていた。だが、徐々に日本軍は苦戦を重ねるようになる。猛烈な寒さに加えて、広大なシベリアは兵力が分散されやすく、ロシアのゲリラ戦に日本軍は悩まされた。一九一九年に赤軍（ロシア革命政府軍）が反撃を始めると、まずカナダ軍が撤退を開始し、六月には大部分が撤兵した。イギリス軍も、支援した反革命軍のモスクワ進撃が失敗すると、一〇月までには大部分を撤兵させている。

各国の撤兵に決定的な影響を与えたのは、チェコスロヴァキア軍団の離脱である。一九一九年一月のパリ講和会議でチェコスロヴァキアが独立を認められた後も、彼らを利用しようとする英仏の動向に翻弄されていたが、九月にロシアからの撤退を決め、一一月には各国に撤兵を通告する。大義名分を失ったアメリカは、一九二〇年一月に撤兵を決定し、四月までには全部隊が撤退。一九一九年九月に撤兵を開始したフランスも一九二〇年八月には完全に撤兵したことで、これ以降は日本の単独出兵となった。各国が次々と撤兵を決める中、なぜ日本だけは駐兵を続けたのであろうか。

〔長期化の要因〕

長期化した要因として、第一に、「自衛」目的で増兵を繰り返したことがあげられる。チェコスロヴァキア軍団の帰国によって当初の出兵目的を失った日本は、一九二〇年三月、段階的に撤兵することを閣議決定した。だが一方で、日本にとって重要なウラジオストク・北満洲《まんしゅう》・朝鮮を守るための出兵は続ける姿勢を示し、増兵を続けた。出兵が長期化するに従い、何らかの成果を得なければ撤兵できないという理由で何度も増派が行われる悪循環に日本は陥っていたのである。

第二に、朝鮮独立運動との関係である。拠点となっていた間島《カンド》での運動を鎮圧することに躍起となっていた日本政府は、隣接する沿海州のウラジオストクからの撤兵をなかなか実行に移すことはなかった。

第三に、尼港《にこう》事件の影響も見逃せない。尼港事件とは、一九二〇年三月、ニコラエフスクで起きた民間人を含む日本人虐殺事件である。メディアや世論からの反応には、派兵が虐殺を招いたというシベリア出兵そのものへの批判もあったが、この事件がロシアへの怒りや敵愾心《てきがいしん》を強めたことも間違いない。そして、尼港事件を口実として、かねてから石油資源に目をつけていた海軍の意向もあり、七月に日本軍は北サハリンを占領した。その後、北サハリンでは、炭坑や油田の開発など資源の獲得や開発が急速に進められていく。

〔撤兵の実現〕

各国が撤退した一九二〇年には既にロシア内戦の帰趨は明らかであり、二二年一二月にはソヴィエト社会主義共和国連邦（ソ連）が誕生した。そのような状況の中、日本も赤軍派の極東共和国（一九二〇年建国）と一九二一年から交渉を進めたことで、二二年一〇月に沿海州から撤退し、ようやく「シベリア」からの撤兵を行った。長引いた撤兵を実現させたのは、戦況の悪化や極東共和国との交渉もさることながら、ワシントン会議（一九二一年一一月～二二年二月）で日本が撤兵を参加国に約束したことも大きかった。

シベリア撤兵後も続いていた北サハリン占領を終わらせたのは、第二次憲政擁護運動で成立した加藤高明《かとうたかあき》内閣である。かつて加藤は一九〇五年の日露講和条約（ポーツマス条約）時に、社長を務める『東京日日新聞』紙上で樺太《からふと》（サハリン）の完全割譲という当時としては非現実的な主張で政府を

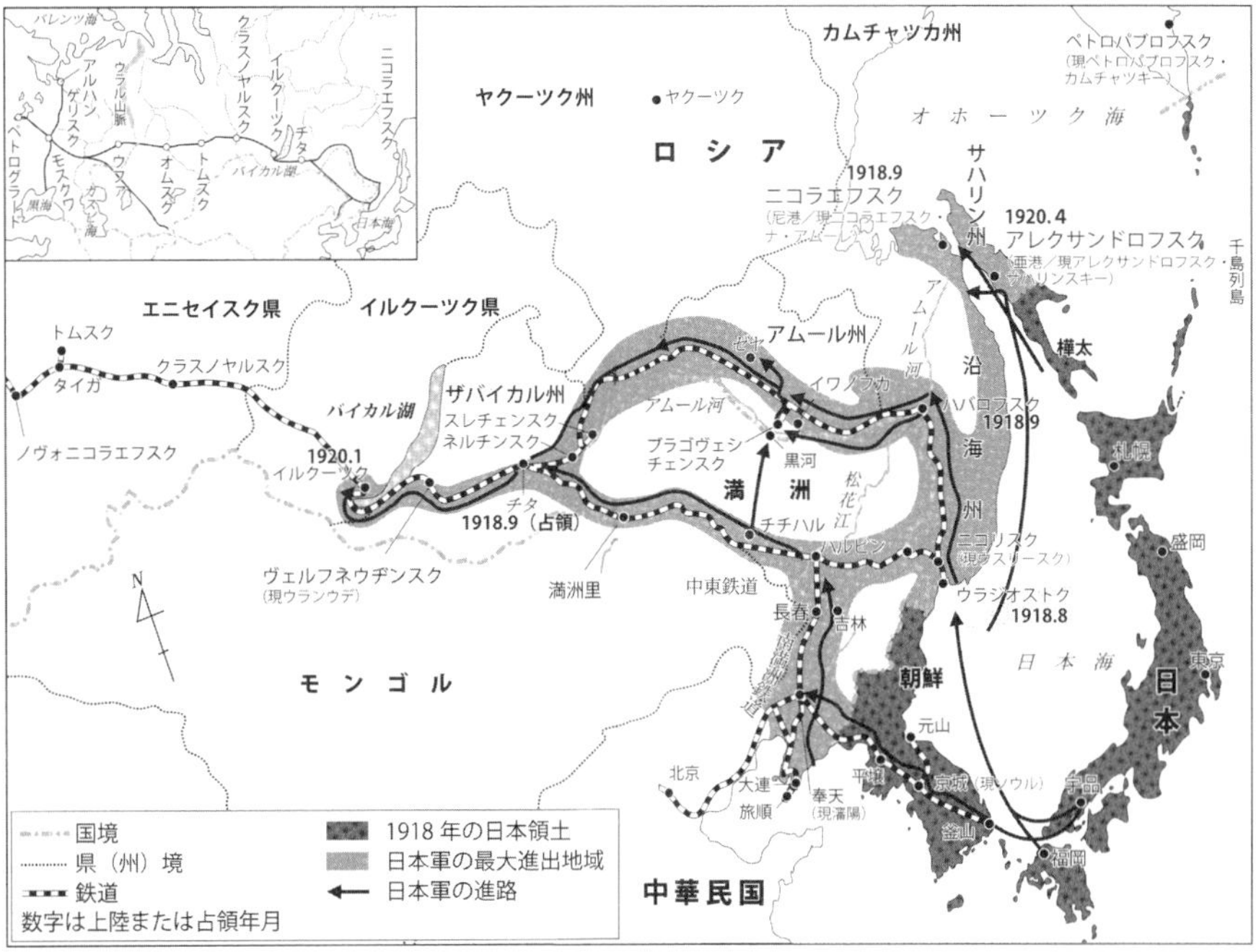

★―シベリア出兵関連地図（麻田 2016）

批判していた。だが、加藤は政治家として成長しつつあった。彼は臨時外交調査委員会に加わらず、一貫してシベリア出兵を批判していた。そして、内閣成立後には、五年間に及んだ北サハリン占領を終了させたのである。

加藤内閣は日ソ国交樹立交渉を進め、一九二五年一月に日ソ基本条約を調印した。この条約と付属議定書で、ソ連は南サハリンと千島《ちしま》列島に日本が領有権を有することを認め、北サハリンの炭田と油田を開発する権利を日本に与えた。また、事実上、日本におけるコミンテルン（第三インターナショナル＝国際的な共産主義運動団体）の活動を禁止することも承認した。ソ連は、一九二〇年に成立した国際連盟から排除され、二四年一一月にはイギリスの労働党政権がわずか一〇ヵ月で倒れると、代わった保守党政権から英ソ通商条約の批准を拒否されるという国際的な孤立状態から逃れるために、あえて日本に妥協的な同条約を結んだのである。ともあれ、一九二五年五月に日本は北サハリンから撤兵し、膨大な犠牲を出したシベリア出兵はついに終わりを告げた。（片山慶隆）

〔参考文献〕麻田雅文『シベリア出兵』（中央公論新社、二〇一六年）、原暉之『シベリア出兵』（筑摩書房、一九八九年）、細谷千博『シベリア出兵の史的研究』（岩波書店、二〇〇五年）

Q13 幣原外交について教えてください

A

「幣原外交」とは、幣原《しではら》喜《き》重郎《じゅうろう》が外務大臣を務めた時代（一九二四～二七年・二九～三一年）の日本外交を指し、ワシントン会議の精神に基づいた対英米協調、中国内政への不干渉を特徴とする。

〔経歴〕

幣原喜重郎は、一八九六年の第四回外交官及領事官試験に合格し二四歳で外務省に入省した外務官僚である。外務次官・駐米大使などを経て外相に就任した。中国在勤経験はないが、広く国際情勢に精通し国際法を重視したといわれる。

〔「特別」な日中関係〕

幣原は、中国に重大な「特殊利益」を有する日本は中国問題において英米よりも優越的な地位にあると考えた。その日本こそが東アジアの秩序形成を主導すべきであるとの考えから、幣原は駐米大使時代にワシントン会議に積極的に呼応し、一九二四年に外相に就任すると、同会議の精神、すなわち中国の主権尊重や安定政府確立、列国間の協調行動を重視した対中外交を展開する。日中関係が特別であるという立場は他方で、国際連盟という国際機構が日中間に介入することを強く拒絶した。また幣原は満蒙だけでなく中国本土における経済的利益も重視した。満蒙権益の擁護・拡大に注力する田中義一《たなかぎいち》首相兼外相（一九二七～二九年）の「田中外交」との違いである。

〔協調外交の試みと限界〕

幣原外交期の日英米関係は、中国の国権回収運動への対応を主軸として展開する。幣原は日英米が共同行動をとるための努力を重ねたが、限界もあった。第一次外相期には、北京政府が列国に条約改正を要求し、ワシントン関税条約に基づく北京関税会議が開かれる。会議初期、日本（特に中国在勤の重光葵《しげみつまもる》の意見が反映された）の主導で列国は中国の関税自主権を認める原則を確認したが、その前段となる関税引き上げによる増収の使途をめぐり日英が対立した。中央政府安定のための債務整理という幣原の構想は、地方軍閥《ぐんばつ》・政府の反英運動を懸念するイギリスの同意を得られなかった。その後クーデタによって北京が無政府状態になり広東《カントン》の国民政府が北伐を開始すると、国民政府に期待するイギリスは単独で関税問題に対処し、共同行動は崩れた。第二次外相期には中国の治外法権撤廃要求に対し、内地開放を求める日本と必ずしも求めない英米とで足並みが揃わなかった。幣原は国民政府の強硬な外交を、国際法を無視する不条理なものとみた。ただ第二次外相期には、田中外交で悪化した日中関係を改善するため中国の関税自主権を承認し、先に条約を締結していた英米と歩調をあわせた。一九三〇年のロンドン海軍軍縮条約は、歩調が乱れていた日英米の協調を改めて確認するものであったが、翌年の満洲《まんしゅう》事変が幣原外交を困難に陥れる。

★—幣原喜重郎（アメリカ議会図書館所蔵）

〔内政不干渉〕

幣原は中国への内政干渉、特に軍事的介入を否定した。第二次奉直《ほうちょく》戦争（一九二四年）、郭松齢《かくしょうれい》事件（二五年）において、幣原は出兵反対を主張し閣僚や軍と対立した。国権回収運動に伴う外国人襲撃（南京事件など）の際は、国内統一のために国民政府が自力解決すべきとの立場から英米との共同出兵・制裁を拒否し不干渉に徹した。

現在の研究では、対中不干渉や対英米協調は伝統的な日本外交の様式であるとして、「幣原外交」を強調しない見方もある。しかし、中国国内が極度に流動化する時代状況において、目先の経済的利益の追求にとどまらず情勢安定と統一政府確立を目標としたこと、その過程において大勢順応としての協調とは質的に異なる英米との共同行動を重視したことは、ワシントン体制期に外交を担った外務大臣の個性として特筆してもよいだろう。

（吉田ますみ）

〔参考文献〕西田敏宏「ワシントン体制と幣原外交」川田稔・伊藤之雄編『二〇世紀日米関係と東アジア』（風媒社、二〇〇二年）、西田敏宏「幣原喜重郎と国際協調」伊藤之雄・中西寛編『日本政治史の中のリーダーたち』（京都大学学術出版会、二〇一八年）

Q14 満洲事変をめぐる外交について教えてください

A

一九三一年九月の満洲《まんしゅう》事変以降、日本が国際社会で孤立していく過程において、外務省や外交官は一枚岩ではなかった。幣原《しではら》喜《き》重郎《じゅうろう》・芳澤謙吉《よしざわけんきち》・内田康哉《うちだこうさい》という三人の外相期の日本外交を追う。

〔前史〕

一九二八年六月、日本の関東軍は東三省《とうさんしょう》（黒竜江省《こくりゅうこうしょう》・吉林《きつりん》省《しょう》・奉天省《ほうてんしょう》）を掌握していた東北軍閥《ぐんばつ》の張作霖《ちょうさくりん》を爆殺した。狙いは張を排除し新政権下で満蒙《まんもう》問題を打開することだったが、後継の張学良《ちょうがくりょう》は同年末に蒋介石《しょうかいせき》の国民政府に合流し（北伐の完了）、満洲各地に国民党党部が設置されたことで排日運動はむしろ激化した。さらに張学良は日本の満鉄（南満洲鉄道株式会社）路線と併行する鉄道の開設を計画し、国民政府は日本が日露戦争後に獲得した旅順《りょじゅん》・大連《だいれん》の回収を要求した。北満洲における中ソ紛争でのソ連の勝利、世界恐慌による満鉄への打撃も加わり、事変前夜には日本の満蒙権益の将来を不安視する声が高まっていた。

〔柳条湖事件〕

一九三一年九月一八日午後一〇時過ぎ、関東軍は奉天近郊の柳条湖《りゅうじょうこ》付近において満鉄の線路を爆破した。関東軍参謀石原莞爾《いしはらかんじ》とともに事件を計画した同参謀板垣征四郎《いたがきせいしろう》は、予定通りこれを中国軍の行動であるとして攻撃を命令。中国軍の不抵抗方針もあり、関東軍は瞬く間に張学良の本拠地奉天のほか事件とは無関係の営口《えいこう》・安東《あんとう》・長春《ちょうしゅん》などの満鉄沿線都市を次々と占領した。事件直後より、林久治郎《はやしきゅうじろう》奉天総領事は陸軍の計画的行動である可能性を東京の外務省へ知らせており、第二次若槻礼次郎《わかつきれいじろう》内閣は一九日午前の緊急閣議で不拡大方針を決定したが、関東軍は独断で満鉄線から一二〇キロ以上離れた吉林に出兵、朝鮮軍も奉勅命令（統帥大権を持つ天皇の命令）のないまま国境を越え作戦に参加した（閣議はその後経費支出を承認）。二三日、張政権の拠点は錦州《きんしゅう》に移る。

〔国民政府の桎梏〕

一九二八年六月に北伐を完了させた国民政府が「統一」を宣言していたとはいえ、満洲事変当時の中国情勢は流動的であった。二七年に国民党と共産党の協力関係（国共合作）が終了し、国民政府は各地で共産軍討伐を展開していた。また北伐後も地方にはなお軍閥が跋扈《ばっこ》しており、加えて三一年五月には国民党内が分裂し反蔣介石派が広州《こうしゅう》に別政権（広東政府）を樹立した。国民政府は統一政権として南京を拠点としながら、実質的に内戦状態にある共産軍・地方軍閥・広東政府の動向を常に考慮しなければならなかった。このことは対日戦への軍事動員だけでなく、外交政策においても同政府の桎梏《しっこく》となった。不抵抗方針の撤回と対日宣戦を要求する学生デモは国民政府を激しく攻撃したが、彼らの弾圧は共産党や反蔣派に勢力拡大のチャンスを与えるため、国民政府は国内の反日運動・対日宣戦要求を慰撫《いぶ》しながら事態を収拾する必要があった。

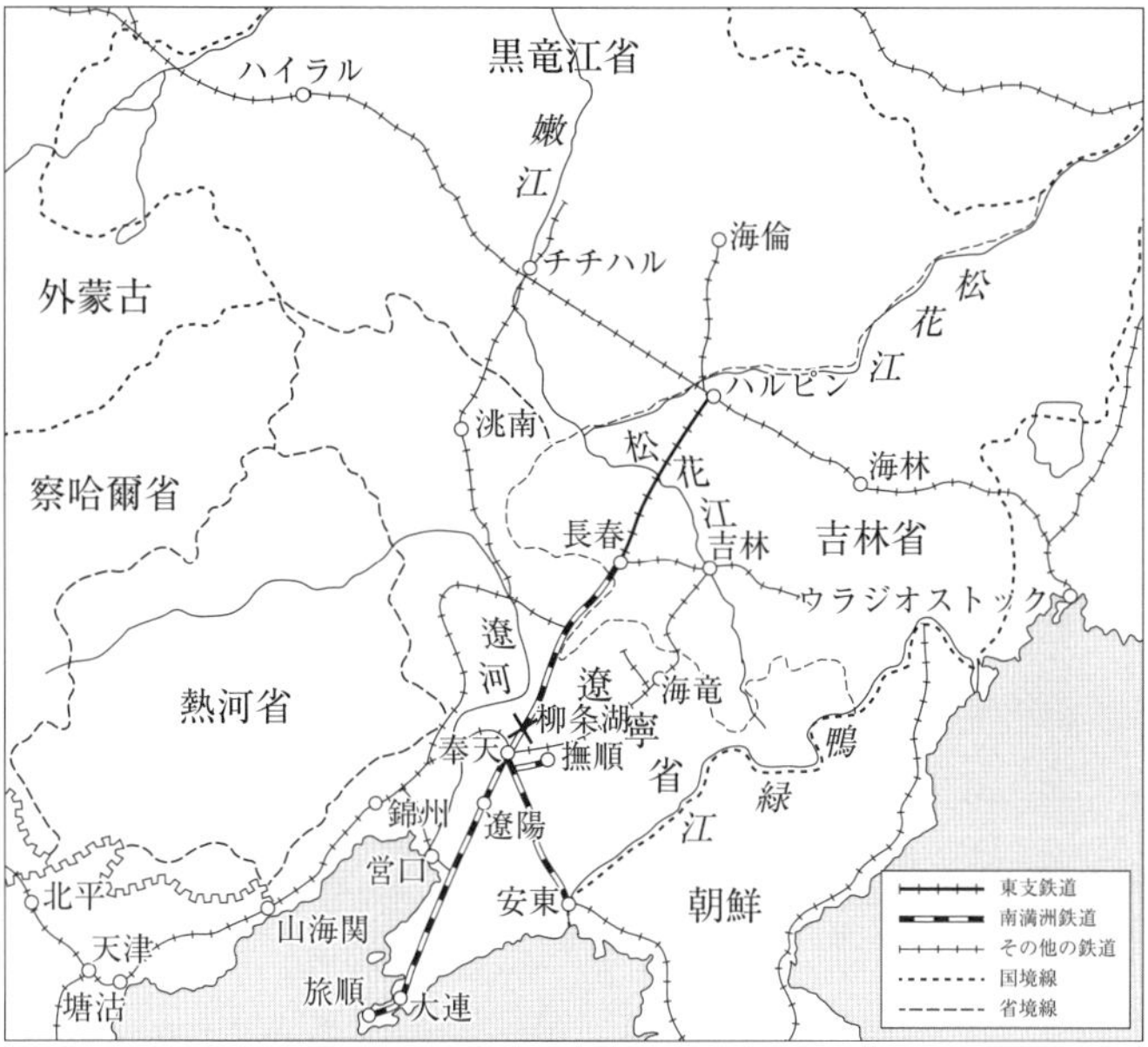

★—中国東北地方（1931年頃）

〔連盟理事会の召集〕

事変後の国民政府は、国際連盟規約第一一条に基づき連盟に柳条湖事件を提訴し、理事会の召集を請求することを選択した。九月二二日からパリで開かれた理事会では、撤兵監視のためのオブザーバー派遣や中立委員会設置といった提案を日本がことごとく拒絶した。現地の芳澤謙吉代表は理事会の提案を受け入れるよう東京の外務省に進言したが、満洲問題に他国が介入すべきでないと考える幣原喜重郎外相は、国民政府・張政権との直接交渉による解決を求めていた。この段階では、アメリカも幣原の手腕による解決を期待して連盟の介入に否定的であり、イギリスも世界恐慌への対応と、自らも中国における排外運動の対象であることから事件対応に消極的であった。理事会は三〇日、日本が領土的目的を持たないこと、日本軍は日本人の生命・財産の安全が確保されれば撤兵することなどを決議し、休会した。この間、関東軍と陸軍中央はいずれ満洲に親日政権を樹立し、国民政府や張政権ではなく新政権と交渉する方針を固めた。関東軍は満洲軍閥に対する政治工作を行い、一部は抗日戦を続けたが、説得あるいは強要された軍閥は国民政府からの独立を宣言した。

〔錦州爆撃〕

一〇月八日、関東軍は張政権のある錦州を無警告で爆撃した。満鉄から二〇〇キロ以上離れた都市への爆撃は、アメリカのヘンリー・スチムソン国務長官の態度を一変させ、不戦条約を踏まえた連盟審議へのコミットを決心させた。不戦条約とは、一九二八年に米仏の主導で世界各国が署名した、戦争放棄を約す条約である。他方、中国の撤兵要請（五日）に対して幣原外相は五大綱の日中協定案を作成し、理事会決議よりも撤兵条件を引きあげた。一三日に再開した理事会はアメリカのオブザーバー招請を可決（日本のみ反対）した後、期限付きの日本軍撤兵決議案を提出する。撤兵前の協定妥結を求める日本と、撤兵後の交渉を求める理事会案は根本的に対立しており、日本だけが決議案に反対票を投じた。

〔視察派遣の提案〕

陸軍の北満洲攻略方針に対し、パリの芳澤代表は慎むよう厳重措置を求めたが、関東軍下にある張海鵬《ちょうかいほう》と黒竜江省政府の軍事衝突及び鉄橋修理を口実として関東軍が北満洲チチハルに出兵すると、林奉天総領事もその必要を認めた。一一月一九日、関東軍はチチハルを占領。政府の指示によりすぐに撤兵するが、この頃、幣原外相は硬化する国論とクーデタ再発への警戒（一〇月、陸軍将校らによる閣僚の殺害、警視庁や新聞社の占拠、新内閣組織計画が明らかになり検束された＝十月事件）から、中国の排外運動の「被害者」である日本はあくまで五大綱協定を求めること、満洲の新政権と交渉を行うことを外交方針として明示し、陸軍の構想に接近していた。他方で幣原は、理事会対策として満洲及び中国本土への視察団派遣案を芳澤に訓令した。これは中国における排日運動の実情と、政府の治安維持・条約履行能力の有無を列国に確認させることを目的としていたが、中国の即時撤兵要求をかわし、連盟の面子を立てることもできた。派遣案を歓迎した英米は、理事会への提議を日本代表に勧告しつつ、中国代表の連盟規約第一五条（紛争審査）や第一六条（制裁）の適用要求を阻止した。理事会が一二月一〇日に視察団派遣を全会一致で可決した（翌三二年二月からリットン調査団派遣）直後、若槻内閣は閣内不一致により総辞職し、幣原は外相を辞した。後継の犬養毅《いぬかいつよし》首相と芳澤外相は、九国条約を念頭に中国の主権を認める形での事態解決を模索し、陸軍の新政権＝満洲独立国家建設（中国主権の否定）計画と対峙する。

〔上海事変〕

一九三二年一月三日、日本軍は「匪賊《ひぞく》討伐」を理由に再び錦州を攻撃し占領した。スチムソン国務長官はすぐに、アメリカは中国の主権・領土保全の原則及び不戦条約に違反する状態を承認しないことを日本に通告する（スチムソン・ドクトリン）。芳澤外相は、中国への条約適用は現状に即して考える必要があり、また満洲諸軍閥の独立宣言は自発的なものであると反論した。その後、上海における日中の衝突が日本軍の艦隊派遣と陸軍上陸にまで至る（上海事変）と、英米は対日態度を硬化させた。二月一九日、理事会は連盟規約第一五条に基づく中国の提訴を受け日中紛争全体を総会に付議し、臨時総会（五一ヵ国出席）は連盟規約及び不戦条約に違反する状態を、満洲を含め承認しないことを決議する。

〔「満洲国」建国〕

この間も陸軍は独立国家建設計画を進め、三月一日、「満洲国」独立を宣言した。犬養内閣は「満洲国」不承認方針をとり国際社会との衝突を避けようとしたが、国民は軍事行動を支持し、軍部は政党内閣への敵意を隠さなかった。五月一五日、犬養は陸海軍の青年将校に暗殺される。後継の斎藤《さいとう》実《まこと》内閣の内田康哉外相は「満洲国」承認方針を明言した。「国を焦土《しょうど》にしても此主張（国家承認）を徹す」、が内田の決意であった（焦土外交）。九月一五日、リットン報告書の公表直前に、日本政府は日満議定書をもって「満洲国」を単独承認する。以後、「満洲国」への日本の固執が連盟とのさらなる対立を不可避にする（Q15参照）。

〔停戦〕

五月三一日、日中の現地軍の間で塘沽《タンクー》停戦協定が結ばれ、長城以北（遼寧省《りょうねいしょう》・吉林省・黒竜江省・熱河省《ねっかしょう》）を事実上中国から分離し、中国軍は長城以南の広範な地域へ進軍しないことを約束した。ここにおいて満洲事変は終結する。

（吉田ますみ）

〔参考文献〕臼井勝美『満州事変』（講談社、二〇二〇年、原著は一九七四年）、緒方貞子『満州事変』（岩波書店、二〇一一年、原著は一九六六年）

Q15 日本は国際連盟でどのような外交を行い、どのように脱退したのですか

A

一九三三年二月二四日、日中紛争の調停勧告案を採択した連盟総会の会場から松岡洋右《まつおかようすけ》代表らが退場した時、日本の国際連盟脱退は決定的となった。連盟脱退の背景には、「満洲国《まんしゅうこく》」承認への固執と、連盟からの除名可能性の浮上があった。

〔「焦土外交」の背景〕

国際連盟を脱退した時の外相は、斎藤実《さいとうまこと》内閣の内田康哉《うちだこうさい》である。内田外相の対国際連盟外交は柔軟性を欠き、稚拙であったとされている。内田はなぜ、国際社会から孤立し得る強硬な「焦土《しょうど》外交」（Q14参照）を進めたのだろうか。彼の念頭にあったのは中国情勢であった。満洲事変後、対日宥和的であった蔣介石《しょうかいせき》は国民党内の反蔣派により下野させられ、一九三二年一月に反蔣派を中心とする対日強硬的かつ連ソ派である孫科《そんか》政権が成立した。しかし、同政権は一ヵ月ともたず、一月末には蔣介石と汪兆銘《おうちょうめい》の合作政権が発足する。反共反ソの新政権は、対日宣戦を否定しつつ日本との直接交渉による事変解決の可能性を日本側に伝えていた。蔣介石は抗日よりも、国内の安定（共産軍討伐）を優先したからである。内田はこうした情勢を踏まえ、中国は満洲を「最早《もはや》致方ナシ」と考え日中交渉を模索していると判断していた。そのため満洲問題には強硬姿勢をとり、後述のように連盟に対しても積極的な交渉や譲歩を行うことをしなかった。

〔リットン調査団〕

イギリスのヴィクター・ブルワー＝リットンを団長とする連盟の調査団（英仏伊独米の五人）には、補佐役として吉田《よしだ》伊三郎《いさぶろう》駐トルコ大使、国民政府の前外交部長顧維鈞《こいきん》のほか、極東問題・植民地問題に詳しい欧米の専門家が同行した。一行は一九三二年二月末に横浜に到着（この直後「満洲国」独

立）、東京で閣僚や経済団体との懇談を行った。調査団と会談した芳澤謙吉《よしざわけんきち》外相は、中国の国際法違反を強調した。調査団は三月一一日に神戸から上海へ渡る。現地に特派されていた松岡洋右、公使の重光葵《しげみつまもる》らは、中国は崩壊しつつあるとしてその統一や責任能力に疑義を呈した。三月末、調査団は南京へ移り、蒋介石・汪兆銘・宋子文《そうしぶん》ら国民政府首脳と会談を重ねた。汪兆銘は国民政府が中国を再建しつつあることを強調するとともに、国際連盟が協力する形での満洲の治安維持に賛同した。その後、調査団は漢口《かんこう》、天津《てんしん》を経て北《ほく》平《へい》（北京）に到着し、当地を支配する張《ちょう》学良《がくりょう》らに歓迎されたが、四月九日から一一日間の北平滞在で調査団は張政権が腐敗していると判断した。二一日、調査団は大連《だいれん》あるいは錦州《きんしゅう》を経由して奉天《ほうてん》に入り、いよいよ満洲での調査を開始した。関東軍との会談や日本側の監視のもとでの現地調査の中で、一行は現地住民に対する日本の圧政を確認したが、同時に日本を強制的に抑えつけることは避けるべきであると考えた。調査団は六月五日に北平に戻り報告書の起草を開始する。なお、北平において汪兆銘は、満洲の非武装化及び満洲における自治政府の樹立という、張政権を否定したリットンの案に賛同している。満洲問題で妥協を引き出し得るという内田外相の蒋・汪政権への評価はあながち間違っていなかったといえる。だからこそ内田は、七月上旬に再度来日した調査団との会談において、委員が代わるがわる提案する妥協案をことごとく否定し、「満洲国」は民族自決の結果なので九国条約違反ではない、「満洲国」承認のみが紛争解決策である、第三国の介入は拒否する、という主張を繰り返した。連盟の日本代表や在欧の大使・公使は、「満洲国」単独承認には慎重になるよう東京の外務省に意見したが、日本はリットン報告書公表直前の九月一五日、「満洲国」を単独承認した。

★―新京（長春）における溥儀（中央）とリットン（その左）調査団（『満洲国建国と満洲・上海大事変史』日出新聞社, 1932年）

〔報告書〕

一〇月二日、英文一四八頁にわたるリットン報告書が公表された。報告書は、日中に対して公正であろうとしていた。日本の従来の主張に反し、中国は統一に向かっているこど、柳条湖《りゅうじょうこ》事件は日本の自衛行動ではないこと、「満洲国」建国は民族自決の結果ではないこと、を指摘していたが、解決策として、柳条湖事件以前への原状復帰ではなく外国人（日本人の割合に配慮する）顧問を置いた自治政権による統治を提案している。満洲における中国の主権を尊重しつつも、張政権は否定し、（日本が既成事実として積み上げた）現在の状態・情勢を踏まえた解決手段をとるべきとの結論であった。そこでは日本の経済権益保護の必要が認められていたし、日中鉄道の合弁、対日ボイコットの禁止と鎮圧、日本人の居住権・商組権の全満洲への拡張なども解決策に含まれていた。しかし、日本は報告書を受け入れることができなかった。一一月二一日から連盟理事会において報告書の内容が審議された時、日本代表の松岡洋右は、日本の行動は自衛であり、かつ「満洲国」独立は住民による自発的運動であると、従来の日本の主張の通り報告書に反駁《はんばく》した。計五日間の理事会では日中の主張が対立するばかりであったため、審議は総会に移され、総会での各国演説では小国による日本への非難が続いた。小国の安全保障にとっては連盟の権威と機能が重要であるため、各国は日本への毅然とした対応を求めたのである。

しかし、対日宥和姿勢をとり、連盟規約第一五条第三項による和協解決を模索するイギリス外相ジョン・サイモンの演説もあり、一二月九日、総会は紛争当事国を除く一九ヵ国から組織された一九人委員会に解決案の作成を委ねた。

〈和協か勧告か〉

この頃、サイモンは日本に対し、米ソを含む「和協委員会」を設置して和解を目指すことを提案している。ジュネーブの日本代表らはこれを受け入れる政府決定を「切望」したが、東京の外務省は米ソの招請は日本の国際的立場をより不利にするものと判断しサイモンの提案を拒否した。ただ同時に、日本が要求する日中交渉の開始を導くための「和協委員会」設置は認めている。日本の行動に対し何らかの措置をとらなければならない連盟への配慮であった。個別に日本との折衝にあたっていたエリック・ドラモンド連盟事務総長も、日中直接交渉しか解決の道がないことは認めつつ、連盟の撤退は小国ほか連盟各国が承服しないため、連盟の委員会が日中交渉へと導くことが「腹案」であると発言しており、この点において事態解決に向けた日本と連盟の構想は接近していた。しかし、日中間に禍根を残さないために「満洲国」は承認すべきではないと考える連盟と、「満洲国」承認を絶対とする日本政府の溝が話し合いの中で埋まることはなかった。

内田外相はあくまで自説を貫き、「連盟側カ万策尽キタル頃合ヲ見計イ徐《おもむ》ロニ我方ノ希望スル案」に落着することを狙っていたようである。一九三三年一月、日本に譲歩して米ソ招請を削除した一九人委員会の解決案を、日本は「満洲国」不承認が含まれていることを理由に拒否した。ジュネーブの日本代表は規約第一五条第四項（勧告の作成・公表）の適用及び不利な勧告により連盟脱退を余儀なくさせられる事態を避けるため交渉継続を東京の外務省に具申するが、「満洲国」承認と第三国の介入排除を「最終的且《かつ》最小限度ノ要求」とする本省は第四項適用を覚悟したうえで「満洲国」承認に固執した。ただし、内田外相は「辛抱強ク話合ヲ続ケ」た先の落着可能性をみており、この時点では万が一勧告に至ったとしても脱退は勧告内容を慎重に検討して決定するとしていた。一九人委員会は和協案による解決を諦め、勧告案の作成に入る。「満洲国」承認をめぐる議論の並行と合わせて、連盟に和協案を諦めさせたのが日本軍の熱河《ねっか》方面への進軍である。熱河侵攻は、日本が連盟脱退を決意する要因にもなった。

〔熱河作戦〕

一九三三年元日の山海関《さんかいかん》での日中衝突を機に日本軍は同地を占領し、閣議は一月一三日に熱河省への作戦を承認した。一六日には参謀総長から天皇への上奏も行われた。他方、ジュネーブでは一月末に前述の勧告を含む報告書の作成が始まる。規約第一二条は、紛争に関する連盟報告から三ヵ月以内は戦争に訴えることを禁止している。日本は熱河省を「満洲国」領域内と主張していたが、国際的合意はとれておらず、熱河侵攻は新たな対外戦争とみなされる可能性があった。規約違反は連盟からの除名に繋がる（第一六条第四項）。斎藤首相は閣議決定を、天皇は了承を取り消そうとしたが、作戦の撤回はできず、二月二〇日、閣議は連盟総会で勧告が採択された際は連盟を脱退することを決定する。除名回避のための連盟脱退策とされている。熱河侵攻は二二日に開始された。

〔勧告の採択〕

二四日、勧告案を審議する総会が開かれた。同案はリットン報告書と異なり、「満洲国」を明確に否定していた。各国演説後の採決は賛成四二、反対一（日本）、棄権一（シャム）。勧告案採択が宣言され、松岡代表ら日本メンバーは会場から退場した。三月、日本は連盟脱退を正式に通告し、規約により二年後の三五年三月に国際連盟から去った。（吉田ますみ）

〔参考文献〕臼井勝美『満洲国と国際連盟』（吉川弘文館、一九九五年）、加藤陽子『満州事変から日中戦争へ』（岩波書店、二〇〇七年）

Q16 日中戦争について教えてください

A 日中戦争は、一九三七～四五年までの約八年間の長きにわたって、中国大陸を主戦場として展開された日中両国の全面戦争である。

〔戦争勃発までの経緯〕

一九三一年の満洲《まんしゅう》事変勃発後、日本の関東軍は中国東北（満洲）地方を占領、「満洲国」を建設した。さらに三五年には、日本の支那駐屯軍（天津《てんしん》軍）が華北地方を「第二の満洲国」化しようとする華北分離工作を開始した。これに対し、反日感情が高まった中国では、三六年一二月、中国共産党が旧奉天軍閥《ほうてんぐんばつ》張学良《ちょうがくりょう》の助力を得て、中国国民党の最高指導者である蒋介石《しょうかいせき》を軟禁して対日強硬策をとらせようとする西安《せいあん》事件が発生した。その後、両党は第二次国共合作を行い、対日戦争にむけて抗日民族統一戦線を形成した。

〔盧溝橋事件〕

日中戦争の発端は、一九三七年七月七日の盧溝橋《ろこうきょう》事件である。これは、北京郊外の永定河《えいていが》にかかる盧溝橋付近で夜間演習をしていた天津軍の一部隊と中国第二九路軍との間に発生した軍事衝突である。事件発生後、現地では停戦協議が開始され、一一日には停戦協定が成立した。日本の第一次近衛《このえ》文麿《ふみまろ》内閣も当初は事件不拡大方針を表明した。しかし、二五日、北京・天津間の廊坊《ろうぼう》で再び日中両軍が衝突した。日本陸軍部内では、軍事攻撃によって中国を屈服させようとする強硬派の主張が強まった。日本軍は二八日、「北支事変」に関して自衛行動をとるとの名目で総攻撃を開始し、翌二九日に北京を占領した。

〔全面戦争へ〕

盧溝橋事件の影響は、間もなく華中地方に波及した。八月九日、海軍中尉大山勇夫《おおやまいさお》が中国保安隊に射殺される事件が上海で起こった（大山事件）。これを機に、日中両軍の衝突が一三日に発生した（第二次上海事変）。近衛内閣は上海方面にも陸軍（上海派遣軍）を派兵することを決定し、「北支事変」は「支那事変」に改称された。その後、日本軍は上海から首都南京にむけて進撃し、一二月一三日に南京を占領した。日本では、この占領後に戦勝気分が高まったが、国民政府は内陸部の重慶《じゅうけい》に首都を移転させるなど、長期抵抗の構えをとった。

〈日中和平工作〉

日中戦争の大きな特徴の一つは、太平洋戦争とは異なり、戦争勃発とほぼ同時に和平に向けた動きがみられたことである。これには、二つの理由がある。一つは、中国軍は弱く速戦速決で勝敗は決まるから、早いうちに講和条件を整えておくべきであるとする「中国蔑視」論が日本陸軍を中心にあったことである。もう一つは、日中両国は文化や民族の基礎を同じくするので戦争をすべきではないとする「同文同種」論を唱える人々が、日中両国政府内にいたことである。

★—近衛文麿

〈トラウトマン工作〉

日中戦争期に行われた和平に向けた動きは多種多様であるが、これらを総称して日中和平工作と呼ぶ。これを大別すると、事務官・民間人・第三国などの第三者を仲介者として和平交渉を開始する交渉型の工作と、中国大陸に国民政府とは別個の政権を日本の指導・支援によって樹立し、それと和平交渉を行いつつ、その勢力・領地を拡大させることによって、国民政府を圧倒して戦争終結に導くとする親日政権樹立型の工作との二つがある。その中で最初に行われた和平工作は、前者に属する船津工作である。船津《ふなつ》辰一郎《たついちろう》は元外交官で、その当時は在華日本紡績同業会総務理事を務めていた人物である。船津は一九三七年八月初旬、外務省の依頼を受けて和平工作に動いたが、その渡航後に大山事件が発生し、工作は失敗した。その後、同年一〇月～三八年一月にかけて行われたのが、ドイツの駐華大使オスカー・トラウトマンを仲介者とする和平工作である（トラウトマン工作）。これは、戦争中の工作の中で、日本政府の意図が蒋介石まで確実に伝わり、中国側もある程度の積極性を示した唯一の工作といわれている。しかし、南京占領による戦勝気分を背景に日本の和平条件が交渉の途中で追加されたため、中国側の態度は硬化した。日本政府はこれを遅延策とみなし、「爾後《じご》国民政府ヲ対手《あいて》トセズ」とする第一次近衛声明を発表して交渉を打ち切った。これによって通常の交渉型の和平工作は展開しにくくなり、日中戦争は長期化することになった。

〔占領地統治〕

日本軍が戦線を拡大するにつれて、中国での占領地も拡大した。一九三八年一〇月には華中の要衝である漢口《かんこう》と華南の要衝である広東《カントン》とを占領し、戦局に一段階を画した。これ以降、日本軍による大規模な作戦は、一九四四年の大陸打通(一号)作戦以外、ほとんど行われなくなり、治安戦と呼ばれる占領地確保のための戦闘が主流となった。

占領地の拡大に伴い、そこでの民政を安定させることも必要となった。日本軍は、一九三七年一二月に北京で中華民国臨時政府を、三八年三月に上海で中華民国維新政府をそれぞれ成立させた。これは、日本軍の指導下に対日協力者による親日政権を樹立するものだった。占領後の漢口や広東でも占領後に親日政権が樹立された。

〔新中央政府の樹立〕

こうして中国各地に複数の親日政権が成立すると、これらを統合して、国民政府に代わる新中央政府を樹立し、占領地統治を一元化するとともに、この新政府との間に和平交渉を進めようとする動きが出てきた。ここで問題となるのが、新政府の最高指導者として誰がふさわしいか、である。この指導者は、中国国民から売国奴(漢奸《かんかん》)扱いされる可能性が高いが、その中でも指導力を発揮して占領地の統治を安定させなければならない。日本側が当初、指導者として擁立しようとしたのは元中華民国北京政府国務総理の唐紹儀《とうしょうぎ》であった。しかし、唐は一九三八年九月に暗殺された。その後、日本側は旧直隷《ちょくれい》軍閥の指導者だった呉佩孚《ごはいふ》の擁立を画策するが、これもまた呉が病死し水泡に帰した。

〔汪兆銘工作〕

ついで日本が擁立しようとしたのが、蔣介石に次ぐ国民政府の指導者だった汪兆銘《おうちょうめい》である。対日和平にむけての汪の意思を確認し、これを重慶から脱出させ、新政府の指導者に据えようとするまでの動きを汪兆銘工作といい、親日政権樹立型の和平工作の中で最大規模のものとなった。国民政府内には、長期抗戦の方針を堅持する蔣介石に反対し、早期の対日和平を希望する「和平派」が存在し、彼らが日本側と交渉しつつ、汪の出馬を後押しした。その結果、汪は重慶を脱出し、一九四〇年三月三〇日、日本占領下の南京で新政府(南京国民政府)を樹立した。

〔桐工作〕

しかし、南京政府成立後も、日本が期待するほど、同政府への求心力は高まらなかった。これは、南京政府が民衆から傀儡《かいらい》視されたこと、地方有力者が重慶・南京両政府のどちらが有力になるかを見定めようとしたことなどが原因である。このため、汪ではなく、やはり蔣介石との間に和平交渉を行わなければ戦争終結は難しいとの意見が生じた。日本側は、一九四〇年二月から蔣の義弟にあたる宋子良《そうしりょう》と数度接触し、和平の糸口を探った。この秘密工作を、日本側は「桐《きり》工作」と命名した。しかし、日本側と実際に接触したのは、宋を自称する別の特務機関員であり、中国側の攪乱工作の趣が強かった。さらに第二次近衛内閣の外相松岡洋右《まつおかようすけ》は、浙江《せっこう》財閥の巨頭銭永銘《せんえいめい》と接触し、その仲介で重慶との和平交渉を行った。しかし、日本は一一月三〇日に日華基本条約を締結して南京政府を正式承認したため、重慶政府が反発し、この工作も実を結ばなかった。その後、小磯国昭《こいそくにあき》内閣が一九四四年九月に「対重慶政治工作実施ニ関スル件」を決定し、財政部長周仏海《しゅうふつかい》や考試院《こうしいん》副院長繆斌《みょうひん》らの南京政府首脳を通じて重慶との接触を試みたが、いずれも失敗した。

★—汪兆銘

〔戦争終結〕

日中戦争は、中国（重慶政府）も参加したポツダム宣言を日本が受諾することによって、太平洋戦争と同時に終結した。南京政府は一九四五年八月一六日に解散を宣言し、蔣介石軍は二七日から南京・上海・北京への進駐を開始するなど、日本軍占領地の回復をはかった。これに対し、日本の支那派遣軍は終戦時でも総計約一〇五万人の兵力を抱えていたが、中国の一部地域での戦闘継続はあったものの、大きな混乱はなかった。支那派遣軍の総司令官岡村寧次《おかむらやすじ》は九月九日に南京で降伏文書に調印し、日本の植民地であった台湾でも一〇月に投降式があった。中国に残された日本軍及び在留日本人の本国送還は一九四六年一一月から始まり、翌年五月末までに計一六六万人の日本人が帰国した。（樋口秀実）

〔参考文献〕臼井勝美『新版 日中戦争』（中央公論社、二〇〇〇年）、戸部良一『ピース・フィーラー』（論創社、一九九一年）、劉傑『日中戦争下の外交』（吉川弘文館、一九九五年）

Q17 外務省は対英米開戦にいかに関わりましたか

A

外務省は、対英米開戦について、軍部ほど積極的に関与したわけではなかった。しかし、結果的にみれば、開戦に対して消極的ながら協力したといってよい。

〔天津租界封鎖事件〕

日中戦争が一九三八年一月一六日の第一次近衛《このえ》声明以降、長期化の様相をみせ始めると、長期戦に対処するための体制づくりはもちろん、中国問題をめぐる欧米諸国との関係悪化にいかに対処するかが問題となった。

こうした中、一九三九年六月に日本の北支派遣軍が起こした天津《てんしん》租界《そかい》封鎖事件は、中国問題をめぐる対英米関係に大きな影響を与えた。この事件は、天津の英租界内に潜んでいる中国人抗日分子の活動を取り締まるとの理由から日本軍が租界の出入りを制限し、中国に大きな権益を有するイギリスに大きな打撃を与えたものである。ヨーロッパ問題に主力を傾注せざるを得ないイギリスは、この事件の解決をめぐって対日宥和姿勢をとった。外相有田《ありた》八郎《はちろう》と駐日英大使ロバート・クレーギーとの会談が東京で行われ、七月二四日、中国における日本軍の行動を事実上容認する旨の有田・クレーギー協定が締結された。しかし、その成立をめぐる反響は大きく、米政府は二六日、日米通商航海条約の破棄を通告した。

〔仏印進駐〕

さらに、戦争長期化に伴っての軍需物資確保とその終結にむけて一九四〇年以降に行われたのが仏印（フランス領インドシナ。現在のベトナム・ラオス・カンボジア）進駐である。その当時、欧米諸国が中国の蒋介石《しょうかいせき》政権に支援物資を送るためのルート（援蒋ルート）は、現ベトナム北部の都市ハイフォンを経由して中国に至るものが主要であった。日中戦争勃発以来、日本政府は輸送の禁止を仏政府に申し入れていた。そして、一九四〇年五月、ドイツ軍による西部戦線攻撃によってフランスは苦境に立たされ、翌六月、フランス南部に親独政権であるヴィシー政府が成立した。こうした状況の中、フランスは対日姿勢を軟化させ、六月一七日、中国向けの武器・トラック・ガソリンなどの仏印経由の輸送を停止した。日本側はさらに仏印での軍隊通過や軍事施設使用を求めたが、これについては仏印当局が拒否した。このため、八月から第二次近衛《このえ》文麿《ふみまろ》内閣の外相松岡洋右《まつおかようすけ》と駐日仏大使シャルル・アルセーヌ・アンリとの間での協議が東京で開始され、松岡・アンリ協定が三〇日に結ばれた。これは、極東における日本の優越的利益をフランスが認めるかわりに、仏印でのフランスの主権を日本が尊重するとしたものである。これを受けて、九月四日、陸軍少将西原一策《にしはらいっさく》と仏印軍最高司令官アンリ・マルタンとの間で日仏間の現地軍事細目協定が結ばれた。これらの協定に基づき、九月末までに北部仏印進駐は完了した。

一九四一年六月二二日、独ソ開戦の報が日本に伝わると、二五日、大本営政府連絡会議において「南方施策促進ニ関スル件」が決定された。それは、日・仏印間の軍事的結合強化にむけて南部仏印進駐のための外交交渉を行い、フランス側が応じない場合、武力でこれを貫徹するとしたものである。英米両国はフランスに対して日仏交渉を引き延ばすよう要請したが、仏政府は最終的に譲歩し、七月二二日に日本の要求を受諾した。その結果、日本軍は二九日までに南部仏印に平和的進駐を果たした。欧米諸国はこれに反発し、アメリカは二五日、イギリスは二六日、オランダは二七日にそれぞれ日本資産凍結令を公布した。さらにアメリカは八月一日、対日石油輸出全面禁止の措置に出た。

〔松岡外交〕

この時期の日本外交をリードしたのは、松岡洋右である。松岡は、いったんは外務省を退職しながら、政友会《せいゆうかい》代議士や南満洲《まんしゅう》鉄道株式会社総裁などの経歴を経て外務大臣に就任した異色の外交官である。

外相就任後、一九三九年に防共協定強化問題として破断した独伊両国との連携強化を模索し、四〇年九月二七日、三国同盟の調印に漕ぎつけた。松岡はさらに日独伊枢軸三国にソ連を加えた四国協商を実現し、日中関係の打開とアメリカの対日参戦阻止をはかろうとした。このため、松岡は一九四一年春の渡欧時にモスクワでヨシフ・スターリンと会談し、四月一三日に日ソ中立条約を締結した。松岡の最終目標は、この四国協商関係を背景にして自らが米大統領フランクリン・

★—松岡洋右（国立国会図書館所蔵）

ローズヴェルトと会談し、日米国交調整をはかることであった。しかし、前述のように、独ソ両国が六月に開戦し、四国協商構想は崩れ去った。

〔日米交渉〕

さらに松岡の渡欧中、近衛の主導によって日米間の国交調整交渉が秘密裡に開始されていた。この交渉は元来、一九四〇年一一月末に米国からジェームス・ドラウト及びジェームス・ウォルシュ両神父が来日して近衛の側近である産業組合中央金庫理事井川忠雄《いかわただお》らに接触したことから始まったものである。両神父は帰国後、大統領や国務長官コーデル・ハルに働きかけ、これに駐米大使野村吉三郎《のむらきちさぶろう》や野村の要請で渡米した前陸軍省軍事課長岩畔豪雄《いわくろひでお》も加わって折衝したところ、一九四一年四月一六日に日米諒解案が成立した。この案

★—アメリカに赴任した野村吉三郎駐米大使（『東京日日新聞』1941年2月8日夕刊）

には、日本軍の中国撤退を条件に米政府が日中間の和平斡旋をはかることなどが明記されていた。近衛は、この案を基礎にして日米両政府間交渉を開始しようとしたが、自らの訪欧中に作成された諒解案に対し松岡は冷淡であった。このため、近衛は日米交渉継続にむけて外相更迭を決意し、総辞職

して第三次内閣を組織した。第三次内閣の外相に就任したのは、海軍大将豊田貞次郎《とよたていじろう》である。

その後、在米日本資産凍結・対日石油禁輸の措置によって日米関係の緊張が高まったのをみた近衛は、大統領との直接会談による事態打開を模索した。しかし、軍部内では、石油禁輸による「じり貧」論が強まり、対米開戦論が急速に勢いを得た。九月六日の御前《ごぜん》会議で決定された「帝国国策遂行要領」では、①一〇月下旬を目途に戦争準備を完了する、②戦争準備と並行して外交手段を尽くす、③一〇月下旬頃になっても外交手段による要求貫徹の見込みがない場合には対米開戦を決意することが決定された。さらに日米首脳会談についてもハルが反対し、米政府は、首脳会談の開催にあたっては根本的諸問題について討議の進展をみることが前提条件であるとする旨の覚書を送付した。これに対し、交渉継続を主張する近衛と開戦時期が到来したとみる軍部とが対立し、第三次近衛内閣は総辞職した。

一〇月一六日に組織された東條英機《とうじょうひでき》内閣は、九月六日の御前会議決定にとらわれないとする「白紙還元」の立場をとった。しかし、交渉継続を望む新外相東郷茂徳《とうごうしげのり》と即時開戦を主張する軍部とが激しく対立した。一一月五日の御前会議で新たに決定された「帝国国策遂行要領」は、外交交渉の期限を一一月末とするとした。外務省は最後の対米交渉のために甲・乙両案を用意した。このうち甲案は、中国からの撤兵問題で譲歩を示して日米の合意を得ようとするもの、乙案は、アメリカの対日石油供給と引き換えに南部仏印の日本軍を北部仏印に移駐させることによって当面の緊張緩和をはかるものであった。しかし、米政府は一一月二六日、中国からの日本軍全面撤退などの要求を含んだ回答（ハルノート）を発した。これは、事態を満洲事変以前に戻すことを迫るものであり、日本側に受諾の余地はなかった。これによって日米交渉は終止符が打たれ、一二月一日の御前会議において対米英蘭に対する武力発動が決定された。

なお、外務本省は、ハルノートに対する回答として、一二月五日に「対米通牒覚書」を作成した。これは、形式的には日米交渉の打切りを示したものであったが、事実上は対米宣戦布告に等しいものであった。外務省は、これを在米日本大使館に命じて現地時間の一二月七日一三時に米政府に手交する予定であった。しかし、電文が在米大使館に到着してから、その解読・浄書に手間取り、予定とは異なって真珠湾《しんじゅわん》攻撃から一時間以上遅れて米政府に通告された。遅延の理由としては、電報が非常に長文で一四分割にして送られたこと、機密保持のためにアメリカ人タイピストを用いないよう指示が発せられていたこと、最重要である一四分割目の電報に「大至急」の文字が欠け、大使館員が最後通牒の電文であることに気づかなかったことなどがあげられている。

（樋口秀実）

〔参考文献〕塩崎弘明『日英米戦争の岐路』（山川出版社、一九八四年）、波多野澄雄『大東亜戦争の時代』（朝日出版社、一九八八年）、三輪公忠『松岡洋右』（中央公論社、一九七一年）

コラム1

杉原千畝はどのようにユダヤ人を救ったか

杉原《すぎはら》千畝《ちうね》（一九〇〇—八六）の名前を聞いたことがある人は、多いだろう。杉原は、一九四〇年七～九月にかけて、リトアニアのカウナスで、ナチス支配下のドイツから逃れるユダヤ人のために、外務省本省の命令に反してヴィザを発給し続けたことで知られている。六〇〇〇人を救ったという「命のヴィザ」の物語は、教科書や学習用漫画、あるいはドラマや映画などで描かれており、人口に膾炙《かいしゃ》しているといっても過言ではない。

だが、白石仁章や菅野賢治らによる研究の進展によって、この（↖）ような杉原像には疑問が投げかけられている。確かに、カウナスの後に赴任したプラハでのヴィザ発給は、ドイツ占領下のチェコスロバキアでの行為なので、ナチスからユダヤ人を救ったといえるだろう。しかし、一九四一年六月に独ソ戦が始まるまでは、リトアニアのユダヤ人にとってナチスの迫害は差し迫った脅威ではなかったはずである。

実は、杉原にヴィザを求めたリトアニアのユダヤ人は、ドイツに占領されていたポーランド西部からよりも、ソ連占領下のポー（→）ランド東部からきた難民の方が何倍も多かった。しかも、一九四〇年六月にソ連は大軍をリトアニアに派遣し、七月にソ連軍監視下で実施された選挙の結果、親ソ派政権が成立した。日本領事館の前に、ポーランドから逃げてきたユダヤ人難民が集まったのは、総選挙の翌日である七月一八日であった。さらに八月にはソ連に併合され、独立国としてのリトアニアは消滅している。このような状況で、共産主義政権によって信教の自由を奪われることを恐れた神学生らユダヤ教徒たちは、ソ連化しつつあるリトアニアから逃れるためにヴィザを求めたのである。

はたして杉原は何を考え、どのように行動したのだろうか。さらなる研究の活発化によって、杉原の実像が明らかになることを期待したい。

（片山慶隆）

Q18 「大東亜共栄圏」内の国との関係はどのようなものでしたか

A

「大東亜《だいとうあ》共栄圏《きょうえいけん》」という言葉が公式に初めて使われたのは、一九四〇年八月一日である。この日、外相松《まつ》岡洋右《おかようすけ》は、これより先の七月二六日に閣議決定された「基本国策要綱」を説明する記者会見の中で、「当面の外交方針は大東亜共栄圏の確立を図ること」であるとし、その範囲を「広く蘭印、仏印等の南方諸地域を包含し、日満支三国はその一環である」と述べた。この「基本国策要綱」は、目下の世界情勢が「歴史的一大転機」にあることを踏まえ、日本を中核として日満華の結合を基礎とする「大東亜新秩序」の建設を目指すとするものであった。

〈大東亜共栄圏と東アジア〉

その後、太平洋戦争中に日本軍の占領下におかれた東南アジア諸国に対し、日本政府・軍部は、これらを欧米諸国の植民地であることから解放し、形式的ながらも、独立・自主を許与する方針を示した。それゆえ、日本と「大東亜共栄圏」内諸国との関係といえば、日本と東南アジア諸国との関係に最大の関心が寄せられている。しかし、前記の「基本国策要綱」が示すように、日本とともに「大東亜共栄圏」内の中核とされたのは、「満洲国《まんしゅうこく》」と中華民国である。ここでいう中華民国とは、日中戦争下の一九四〇年三月三〇日に日本の支援を受けて成立した汪兆銘《おうちょうめい》政権（南京国民政府）である。ただし、この両国の存在が「大東亜共栄圏」内において大きな位置を占めていたとは言い難い。それは、前記の松岡発言以前に両国が建設されており、日本にとって両国の独立が当然視されていたこと、また一九四〇年の仏印（フランス領インドシナ）進駐以降、日本の国策の中心が北進から南進に移ったことによるものである。

〔フィリピンとビルマ〕

一方、東南アジア諸国の独立をめぐる日本の具体的方針として最初に示されたのが、太平洋戦争開戦直前の一一月一五日に大本営政府連絡会議で決定された「対英米蘭蔣戦争終末促進ニ関スル腹案」である。その中で、日本は、フィリピンとビルマに対して独立を認める意思を示した。それは、両国に独立を許与すれば対日戦争協力が得られやすくなるとともに、その独立が英米両国に打撃を与えるからである。アメリカ施政下のフィリピンでは、一九三四年のフィリピン独立法に基づき、一九四六年の独立に備えて自治政府が組織されていた。しかし、開戦後の一九四二年一月、自治政府大統領マニュエル・ケソンがアメリカに亡命した。このため、同政府の官房長だったホルヘ・ヴァルガスを長官として臨時政府としてのフィリピン中央行政府が日本軍の指導下に組織された。ビルマでも、日本軍占領後の一九四二年八月、バ・モウを委員長として独立準備委員会が組織された。バ・モウは、イギリス統治下で自治政府首相を務めた人物である。その後、一九四三年一月一四日、大本営政府連絡会議は「占領地帰属腹案」を決定し、フィリピンとビルマに対して正式に独立を許与した。ただし、独立の条件として、両国との間に同盟条約を締結し、日本軍駐屯などを認めさせた。フィリピンは、一〇月一四日、日本の影響下にある国民議会によってホセ・ラウレルが共和国大統領に選ばれ、独立を宣言した。ビルマも八月一日、バ・モウを国家代表として独立を宣言した。

★―フィリピン占領時の第14軍司令官本間雅晴とホルヘ・ヴァルガス（フィリピン中央行政府長官）との会談

〔南方軍政〕

しかし、フィリピン・ビルマ以外の国家・地域の独立をめぐっては、日本政府・軍部はむしろ消極的であった。一九四一年一一月二〇日に決定された「南方占領地行政実施要領」では、南方の占領地に対して「軍政を実施し治安の恢《かい》復《ふく》、重要国防資源の急速獲得および作戦軍の自活確保に資す」と述べられている。この方針は、太平洋戦争開戦後、蘭印（オランダ領東インド。現在のインドネシア）やイギリス領マラヤ及びシンガポールにおいて進められた。蘭印では、ジャワ島・スマトラ島を陸軍が、ボルネオ島・セレベス島以東を海軍がそれぞれ軍政統治した。さらに、独立運動を展開し、オランダ当局から流刑にされていたスカルノやハメッド・ハッタを救出し、彼らの影響力を利用して現地住民の支持を得ようとした。一方、シンガポールは「昭南島《しょうなんとう》」と改称され、東南アジア方面の陸軍部隊を統括する南方軍総司令部が置かれた。また、マラヤには大量の華僑《かきょう》が居住し、経済面で大きな影響力を持っていた。日本軍は、これらの華僑に対して厳しい弾圧を行った。これは、華僑が蔣介石《しょうかいせき》政権（重慶《じゅうけい》国民政府）に対して戦時献金などを行っていたからである。さらに、マレー半島の地域支配者であるムスリム系スルタンに対しては、宗教上の祭主の地位と世襲財産とを認めるかわりに王位・土地・人民を天皇に奉納させるとして、形式的存在におとしめた。

〔タイ〕

太平洋戦争中、東南アジア諸国の中で、日本軍の侵攻を受けながらも、独立を維持したのがタイである。タイは日本軍の仏印進駐後、かつてフランスに奪われた領土を奪還すべく、仏印に駐留するフランス軍との間に国境紛争を起こした。この紛争は、一九四一年五月に泰仏両国が東京条約に調印して講和が成立し、タイは旧領土の大部分を回復するとともに、日本への協力姿勢を強めた。太平洋戦争開戦後、日本軍がタイ南部へ奇襲上陸すると、一二月一二日に日泰攻守同盟条約が締結された。その後、タイは一九四二年一月二五日に英米両国に宣戦を布告し、枢軸国側に立つ姿勢を明確にした。しかし、後述の大東亜会議への出席を首相のピブン・ソンクラームが固辞するなど（ワンワイタヤコーン親王が代理出席）、タイは戦時中も日本との間に一定の距離を保っていた。

〔大東亜会議〕

一九四三年一一月五〜六日にかけて、日本は「大東亜共栄圏」内の独立国首脳を東京に集め、大東亜会議を開催した。これに参加したのは、満洲国国務総理張景恵《ちょうけいけい》、南京国民政府行政院長汪兆銘、フィリピン大統領ラウレル、ビルマ国家代表バ・モウ、タイ首相代理ワンワイタヤコーンである。さらにビルマを拠点にしてインド独立を目指していた自由インド仮政府主席のスパス・チャンドラ・ボースもオブザーバーとして出席した。会議では、大東亜共同宣言が発表され、戦争完遂によって「大東亜を米英の桎梏《しっこく》より解放」することと同時に、各国の「自主独立」尊重や「互恵」的協力の強化も謳われた。「自主独立」や「互恵」などの文言が宣言の中に加えられたのは、外相重光葵《しげみつまもる》のイニシアティブの結果であった。重光は、第二次世界大戦の趨勢《すうせい》が枢軸国側に不利に傾きつつある中で、連合国側が掲げていた大西洋憲章に対抗し得るだけの普遍的価値のある文言を盛り込み、日本の戦争目的が公明正大なことを示して、外交の側から戦局を有利に展開しようと考えていた。

★—大東亜会議

〔仏印三国の独立〕

太平洋戦争末期、日本はフランスの保護領であったベトナム・ラオス・カンボジアをそれぞれ「安南《あんなん》王国」「ルアンパバーン王国」「カンボジア王国」として独立させた。日本は戦時中、仏印に対して静謐《せいひつ》保持を謳い、独立のための工作を行わなかった。これは、親独政権であるヴィシー政府がフランスで成立したことに配慮したからであった。しかし、同政府の崩壊を受け、日本軍は一九四五年三月に仏印を武力処理するための明号《めいごう》作戦を展開し、右記の三国を独立させた。外務省は、三国の独立が大東亜宣言の精神にかなうとして、これを強く支持した。さらに一九四五年四月には、鈴木貫太郎《すずきかんたろう》内閣の外相東郷茂徳《とうごうしげのり》の主導のもとで大東亜大使会議が開催された。これは、同じ時期に連合国がサンフランシスコ会議を開催して国際連合の設立準備を進める中で、日本としては、大東亜宣言で表明した戦争目的を一層大規模に宣伝するとともに、そこで採択された決議を国際秩序建設のための指導原理にしようとして開いたものだった。しかし、戦争末期に急遽開催されたため、仏印三国は参加せず、満洲国・中華民国・フィリピン・ビルマ・タイの駐日大使だけが参集する小規模な会合となった。

（樋口秀実）

〔参考文献〕安達宏昭『大東亜共栄圏』（中央公論新社、二〇二二年）、波多野澄雄『太平洋戦争とアジア外交』（東京大学出版会、一九九六年）、矢野暢『「南進」の系譜』（中央公論社、一九七五年）

Q19 外務省の派閥について教えてください

A

外務省は、日本陸海軍に比べると、確固とした派閥は存在しない。陸軍は「皇道派《こうどうは》」と「統制派《とうせいは》」、海軍は「条約派」と「艦隊派」とに分かれて深刻な派閥対立を展開し、日本外交の針路に大きな影響を与えた。外務省で派閥対立が軽微であった理由としては、陸海軍に比べると大きな組織ではないこと、海軍の派閥対立を決定的にした一九三〇年のロンドン海軍軍縮条約のような明確な争点が存在しないこと、外交官として海外赴任地に滞在していることが多く、国内において派閥を形成して団体活動を展開するだけの時間的余裕に乏しかったことなどがあげられる。それでも、外務省内の派閥をあえてあげるとすれば、まずは「欧米派」と「アジア派」との違いがある。

〔「欧米派」「アジア派」〕

これは、外交官及領事館試験合格以降、本省での部署や赴任する機会の多かった在外公館（大・公使館、総領事及び領事館）の違いから生じる、キャリア外交官としての傾向の差である。欧米諸国関連の業務が多かった外交官は前者、アジア諸国関連の業務が多かった外交官は後者に分類される。前者は対英米協調の外交政策、後者はアジア主義的な自主外交政策をとりやすい。前者の代表例は、駐米大使やワシントン会議全権などを経て、一九二〇年代半ばから三〇年代初頭にかけて四つの政権で外相を務めた幣原《しではら》喜《き》重郎《じゅうろう》である。幣原は外相在任中「ワシントン会議の精神」を重んじ、対英米協調外交を積極的に推進した。一方後者は、二度の駐華大・公使勤務を経て戦前・戦後を通じて外相就任経験のある重光葵《しげみつまもる》である。ただし、重光も駐英大使の経験があり、両派の相違は、前述のように、陸海軍の派閥対立ほど明確ではない。

〔革新同志会〕

「欧米派」と「アジア派」の内、一九三一年の満洲《まんしゅう》事変勃発前まで省内の主導権を握ったのは、前者である。幣原外相時代、中国在勤経験のない「欧米派」の外交官がアジアの諸問題を主管する亜細亜局内の職務も独占し、「日本の外交は自分らの双肩にある」と自負していたという（森島一九五〇、七四頁）。これに対し、一九二〇年代の外務省内で発言力を増したのが、三五歳前後の少壮外交官による革新同志会であった。この会は、一九一九年のパリ講和会議において、日本が全権代表団の規模や陣容の不足から「サイレント・パートナー」と揶揄《やゆ》されたことを反省し、代表団の一員だった重光や有田八郎《ありたはちろう》を中心に、広田弘毅《ひろたこうき》や杉村陽太郎《すぎむらようたろう》らを加えて結成されたものである。彼らは外務省の人材育成・人事刷新・組織拡充を訴えた。その結果、対外広報を担当する情報部が新設された。また、外交官の採用人数も一九二〇年代に倍増した。広田・重光・有田らは、満洲事変以降、幣原外交が崩壊する中で、外務省内の中心人物として、中国問題における欧米列国の政治的影響力を後退させることを目指した外交を展開する。

★―白鳥敏夫

〔外務省革新派〕

さらに、満洲事変の衝撃を受けて外務省内に誕生したのが、事変勃発時に情報部長の地位にあった白鳥敏夫《しらとりとしお》を中心とする外務省「革新派」である。革新派の特徴は、広田・重光・有田らの外交官が、アジア主義的政策を推進しつつも、外交における外務省の主導権をあくまでも確保しようとしたのに対し、軍部に同調した強硬外交を展開しようとした点にある。彼らはまた、イデオロギーや宣伝を重視し、「皇道外交」という標語を掲げ、書籍の出版や講演会の開催を積極的に行った。革新派の登場によって、広田・重光・有田らは「伝統派」「現状維持派」と称された。ただし、革新派は、外務省内のプレッシャー・グループとして一定の影響力こそあったものの、省内の政策形成の主導権を握ることは終戦時までなかった。

（樋口秀実）

〔参考文献〕戸部良一『外務省革新派』（中央公論新社、二〇一〇年）、森島守人『陰謀・暗殺・軍刀』（岩波書店、一九五〇年）

Q20 外務大臣・外務省は終戦にいかに関わりましたか

A

外務省が終戦にむけての動きに関与するようになったのは、一九四四年七月に成立した小磯国昭《こいそくにあき》内閣以降のことである。東條英機《とうじょうひでき》内閣末期に日本の委任統治下にあったサイパン島が米軍に奪回され、B29爆撃機が日本本土を直接攻撃できるようになり、空襲が激しくなった。これを機に、外務省のみならず、日本政府・軍部の中で終戦のための研究・活動が具体化した。外務省の終戦工作への関与は、外相を含めた本省の動きと在外公館の動きとに分けられる。後者は、スウェーデン・スイス・バチカンといった中立国での終戦工作に関与したものである。

【繆斌工作】

終戦にむけた諸工作の中で、最初に具体化したのが、日中和平工作の一つである繆斌《みょうひん》工作である。繆斌は汪兆銘《おうちょうめい》政権（南京国民政府）の考試院《こうしいん》副院長を務めていた人物である。南京政府に所属しながら蒋介石《しょうかいせき》政権（重慶《じゅうけい》国民政府）とも繋がりのあった繆斌は、一九四五年三月に来日し、南京政府の解消・日本軍の中国撤退・満洲国《まんしゅうこく》の承認などを交換条件とする日中単独和平交渉を小磯内閣に提案した。この単独和平というのは、連合国の一員である重慶政府を米英両国から切り離し、日中両国限りで和平を実現するものである。これに対し、小磯は賛意を示したが、小磯内閣の外相重光葵《しげみつまもる》は反対した。重光の反対理由は、繆斌が日本の機密情報を蒋介石に漏らしかねないこと、南京政府解消は同政府樹立にむけて指導・支援した日本の信義に悖《もと》ることなどであった。繆斌工作は、重光の反発から陸海軍両大臣、ひいては昭和天皇も反対し、具体的交渉に発展することなく終わった。

〔東郷茂徳〕

小磯内閣崩壊後の一九四五年四月、鈴木貫太郎《すずきかんたろう》内閣が成立した。鈴木内閣の外相に就任したのは、開戦時の外相だった東郷茂徳《とうごうしげのり》である。東郷は、開戦への責任感と戦局悪化とに鑑み、日本を戦争終結に導きたいとの希望をもって、入閣した。しかし、日本国内での和平にむけた動きは、軍部がこれに反対しているだけに、外務本省としても表立った活動が難しかった。その間、終戦をめぐる昭和天皇の玉音《ぎょくおん》放送があった八月一五日までに、外務本省よりも先に、在外公館が和平にむけた活動を具体化させた。

〔バッゲ工作〕

中立国の在外公館が進めたいくつかの和平工作の中で最も具体的だったのが、スウェーデンを仲介とするバッゲ工作である。スウェーデンでの和平工作は、元来、一九四〇年一一月にスウェーデン公使館付陸軍武官に着任した小野寺信《おのでらまこと》が進めていたものであった。小野寺は、英国王室に近いスウェーデン王室を動かして和平仲介の労をとってもらおうとの考えであった。その後、一九四五年五月、スウェーデンに帰国した同国駐日公使ウィダー・バッゲがスウェーデン駐在公使岡本季正《おかもとすえまさ》に接触した。バッゲは、和平を斡旋したいとの思いから、日本出発前に重光や東郷の意向を確かめたうえで帰国していた。東郷はこれに対し、日本政府の依頼ではなくスウェーデン政府独自の発意による仲介活動であればかまわないと回答した。しかし、バッゲから打診を受けた公使館側は外務本省から事情を知らされておらず、消極的な対応しか示さなかった。さらに六月末、東郷から岡本に対して出先機関の和平工作を禁止する旨の電報が発せられ、バッゲ工作は打ち切られた。ただし、岡本は七月二一日、なるべく早期に戦争を終結すべきであるとする意見書を東郷にむけて送付した。

〔ダレス工作〕

これは、一九四五年五月頃より、在ドイツ大使館付海軍武官輔佐官藤村義一《ふじむらよしかず》がアメリカ情報機関戦略情報局スイス支局

★—重光葵（国立国会図書館所蔵）

★—東郷茂徳（国立国会図書館所蔵）

長アレン・ウェルシュ・ダレスを相手として進めた対米和平工作である。しかし、この工作に対しては海軍中央部が敵側の謀略ではないかと疑い、在スイス公使館側（加瀬《かせ》俊一《しゅんいち》公使）も同意見を示していた。加瀬が消極的だったのは、スイス駐在陸軍武官岡本清福《おかもときよとみ》が国際決済銀行顧問ペール・ヤコブソンを通じてダレスとの接触をはかることに対し、加瀬が内諾を与えていたからでもあった。なお、この工作に関する藤村の戦後の証言は二転三転しており、この工作の規模とその成功の可能性については、疑問の残るところである。

〔バチカン工作〕

これは、一九四五年五月、バチカンのローマ法王庁司教ヴァニヨッチから在バチカン日本公使館嘱託の司祭富沢孝彦《とみざわたかひこ》に対し、ローマ駐在中の「一米人」より和平問題について日本側と接触するための橋渡しをしてほしいとの申し出があって開始されたものである。その申し出の内容とは、ソ連が戦争末期に参戦して中国共産党を介してアジアへの勢力拡大をはかるおそれがあるので、国体護持・本土非占領などを条件として日本と休戦したいとの趣旨であった。バチカン駐在公使原田健《はらだけん》はこれに対し、素性・目的が明確でない人物と交渉を行うことは望ましくないとし、積極的交渉を行わなかった。このため、その後、具体的交渉には進展しなかった。

〔対ソ和平工作〕

在外公館による以上の諸工作に対し、東郷を含めた鈴木内閣の閣僚は、中立国を介した和平交渉では、連合国側から無条件降伏以上の回答を引き出すことは難しいとみていた。むしろ鈴木内閣が期待したのは、ソ連を仲介として米英両国に働きかけることであった。つまり、「無条件降伏以上の媾和に導き得る外国ありとせば、「ソ」聯なるべし」（東郷一九八九、四七六頁）とし、ソ連を介して米英両国と和平交渉を行い、なるべく有利な条件で終戦を実現したいとの思惑である。対ソ和平工作が模索されたのは、一九四一年に締結された日ソ中立条約とも関係がある。この条約によって、ソ連は連合国側にありながら日本とは戦争状態になかった。ただし、この条約の有効期間は五年であり、もし延長を希望しないのであれば、期限満了の一年前に廃棄を予告できた。ソ連は一九四五年四月、条約の延長はしないとの意向を日本に通告した。ソ連はこれより先の同年二月、ヤルタ会談において米英に対してドイツ崩壊から三ヵ月以内に対日参戦するとの旨を約束していた。そして、五月、ドイツは米英ソに対し降伏した。こうした中、日本としては、対ソ交渉を通じて、条約の効力がなお一年間は残るうちにソ連の中立を維持しながら、戦争終結の糸口を探る必要があった。六月二二日、対ソ和平工作の遂行が御前《ごぜん》会議において正式決定された。この日の会議では、戦争終結に向けてソ連を仲介とする交渉を開始すること、ソ連に対して相当の代償を提供することが決められた。しかし、御前会議に先立って進められていた元外相広田弘毅《ひろたこうき》と駐日ソ連大使ヤコフ・マリクとの会談は進展をみせなかった。このため、東郷は、日本から特使をソ連に派遣して交渉を促進すべきであるとの旨を鈴木と協議した。特使には、元首相で公爵の近衛文麿《このえふみまろ》を選定した。しかし、特使派遣に際してソ連側に提案する日本側の和平条件については、七月一九日の最高戦争指導会議においても、陸軍の強硬意見のため、なおも合意に達しなかった。

〔ポツダム宣言〕

この間、連合国首脳は、ベルリン郊外のポツダムに参集し、日本の戦争終結条件をめぐって協議した。その結果、七月二六日、米英中三国首脳の連名で全一三項目のポツダム宣言が発表された。対ソ和平工作が進捗しない中で、鈴木内閣は、この宣言を受諾するかどうかを迫られた。ここで争点となったのが、この宣言が日本に無条件降伏を強いるものかどうか、である。東郷は、一三項目の条件がある以上、これは無条件降伏に当たらないから、早期に受諾すべきであると主張した。しかし、陸軍は、国体護持を明記した項目がないことなどから、それが無条件降伏に当たるとして、宣言受諾に反対した。日本政府が逡巡する間、八月六日に広島、九日には長崎に原爆が落とされ、ソ連も八日に対日宣戦布告を行った。九日夜一二時前から開始された御前会議では、首相・外相・陸海両相・参謀本部及び軍令部両総長が列席し、ポツダム宣言受諾をめぐる協議が行われた。その席上、宣言は天皇の国法上の地位変更を要求するものではないとみなしたうえで無条件にこれを受諾するとの意見と、いくつかの条件を付与すべきであるとの意見とが対立した。東郷は、鈴木や海相米内光政《よないみつまさ》とともに、前者の意見をとった。首脳間の意見が対立して合意に達しないことをみた鈴木は、昭和天皇にむかって終戦をめぐる「聖断」を仰いだ。天皇は、「外務大臣の意見に賛成である」(東郷一九八九、五一六頁)と答えた。ここにポツダム宣言の受諾が決定し、日本はようやく終戦を迎えた。

(樋口秀実)

〔参考文献〕小野寺百合子『バルト海のほとりにて』(共同通信社、二〇〇五年再改訂版)、栗原健・波多野澄雄編『終戦工作の記録〈上〉〈下〉』(講談社、一九八六年)、東郷茂徳『時代の一面』(中央公論社、一九八九年)

Q21 冷戦の始まりと日本外交について教えてください

A

冷戦の始まりによって日本を取り巻く国際環境は大きく変化した。冷戦下で、日米安全保障条約（安保条約）・軽軍備・経済重視を特徴とする吉田路線が日本外交の基本路線となった。

〔平和憲法の誕生〕

連合軍による占領下で進められた改革の中で、最も重要なものは新憲法の制定だった。新憲法は一九四六年二月に連合国軍総司令部（ＧＨＱ）が日本政府へ示した草案をベースに議論が進められ、同年一一月に公布された。

新憲法の三大原則の内の一つ、平和主義のあり方を具体的に記した第九条は、自衛権までは放棄していないと解釈する余地はあるものの、戦争を放棄して陸海空軍その他の戦力を保持しないという内容で、徹底的な非軍事化を追求する占領政策を反映していた。日本政府にとっては、諸外国から軍国主義と結びつけて認識されていた天皇制を戦後も維持するための交換条件として受け入れた面があったが、凄惨な戦争を経験した日本国民から平和主義は歓迎され、戦後外交が重視するべき基本理念となった。

〔冷戦の始まり〕

しかし新憲法公布の後、国際環境に変化が訪れた。第二次世界大戦では同盟関係にあったアメリカとソ連だったが、まず欧州や中近東の戦後秩序をめぐって対立するようになった。米ソ協調を断念したアメリカはソ連の影響力拡大を封じ込めるため、一九四七年三月に共産主義とのグローバルな戦いを宣言し（トルーマン・ドクトリン）、同六月には経済的に不安定で共産主義が拡大しかねない欧州地域に対する大規模な経済援助計画（マーシャル・プラン）を発表した。

アジアでも、一九四九年一〇月に中国が共産化して中華人民共和国の建国が宣言され、五〇年二月には中ソ間で「日本または日本の同盟国」を仮想敵とする友好同盟相互援助条約が調印された。さらに同年六月には、中ソによる支援を受ける北朝鮮が韓国に侵攻して朝鮮戦争が始まった。

〔吉田路線の成立〕

緊張する国際環境のもとで、占領下の一九四八年一〇月、首相に再登板したのが吉田茂《よしだしげる》だった。

吉田はアメリカに大きく依存して外交政策を進めていくことを選択した。安全保障面では安保条約を基盤として自らは軽軍備に留め、経済面では軽軍備によって生まれた余力を経済活動に回し、さらにアメリカが主導する自由貿易体制に参入することで通商国家として復興することを選んだのである。こうした方向性は後に「吉田路線」と呼ばれることになる。また、制定時点でアメリカとの安全保障関係を想定していなかった憲法九条は、吉田路線を支えることとなった。憲法九条は、アメリカからの軍事的な役割分担要求に対して盾の役割を果たすと同時に、本格的な再軍備を制約していたため、日本防衛を確保する手段としての安保条約の重要性を強固なものとする効果を持った。

このような吉田路線は、積極的再軍備や憲法改正を求める右派、平和憲法の理念を重視して非武装中立を訴える左派の双方から批判を受けたが、実際の政策路線は大きく動揺することなく吉田後の政権にも引き継がれた。日本の自立性や役割は、冷戦期全体を通じ、日米の国力差縮小に対応して徐々に拡大していくことになるが、吉田路線の基本構造は持続したといえるだろう。

（西村真彦）

〔参考文献〕酒井哲哉「『9条＝安保体制』の終焉」『国際問題』（三七二、一九九一年）、佐竹知彦「戦後日本の安全保障と『9条・安保体制』」『NIDSコメンタリー』（一四四、二〇二〇年）、添谷芳秀「吉田路線と吉田ドクトリン」『国際政治』（一五一、二〇〇八年）、宮城大蔵「サンフランシスコ講和と吉田路線の選択」『国際問題』（六三八、二〇一五年）

Q22 対日平和条約について教えてください

A 戦争に敗れて独立を失った日本は、一九五一年九月に署名されたサンフランシスコ平和条約によって独立を回復した。「寛大な講和」はどのように実現し、いかなる課題を残したのだろうか。

〔当初の講和条約案〕

一九四五年九月二日、日本は降伏文書に署名して公式に敗戦と連合国による占領を受け入れた。多くの犠牲を払って戦った連合国が日本に向ける目は厳しく、占領下で進められた軍事力解体や民主化改革は、いずれも旧敵国の日本を再び危険な軍国主義国家にしないことを究極的な目的としていた。

非軍事化や民主化が概ね達成された一九四七年春、連合国軍最高司令官のダグラス・マッカーサー元帥が早期講和を提唱した。この際にアメリカ本国で作成されていた講和案も、米ソ協調を前提として、日本の再侵略や台頭を阻止することを目指していた。具体的には、厳しい賠償や経済活動の制限を課し、非武装・非軍事化を求め、さらに講和の後も米ソを含む各国が日本を監視するための機構を置いて、二五年間をかけて主権を回復することを想定していた。マッカーサーが提唱した通りにこの時期に講和が行われていれば、「峻厳な講和」となっていた可能性が高い。

しかし一九四七年はグローバルな冷戦対立が明確になった年であり、早期講和は実現しなかった。まず、連合国間で平和条約を話し合うための講和予備会議について、その表決手続きなどをめぐって米ソが対立したため、会議自体を開催することができなかった。

何よりアメリカが、ソ連封じ込めの観点から対日政策を転換したことが大きく影響した。米ソが対立する中で、潜在的には大きな工業力を持つ日本が共産化しソ連の手に落ちる事態を防ぐためには、共産主義に対抗できる安定した社会基盤の構築、とりわけ経済復興を最優先とする必要があり、その用意が整う前の講和は時期尚早だと考える立場がアメリカ政府内で主流を占めることとなった。当時、平和条約に先行してアジア地域への賠償にあてるため、日本国内の工場にあった工作機械などを搬出・移転する中間賠償が進められていたが、これも経済復興を重視する政策のため徐々に縮小されてゆき、一九四九年五月には中止が発表された。

〔多数講和へ〕

一度は先送りにした講和だったが、日本国民からの反発を考えれば占領継続には限度がある。一九四九年五月、中国大陸で共産党勝利の公算が大きくなる中で、日本との安定的関係を重視するアメリカ国務省は、占領継続はデメリットの方が大きいと判断して講和に向けた政府内の調整に動き出した。

日本国内でもアメリカ政府の動きが報じられ、講和への関心が高まった。一つの有力な立場は、ソ連を含むすべての連合国との間で戦争状態を終了して国際社会に復帰することを求める全面講和論であった。たとえば、知識人らが結成した平和問題談話会は一九五〇年一月、新憲法の「平和的精神に則って世界平和に寄与するという神聖な義務」に基づいて、全面講和や中立不可侵を求め、軍事基地提供に反対する声明を発表している。野党の社会党も同様の立場をとった。

他方で、首相の吉田茂《よしだしげる》の判断は、ソ連を含めない多数講和（片面講和）だった。全面講和が理想だとしても米ソ対立でその実現は見通せず、占領から一日も早く脱するには多数講和しかないと考えた。また、戦前は親英米派の外交官だった吉田にとって、アメリカを中心とする西側陣営との連携によって戦後復興を目指すという発想は自然なものだった。一九五〇年四月には池田勇人《いけだはやと》蔵相をワシントンに送り、日本政府が多数講和と米軍常時駐留を望んでいることを秘密裏に伝達した。

当時のアメリカ政府内では、在日米軍基地を占領下で自由に使用したい米軍部による抵抗のため調整が進んでいなかったが、日本側が基地提供の意思を示したこともあって議論が前進し始めた。一九五〇年六月に朝鮮戦争が勃発してもこの流れは変わらず、九月にハリー・トルーマン米大統領は講和交渉開始を決定し、一一月には「寛大な講和」方針を示した七原則が公表された。

「寛大な講和」実現への大きな障害は、日本が再び軍事的脅威になることを恐れるアジア太平洋諸国の反発だった。アメリカは、日米を含むアジア太平洋諸国間で協定（太平洋協

★―サンフランシスコ平和条約の受諾演説をする吉田茂（共同通信社提供）

定）を結んで、日本を防衛するとともに実質的に日本からの脅威にも備える役割を担わせる案を検討した。しかし、日本との軍事協力を望まない豪州の意向などを受けて、最終的にはサンフランシスコ会議の直前に、太平洋協定の代わりとして、米比相互防衛条約と、米・豪・ニュージーランドによる太平洋安全保障条約（ANZUS条約）が結ばれ、アメリカがそれらの国の安全を引き受けることとなった。

〔「寛大な講和」の内容〕

一九五一年九月、平和条約はサンフランシスコで、日本を含む四九ヵ国により署名された。七日の受諾演説で吉田は、この条約が復讐ではなく和解と信頼の文書であり、公平寛大だと歓迎した。

寛大とみなされた理由は、第一に内政・軍事上の制約を基本的には課さなかった点にある。占領改革の維持や連合国に協力した日本人の保護を求める条項、造船・海運などの経済活動を制限する条項、また軍隊保有や特定の軍備を規制する条項はない。講和後の監視機関も設置されなかった。

第二に限定的な賠償である。アメリカが目指した無賠償原則こそアジア諸国の反発で実現しなかったものの、平和条約では日本経済への配慮の必要性を明文化して賠償額は賠償希望国との個別交渉に委ね、支払い方法も金銭やモノではなく労働力・技術の提供に限定された。ただしこれとは別に、国外にあった日本資産はそのほとんどを没収されている。

第三に、日本は極東国際軍事裁判（東京裁判）など戦争犯罪法廷の裁判（judgments）を受諾したものの、戦争責任や植民地支配の責任については記されていない。

最後に、この条約は敗戦国の日本が批准しなければ、効力を発生しないこととなっていた。日本は国会での承認を経て一一月に批准し、条約は翌一九五二年四月に発効した。

〔残された課題〕

条約によって日本は独立を回復することができたが、さまざまな課題を残した。第一は領土問題である。その内、最大の問題は琉球《りゅうきゅう》諸島と小笠原《おがさわら》群島についてで、朝鮮・台湾・千島《ちしま》列島などとは異なって明文での主権放棄こそなかったものの、日本への返還はなされなかった。平和条約では、アメリカを施政権者とする国際連合（国連）信託統治下に置くことを想定していた（実際には信託統治とはならず、アメリカによる直接統治が続く）。米軍部にとって琉球の戦略的支配は講和に応じる大前提だったためである。

また、ソ連やその東欧衛星国とだけでなく、多くの近隣アジア諸国との関係回復も課題となった。中国では、中国大陸を支配する共産党政権と、台湾に逃れた国民党政権の双方が正統な中国政府だと自称しており、いずれもサンフランシスコ平和会議に招かれなかった。日本はアメリカの圧力の影響もあって当面は後者と国交を結ぶ。日本による植民地支配から脱した韓国もサンフランシスコに招かれず、会議翌月から日韓交渉を開始したが、国交正常化まで一五年近くを要した。

東南アジア各国との関係構築に際しては賠償が大きな論点となった。戦争で生じた被害の資料がほとんど残されていない中で、厳密な賠償額の算定ではなく相互の経済的利益と経済発展を優先し、経済協力として一九五〇年代末までには概ね解決した。しかし曖昧に処理したため、なぜ賠償するのかを問い直す機会を失った面もあったと指摘されている。

講和後の日本外交は、一九五一年時点では解決できなかった以上のような「戦後処理」問題を軸に、取り組んでいった。それは一九七二年九月の日中国交正常化によって一段落したといえるが、現在でも北方領土問題や日朝国交正常化が未解決の課題として残っている。また、「寛大な講和」の影で十分に確認されなかった戦争責任をめぐる歴史認識問題などもくりかえし浮上している。

（西村真彦）

〔参考文献〕五十嵐武士『戦後日米関係の形成』（講談社、一九九五年）、大蔵省財政史室編『昭和財政史 終戦から講和まで』第一巻（東洋経済新報社、一九八四年）、川島真・細谷雄一編『サンフランシスコ講和と東アジア』（東京大学出版会、二〇二三年）、楠綾子『占領から講和へ』（吉川弘文館、二〇二三年）、細谷千博『サンフランシスコ講和への道』（中央公論社、一九八四年）

Q23 安保条約はどのようにうまれ、改定されましたか

A

旧日米安全保障条約（安保条約）は、冷戦下で日本と極東の安全保障を確保するために結ばれたが、日本側からみると不平等な面が多かった。日本の不満に応えて日米関係を安定させるために改定交渉が始まり、一九六〇年一月に新条約が調印された。

占領下の安全保障構想

日本は敗戦によって旧軍が解体されて非武装となり、さらに戦争を放棄して戦力保持を禁ずる新憲法を持つに至っていた。対日講和が現実味を帯びてきた時、講和後の日本の安全保障をどのように実現するのか、答えを出す必要に迫られた。

アメリカは、占領軍の主力として米軍部隊を日本各地に展開していた。それは当初、旧敵国の日本を監視して必要とあらば力づくでも占領政策を遂行することを主な駐留目的としていた。しかし冷戦対立が深刻化したことで、日本の政治的・戦略的価値が上昇した。アメリカは日本を保護し、かつ極東での軍事活動拠点として活用するため、講和後も日本に米軍を維持することを望んだ。一九五〇年六月には朝鮮戦争が勃発したことで、日本の重要性がより上昇するとともに、アメリカは翌七月に国内治安維持のため警察力を補うことを目的とした警察予備隊の創設を日本に命じ、さらには本格的な再軍備をも期待するようになった。

一方の日本側でも占領当初から安全保障研究が進められ、永世中立国化や国連憲章に基づく地域的安全保障機構など、多様な案が検討されていた。しかし冷戦の激化で多数講和（片面講和）の公算が高まったことで、アメリカに安全保障を頼る方針が有力になっていく（Q22参照）。さらに首相の吉田茂《よしだしげる》は日本防衛を確実なものとし、かつアメリカ側の戦略

的必要性を満たすことで早期講和を実現するため、米軍の常時駐留を認める意思を固めるに至っていた。

〔旧安保条約の成立〕

一九五一年一月末から二月上旬にかけて日米間で具体的な交渉が行われ、二国間で安全保障協定を結んで米軍常駐を受け入れる原則で一致したが、大きな論点となったのは日本の再軍備であった。西側陣営の集団防衛に少しでも貢献するよう、アメリカ側は再軍備を強く求めた。吉田の指導のもと、日本側は経済力不足や新憲法の精神、軍国主義復活の可能性などを理由にあげて再軍備に抵抗し軍事力以外での貢献を主張したものの、アメリカは納得しなかった。そこで民主的軍隊の第一歩として、保安部隊を講和後に創設することで妥協が成立した。

安全保障協定についてはその後も交渉が行われ、旧日米安保条約として、サンフランシスコ平和条約と同日の一九五一年九月八日に調印された。日米間の実力差を反映して、旧安保条約には日本側からみて少なくない欠陥があり、早くも条約批准のための国会審議の時点で与野党双方から批判が寄せられた。

欠陥のひとつは、アメリカに日本防衛の義務がないことであった。アメリカには防衛協力の相手国に対して自助及び相互援助を求める上院決議（ヴァンデンバーグ決議）があったが、当時の日本にはそのような能力が欠けていると判断されたことがその大きな理由だった。また、在日米軍の運用や装備に対して、日本の発言権は規定されていなかった。そのため、たとえば、在日米軍が日本の意思に反して極東有事に出動し、結果として日本が戦争に巻き込まれる可能性があった。

このほか、外国による干渉で生じた内乱・騒擾《そうじょう》に米軍が介入する可能性が明記されていること（内乱条項）、第三国への基地提供はアメリカからの事前同意が必要なこと（第三国条項）、期間の定めがなく日本側の意向のみでは条約関係を終了できないことなど、様々な不平等性が指摘された。実際には形式的に過ぎない問題もあったが、主権国家の結ぶ条約として体裁が悪いことは否めなかった。

〔講和後の日米安全保障関係〕

独立する日本にアメリカが当初求めたのは、大規模かつ急速な再軍備だった。日本の間近では朝鮮戦争が継続しており、米軍の負担を軽減するため、日本には自力で自国を防衛できるようになることから始めて、長期的には極東地域防衛への貢献も期待されていた。しかし日本側は警察予備隊を一九五二年に保安隊、さらに五四年には自衛隊へと改組して直接侵略に対抗する組織としたが、要求されたような規模とペースの再軍備は行わなかった。

結局、一九五五年頃からアメリカが、対日政策の重点を軍事力増強から政治的・経済的安定に転換したことで、再軍備問題は日米間の主要な争点ではなくなった。朝鮮戦争が休戦するなど、東西冷戦に「雪解け」と呼ばれる緊張緩和の時期が訪れて軍事的要請の優先順位が低下したことも政策転換の一因ではあった。だが、講和後の日本の政治経済や日米関係が不安定で、無理に再軍備圧力をかけると日本が西側陣営から離脱してソ連や中国に接近してしまうのではないかという「日本中立化」不安が高まったことも大きかった。

〔安保条約の改定〕

日本側では、独立によりナショナリズムが徐々に高まったことや、在日米軍に関連する事件事故が頻発したこともあり、不平等な条約を是正したいという機運が高まっていった。また、アメリカがグローバルな軍事戦略で核兵器への依存を強める中で、日本への核兵器持込みを阻止するための条約上の根拠がないことも国会で大きな問題となり、日本政府を追い詰めていた。

一九五五年八月の重光葵《しげみつまもる》外相（鳩山一郎《はとやまいちろう》内閣）の訪米、また五七年六月の岸信介《きしのぶすけ》首相訪米の際、日本側は安保改定を求めた。しかし日本が当時の憲法解釈上も実力としてもアメリカに援助（自衛隊の海外派兵など）できないこと、また在日米軍への制約が生じることは望ましくないことを理由として、日本側の積極性にもかかわらず、いずれの際もアメリカは実質的にゼロ回答だった。

しかし一九五八年九月に行われた岸内閣の藤山愛一郎《ふじやまあいいちろう》外相訪米に合わせて、アメリカは全面的な安保改定を検討した。前年、ソ連はアメリカに先駆けて人工衛星スプートニク一号の打ち上げに成功し、アメリカの対ソ優位性は自明ではないと考えられるようになっていた。またアメリカ統治下の沖縄をめぐる問題もあって、依然としてアメリカは「日本中立化」の不安を拭えなかったためである。

その不安が顕在化することを防ぐ手段として安保改定が検討されたが、安保条約についてアメリカが譲歩しさえすれば、西側陣営の一員として協力していく意思を日本が有しているのかはっきりせず、アメリカが既得権を手放すことに値する価値があるのか、安保改定の決心は容易でなかった。しかし外相訪米の直前に発生したのが、第二次台湾海峡危機だった。この危機で日本政府は協力的姿勢を示し、米軍基地の運用にも影響が出ないよう努力した。この日本政府の姿勢によって、アメリカ側は譲歩に意義があると考えるようになり、安保改定にむけて動き出すことが可能になった。

〔新安保条約の意義〕

日米交渉は同年一〇月から主に東京を舞台にして行われ、一九六〇年一月にワシントンで新安保条約が調印された。新条約では、「日本国の施政の下にある領域における、いずれか一方に対する武力攻撃」に対して相互に援助しあう形とすることでアメリカに日本防衛義務を課し（五条）、条約に関する期限が設定され（一〇条）、内乱条項や第三国条項は削除された。

★─1960年6月の新安保条約批准書交換式（東郷文彦『日米外交三十年』世界の動き社、1982年）

　また、条約に付属する交換公文により、在日米軍の核装備や戦闘作戦行動について日米両政府間で事前に協議する制度が設けられた（ただし、日本に拒否権があるのか否かは曖昧にされた。核兵器を搭載した海軍艦船の寄港や朝鮮半島有事についても、不透明な処理がなされている〈Q30参照〉）。さらに在日米軍の駐留条件を定めた行政協定も、北大西洋条約機構（NATO）並みに改められて日米地位協定となった。

　日本に不都合な部分が多くの点で改善された安保改定だったが、岸首相の政治運営に対する反発から国内で大規模な反対運動をうんでドワイト・アイゼンハワー米大統領の訪日中止などの混乱を招き、六月の新条約発効直後に岸内閣は責任をとって退陣を表明した。このような大きな混乱が生じたものの、日本国内での旧条約に対する多くの不満の種を取り除き、互いのために協力する自発的な意思を確認した安保改定は、日米関係を中長期的に安定・発展させる基盤をつくり出すという目的を達成した。

（西村真彦）

〔参考文献〕植村秀樹『再軍備と五五年体制』（木鐸社、一九九五年）、楠綾子『吉田茂と安全保障政策の形成』（ミネルヴァ書房、二〇〇九年）、坂元一哉『日米同盟の絆 増補版』（有斐閣、二〇二〇年）

Q24 なぜ日本に米軍基地があるのですか

A

第二次世界大戦後における日本の外交・安全保障政策の基軸となってきたのが、一九五一年に締結され、六〇年に改定された日米安全保障条約である。日米安保条約の基本的な構造は、日本がアメリカに基地を提供する一方、アメリカが軍隊を日本に駐留させ日本を防衛するというものである。かつて外務省条約局長を務めた西村熊雄《にしむらくまお》はこれを「物と人との協力」と呼んだ。在日米軍基地を通して、日本は安全保障をアメリカに依存し、アメリカは日本を含む東アジアの安全保障に関与しているのである。

〔占領期の模索〕

第二次世界大戦で敗れた日本は、アメリカを中心とする連合国軍に占領され、ダグラス・マッカーサーを最高司令官とする連合国軍最高司令官総司令部（GHQ／SCAP）によって非軍事化・民主化に基づく改革が行われる。占領改革の最大の狙いは、アメリカにとって日本が再び脅威にならないようにすることだった。占領改革の象徴的なものが、日本国憲法の制定である。特に憲法九条では戦争放棄・戦力不保持が掲げられた。この間、前提となっていた国際環境はアメリカとソ連の協調であった。

ところが間もなく米ソ対立が深刻化し、冷戦が開始される。国際環境の変化の中で、アメリカは日本を共産主義勢力に対する「防壁」として重視し、占領政策を見直していく。

占領直後は日本政府内でも、非武装化された日本の安全保障を国際連合によって確保することが検討されていた。しかし、冷戦が本格化し国連に期待できない中、アメリカに日本の安全保障を依存するべきだという考えが強まる。九月には、外務省や昭和天皇が、米軍の沖縄占領の継続や有事における日本本土の米軍駐留を通して日本の安全保障を確保することを構想し、米側に伝えた。

〔日米安保条約の締結〕

占領の長期化に対して日本国内で不満が高まる中、一九五〇年四月、吉田茂《よしだしげる》首相は、池田勇人《いけだはやと》蔵相をワシントンに派遣し、米側に対し早期講和を求めるとともに講和後も日本に米軍が駐留することを日本から申し出てもよいと伝えた。吉田は、基地提供の意思を示すことで講和へのアメリカの動きを促進するとともに、講和後の日本の安全保障を確保しようとしたのである。

アメリカも、講和後も日本に米軍を駐留させることを前提に講和への準備を本格化する。六月には朝鮮戦争が勃発し、日本からも米軍が朝鮮半島へ出撃するなど日本の戦略的重要性がさらに高まった。それゆえアメリカは、講和後も「日本の必要と思われる場所に、必要と思われる期間、必要と思われる規模の軍隊を保持する権利」を目指していく。

一九五一年一月、米特使ジョン・F・ダレスが訪日し吉田と講和をめぐり会談を行う。吉田は当初から講和後の日本の安全保障について、米軍基地提供には前向きであった。米軍の日本駐留をめぐって、外務省は、主権国家としての体面を保ち国民に受け入れやすくするため、国連憲章のもとで日米が相互に協力しあう形式にすることを目指した。しかし、国連憲章下での相互協力という形式については、アメリカが自助及び相互援助の能力のない国とは相互防衛条約を結ぶことはできないとして拒否した。こうして日米安保条約は、日本の要請に応じてアメリカが日本に軍を駐留させ日本を守ってあげる、という論理に基づくものになったのである。

さらにその後のアメリカの要求で、米軍の日本駐留の目的は「極東における国際の平和及び安全の維持」のためだと条約に明記された（「極東条項」）。この「極東条項」によって、アメリカは日本の基地を通して東アジアの地域安全保障に関与できることになった。しかし日本国内では、米軍により日本が他国の戦争に巻き込まれるという批判が生じていく。

一九五一年九月、サンフランシスコ平和条約が締結されたのと同日、日米安保条約が締結され、講和後も日本には米軍が駐留することになった。翌年二月に駐留米軍の地位と特権を定めた日米行政協定が締結される。日米行政協定のもとで、米軍は占領軍の特権をそのまま引き継いだ。

〔日米安保条約の改定〕

吉田が締結した日米安保条約は、「不平等条約」として日本国内で批判にさらされた。まず、日本の要請に応じて米軍が駐留する一方、アメリカが日本を防衛する義務については明記されなかった。また、米軍が日本国外の地域紛争に出撃したり、核兵器を国内に持ち込んだりするなど在日基地を自由に使用できた。さらに、国内の内乱や騒擾《そうじょう》に米軍が介入することができることも明記された（「内乱条項」）。

日本国内の不満の高まりに対し、冷戦下で日本を資本主義陣営に引き留め、在日米軍基地を安定的に使用するためには安保改定が必要であるとの考えが米政府内でも広がっていく。特にダグラス・マッカーサーⅡ世駐日大使は、一九五八年二月の覚書で、海外派兵しなくとも基地提供こそがアメリカのアジア戦略への日本の最大の貢献であり、現行の日本国憲法のもとでの安保改定は可能だと論じた。大使の主張は、米政府内にも受け入れられていく。

その背景には、在日米軍基地の役割の変化があった。一九五三年、朝鮮休戦協定が締結されたことを契機として極東地域の米軍の再編が進められ、在日米軍の地上戦闘部隊のすべてや空軍の一部が撤退し、在日米軍基地の主な役割は兵《へい》站《たん》・補給になった。その一方で米国統治下の沖縄には日本本土から海兵隊が移転するなど基地が拡大し、出撃拠点としての機能が強化された。こうして米軍にとって、安保改定によって基地使用が制約されても、沖縄の基地の自由使用が確保される限り大きな支障はなかったのである。

一方日本では、一九五七年二月に首相に就任し、岸信介《きしのぶすけ》が安保改定に意欲を示した。五八年一〇月から安保改定をめぐる日米交渉が開始され、六〇年一月、新日米安保条約が締結された。その内容は、まずアメリカの日本防衛義務が明記された。また、在日基地から日本国外への米軍の戦闘作戦行動や国内への米軍の核兵器持ち込みなどについては事前協議制度が適用される。さらに、「内乱条項」は削除されたほか、条約と国連憲章との関係も明記された。こうして、安保改定を通して日米関係はより対等なものになった。

その一方で、日本が基地を提供し米軍を駐留させるという「物と人との協力」としての日米安保条約の基本的な構造は変わらなかった。むしろ、在日米軍基地の維持のためにアメリカは安保改定を受け入れたのである。しかも、事前協議制度の設置にもかかわらず、朝鮮半島有事において米軍が日本の基地から出撃することや、核兵器を搭載した米艦船が日本を通過・寄港することについて、後に「密約」と批判される不透明な処理がなされた（Q30参照）。

安保改定交渉が進む中、日本国内では不平等な日米行政協定も改定すべきだという声が高まり、行政協定改定交渉が進められ、新日米安保条約の締結と同日、日米地位協定が締結された。もっとも日米地位協定でも米軍部の強い要求によっ

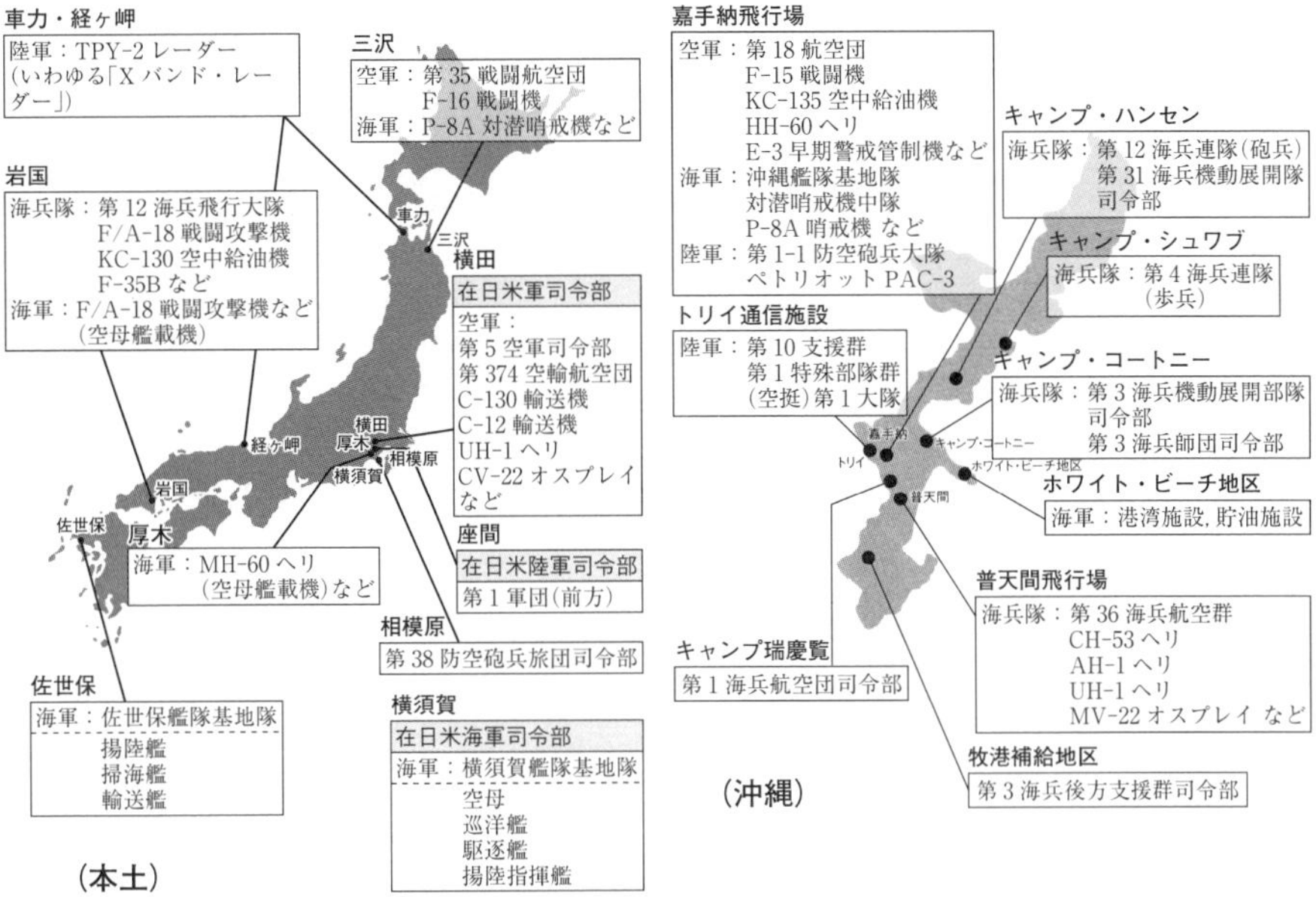

★―主な在日米軍兵力の現況（『防衛ハンドブック2023』）

て在日米軍の特権は実質的に維持されることになった。

〔最近の在日米軍基地をめぐる動向〕

その後、「日米防衛協力のための指針」の策定（一九七八年）と改定（九七年・二〇一五年）によって自衛隊と米軍の協力、いわば日米間の「人と人との協力」が進展した。また、ベトナム戦争の終結や冷戦終結など国際環境の変化とともに在日米軍の再編も行われている。しかし、日米安保条約が「物と人との協力」を基本的な構造としていることは今日でも変化はない。一九七八年以降には、日本政府は在日米軍にかかる経費を負担し、米軍基地の維持を財政的に支えている（「思いやり予算」）。

日米安保条約のもとで戦後の日本の安全保障が維持されたことは否定できない。しかし、米軍による事件・事故、環境破壊など基地のある地元は大きな負担を抱えてきた。特に沖縄は一九七二年に日本に復帰して以降も米軍基地が集中し、今日に至っているのである（Q29参照）。

（野添文彬）

〔参考文献〕坂元一哉『日米同盟の絆 増補版』（有斐閣、二〇二〇年）、山本章子『米国と日米安保条約改定』（吉田書店、二〇一八年）、吉次公介『日米安保体制史』（岩波書店、二〇一八年）

Q25 戦後補償はどのように行われましたか

A

一九五一年から始まった対東南アジア賠償は、後の開発援助の原形となった。同時に「賠償」の目的をめぐり、日本と相手国の間で認識に違いも生じてきた。

〈日本のアジア進出〉

明治維新以降、日本政府は朝鮮半島・満洲・中国大陸などの北東アジアに向けて、軍や財閥、企業の進出を奨励してきた。一方、主に欧米列強の支配下にあった東南アジア（当時は「南洋」と呼ばれた）に対しては、一九〇〇年前後にまず一般の日本人労働者がフィリピンやインドネシアに移住を開始、その後に政府が具体的な「南進」政策を固めた経緯がある。政府が東南アジアに在外公館を置き始めたのは第一次世界大戦以降で、日本の進出が「東亜新秩序建設」として唱えられたのは一九三八年であった（第二次近衛《このえ》声明）。

一九四一年一二月、日本は真珠湾《しんじゅわん》攻撃の直前、イギリス領マラヤ（現マレーシア）の東海岸に上陸した。日本は当時米国などから石油の禁輸措置を受けており、東南アジアで石油を確保する狙いがあった。その後、一九四五年の敗戦まで、日本は東南アジア全域に侵攻し多大な被害を与えた。

〈東南アジアとの戦後補償交渉〉

一九五一年のサンフランシスコ講和会議には、中国や韓国などが招かれなかった一方で、東南アジアからはフィリピンやインドネシアが参加した。講和条約を起草していた米英は、第一次世界大戦後のヴェルサイユ講和条約がドイツに高額の賠償を科した結果としてナチズムを生んでしまった教訓から、日本に賠償を求めない方針であった。しかしフィリピン代表は強く反対した。最終的に、戦時中に日本軍の直接占領下におかれた国は日本に賠償を請求できること、賠償は日本経済回復の負担にならないよう現金ではなく「役務」の提供とすることで合意された。インドネシアは講和条約に調印したものの、この内容への不満から議会承認がなされず批准を見送った。ビルマは講和会議自体に参加しなかった。

表　日本の戦後賠償・準賠償一覧（『ODA 白書 2004 年版』より作成）

区分	相手国	賠償・準賠償額（協定義務額はアンダーラインのもの） 米ドル貨	円　貨	賠償供与期間又は無償援助期間
賠償	ビルマ連邦	200,000,000	72,000,000,000	1955.4.16–65.4.15
	フィリピン	550,000,000	190,203,272,472	1956.7.23–76.7.22
	インドネシア	223,080,000	80,308,800,000	1958.4.15–70.4.14
	ベトナム共和国(南ベトナム)	39,000,000	14,040,000,000	1960.1.12–65.1.11
	計	1,012,080,000	356,552,072,472	
経済技術協力協定等無償援助（準賠償）	ラオス	2,777,777	1,000,000,000	1959.1.23–61.1.22–延長 65.1.22
	カンボジア	4,166,666	1,500,000,000	1959.7.6–62.7.5– 延長 66.7.5
	タイ	26,666,666	9,600,000,000	1962.5.9–69.5.30
	ビルマ連邦	140,000,000	47,335,584,547	1965.4.16–77.4.15
	韓国(注)	300,000,000	102,093,285,442	1965.12.18–75.12.17
	マレーシア	8,166,675	2,940,003,000	1968.5.7–71.5.6– 延長 72.5.6
	シンガポール	8,166,675	2,940,003,000	1968.5.7–71.5.6– 延長 72.3.31
	ミクロネシア	5,844,155	1,800,000,000	1972.5.27–75.5.26–延長 76.10.15
	計	495,788,616.93	169,208,875,989	
総計		1,507,868,616.93	525,760,948,461	

注：韓国に対しては，日韓請求権・経済協力協定に基づき，3 億ドルの無償資金協力とあわせ 2 億ドルの有償資金協力も供与.

講和条約の調印後、日本は東南アジア諸国を含む各国と個別に賠償交渉を行い、その締結をもって国交を正常化させてきた。一九五四年にビルマ、五六年にフィリピン、五七年にインドネシア、五九年に南ベトナムとの交渉がそれぞれ妥結した。それは、賠償と経済協力、借款などを組み合わせた内容であった。それぞれの交渉相手国は、近隣国の受け取る賠償額や交渉妥結のタイミングに多大な関心を持っており、機微な交渉が続いた。賠償の多くは、道路や発電所などのインフラ建設を日本企業が受注する形で実施された。日本企業は建設から事後のメンテナンスまでを請け負い、東南アジア諸国の中には日本の「再進出」を懸念する声もあった。

一方で日本の世論には「日本は連合国と戦争をして負けたのであって、東南アジア諸国に多額の賠償をするのは非合理だ」との見方もあった。そのため日本政府は、国内向けには「賠償は、将来の日本企業の海外進出にも資する投資である」との説明を行ってきた。このことは、七〇年代の東南アジア諸国での反日運動の原因の一つとなる。　（木場紗綾）

〔参考文献〕宮城大蔵編著『戦後日本のアジア外交』（ミネルヴァ書房、二〇一五年）、吉川洋子『日比賠償外交交渉の研究 一九四九―一九五六』（勁草書房、一九九一年）

Q26 なぜ日本は国際連合に加盟できたのですか

A

国際連合（国連）加盟に至る過程で、日本は冷戦やソ連の動向など国際環境に翻弄された。最終的にはソ連が国交正常化に伴い日本の単独加盟を認めたことで、日本の国連加盟は実現した。

〔国連加盟の意味〕

サンフランシスコ平和条約の発効によって、日本は公式に外交を再開することとなった。その際、外交課題の一つとなったのが国連への加盟である。加盟実現の暁《あかつき》に国連を通じて何を追求するのか、具体的な政策が定まっていたわけではない。しかし戦争に敗れて約七年間の占領まで経験した日本にとって、戦後国際秩序の新たな中心とみられた国連への加盟は、対等な一員として国際社会に復帰することを意味した。そのため国連加盟は、外交路線をめぐる激しい論争がある中にあっても日本国内が概ね一致して支持できる目標だった。

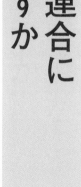

〔国連加盟の手続き〕

まず加盟手続きから確認しよう。国連は、国連憲章に定められた義務を果たす意思と能力を持つ、すべての平和愛好国に対して加盟の機会が開かれている。ただ、実際に加盟するためには、国連安全保障理事会（安保理）の勧告を経たうえで、国連総会の決定を得る必要がある（国連憲章第四条）。

日本の加盟が課題になった一九五〇年代の時点では、国連加盟国はアメリカ寄りの西側諸国が比較的多かった。そのため全加盟国が平等に一票を有する総会の場において、必要な三分の二の支持を得て加盟の決定を得ることは、アメリカの後押しも受ける日本にとってさほど難しいことではないと見込まれていた。難関となったのは安保理である。安保理は常任理事国（米・ソ・英・仏・中華民国）と非常任理事国（六ヵ国。現在は一〇ヵ国）から構成されているが、常任理事国には拒否権が認められており、その一ヵ国でも反対すれば加盟勧告決議を得られなかった。日本にとって、直接的には、国交を回復していないソ連による拒否権が加盟の妨げとなった。

〔冷戦の影響〕

さらに、国連が冷戦対立の場となっていたことが事態を複雑にした。米ソ両陣営が相手に近い加盟申請国の加盟を互いに阻止したことで、一九五〇年のインドネシアを最後に、日本に限らず加盟は実現していなかった。一九五五年九月の時点で、二二の申請国が加盟を認められていなかった。

第二次世界大戦後の早い段階から、ソ連は米ソ両陣営の申請国を一括して加盟させる案を推進していた。ソ連にとって一括加盟案は、自陣営内の国家を加盟させるための貴重なテコであったから、西側国家が単独で加盟する案に対して拒否権行使を躊躇しなかった。これに対してアメリカを中心とする西側陣営は、ソ連陣営の申請国が「平和愛好国」でないと主張して、その単独加盟はもちろん一括加盟案をも拒否し、加盟問題は行き詰まっていた。

そのため日ソ国交回復が実現したとしても、国連加盟が保証されるとは限らなかったことに留意が必要である。たとえば、同じ敗戦国のイタリアは、日本より早く一九四七年九月に講和条約が発効したことでソ連との国交を回復し、さらにその講和条約中では国連加盟を支持することも明文化されていた。しかしソ連は一括加盟でないことを理由に拒否権を行使し、イタリアの加盟を複数回にわたって阻止していた。日本が国連に加盟するには、まず一括加盟をめぐる膠着状態が何らかの形で打開される必要があった。

一九五二年四月に独立を回復した日本は、その年の六月には早速、国連加盟を申請した。そして九月の安保理で審議に付されたが、事前に予測されていた通り、ソ連の拒否権によって否決された。

日本は、日本を含む一括加盟による加盟の実現を望んだものの、この時点では米ソ双方がそれを認めなかった。加盟の見通しが立たないことから、アメリカは正式加盟の代わりとして、投票権のない準加盟案を日本側に提案した。ただ、日本国内には正式加盟がかえって遠のくことを懸念する見解もあって、日本側が積極的に準加盟を追求することはなかった。

〔一九五五年の挫折〕

しばらく具体的な進展はなかったが、一九五〇年代半ばになってソ連が緊張緩和と政治・外交的に友好国を増やすことを目指す平和攻勢へ外交方針を転換したこともあり、冷戦対立が和らいだ。また、一九五五年四月には、アジア・アフリカの多くの新興国が一堂に会するバンドン会議（第一回アジア・アフリカ会議）が開催された。そしてその決議では、国連は加入資格を満たすすべての国が参加する普遍的な組織であるべきとして、加盟問題の解決を求める内容が盛り込まれた。こうして国際社会で気運が高まっていく。

一方、一九五四年末に発足した鳩山一郎《はとやまいちろう》内閣は、年明けから日ソ国交回復交渉を開始していた。日本側は国連加盟について、この時点では実現の見通しがつかなかった一括加盟案に日本を加えるだけでは不十分であるため、日本の加盟への無条件（単独加盟）支持を要求したものの、ソ連は応じなかった。結局、日ソ交渉自体が順調に進まず、また交渉カードとして加盟問題が使われることを避ける目的もあって、日本側はなるべく日ソ交渉とは切り離した形で加盟の実現を目指すことになった。

その機会は、一括加盟案が現実的な案として浮上したことで到来した。一九五五年一一月にカナダが中心となり、韓国・北朝鮮などの分断国家を除き一八ヵ国（西側一三ヵ国、東側五ヵ国）を一括して加盟させる案を提案したが、その中には日本も含まれていた。国際的な世論の圧力を受けて、最終的には米ソ双方が歩み寄り、この案を受け入れた。この案が首尾よく進んでいれば、日ソ国交正常化前に日本の国連加盟が実現していたことになる。

しかし一八ヵ国の中に社会主義国のモンゴルが含まれており、中華民国はモンゴルが自国の領土であって国連加盟は認めないという姿勢を崩さなかった。日米両国は中華民国への説得を試みたが効果はなく、一二月一三日の安保理で中華民国が拒否権を行使し、対抗してソ連も拒否権を発動したことで、一八ヵ国一括加盟案は潰えた。

この翌日、突如、ソ連は日本とモンゴルを除く一六ヵ国を加盟させる新提案を行った。置き去りになる格好の日本は抵抗を図って各国に接触したが、各国は日本に同情を示しつつも一六ヵ国の加盟を優先したことで、日本を含まない加盟決議案が採択されることとなった。

〔加盟の実現〕

ここから日本が加盟を実現するには、中華民国にモンゴルの加盟を認めさせるか、ソ連に日本とモンゴルを一括化しないよう説得する必要があった。これまでの経緯から前者の可能性はないと見込まれたため、後者により加盟を目指すこととなった。

説得の手段として考えられたのが、国際的な世論の支持獲得であった。モンゴルの巻き添えとしてソ連が日本を選んだ理由は、日本がアジア・アフリカ諸国の支持を固めきれていなかったことにあるという反省があったためである。そこで、バンドン会議をきっかけに国連内で非公式に結成されていたアジア・アフリカグループへ一九五六年六月に参加し、またアジア・アフリカ諸国も参加する六〜七月のコモンウェルス（いわゆるイギリス連邦）首相会議へ働きかけを行うなど、支持の獲得に努めた。

こうした支持を頼って加盟を急ぐ案もあったが、当時再開されていた日ソ交渉の結果を待つこととなった。七月末からの重光葵《しげみつまもる》外相のソ連訪問を経て、一〇月には鳩山首相もソ連へ訪問し一九日に国交正常化を約束する日ソ共同宣言が調印された。共同宣言には、日本の国連加盟申請を支持するという内容が含まれていた。

★―国連本部に初めて掲げられる日の丸（共同通信提供）

ソ連がモンゴルとの一括化を放棄して単独加盟を認めるか、日本側は最後まで確信を持てなかったが、ソ連の態度が硬化する前に急いで加盟を実現しようとした。一二月一二日に日ソが共同宣言批准書の交換を済ませた直後、安保理が招集された。結局ソ連は反対せず、日本単独の加盟勧告決議が全会一致で採択された。

一八日に国連総会でも全会一致で日本加盟決議が採択されたことで日本は加盟を実現し、翌日には国連本部前で国旗掲揚式が行われた。日本が国際連盟脱退を通告してから二三年の月日が経っていた。

（西村真彦）

〔参考文献〕井口貞夫監修『日本外交史 三二』（鹿島研究所出版会、一九七二年）、種稲秀司「外務省と日本の国連加盟外交」萩原稔・伊藤信哉編著『近代日本の対外認識二』（彩流社、二〇一七年）、Liang Pan, *The United Nations in Japan's Foreign and Security Policymaking, 1945-1992*, Harvard University Press, 2005

Q27 北方領土をめぐる外交の歴史を教えてください

A

二〇一八年に安倍《あべ》晋三《しんぞう》首相がウラジーミル・プーチン大統領と交わしたシンガポール合意（「一九五六年宣言を基礎として平和条約交渉を加速させる」）とは一体何だったのか。以下では、安倍外交の目指したところを歴史的文脈の中で振り返ってみよう。

〈北方領土問題の起源〉

一八五五年二月七日、江戸幕府は来日したロシアのエフィム・プチャーチン提督と日露和親条約（下田《しもだ》条約）を結び、ロシアと国交を樹立した。この際、国境問題に関する交渉も行われたが帰属先未定に終わった樺太《からふと》に対し、千島《ちしま》方面はウルップ島と択捉《えとろふ》島の間に国境を確定した。日本政府が北方領土を「固有の領土」と呼ぶのは本条約による。その後、日本は明治維新を経て一八七五年の樺太千島交換条約によりウルップ島以北も樺太と引き換えに獲得し、その時に交換した南樺太も日露戦争後の一九〇五年にポーツマス講和条約で取り戻した。それから四〇年近く経った第二次世界大戦末期のヤルタ会談で、対日参戦を求められたソ連共産党書記長ヨシフ・スターリンは、その条件に南樺太と千島の割譲を英米に約束させ、四五年八月八日に日ソ中立条約を破棄し宣戦布告した（この時スターリンの条件を簡単に認めたフランクリン・ローズヴェルト米大統領は、樺太・千島とも日本が日露戦争で得た領土だと勘違いしていたという〈Charles E. Bohlen, *Witness to History 1929-1969*, NewYork: W. W. Norton,1973, P.196〉）。ソ連軍は、日本が連合国に正式に降伏した三日後の九月五日までの間に樺太・千島をすべて占領し、その中には択捉・国後《くなしり》・色丹《しこたん》・歯舞《はぼまい》（北方四島）も含まれていたのである。

一九五一年、日本はサンフランシスコ平和条約により独立を回復したが、この時、千島列島の放棄を宣言した吉田茂《よしだしげる》首相は、講和会議での演説の際に日本が放棄した千島に歯舞・色丹は含まれないとする一方で、択捉・国後には言及しなかった。そのため、その後の国会答弁で千島の範囲に関して質疑を受けた西村熊雄《にしむらくまお》外務省条約局長は、「北千島と南千島の両者を含む」と答弁している。すなわち、この時の日本外務省は、放棄した千島に択捉・国後も含まれると解していた。一方で、そもそもソ連側は、ヤルタ協定の内容を公式に認められないことに不満を持ち本条約に調印しなかったため、千島全域は国際法的には帰属未定地となった。このことは、将来の日露交渉の議題を二島だけに限らず、四島をめぐるものにする可能性を日本側に残したのである。

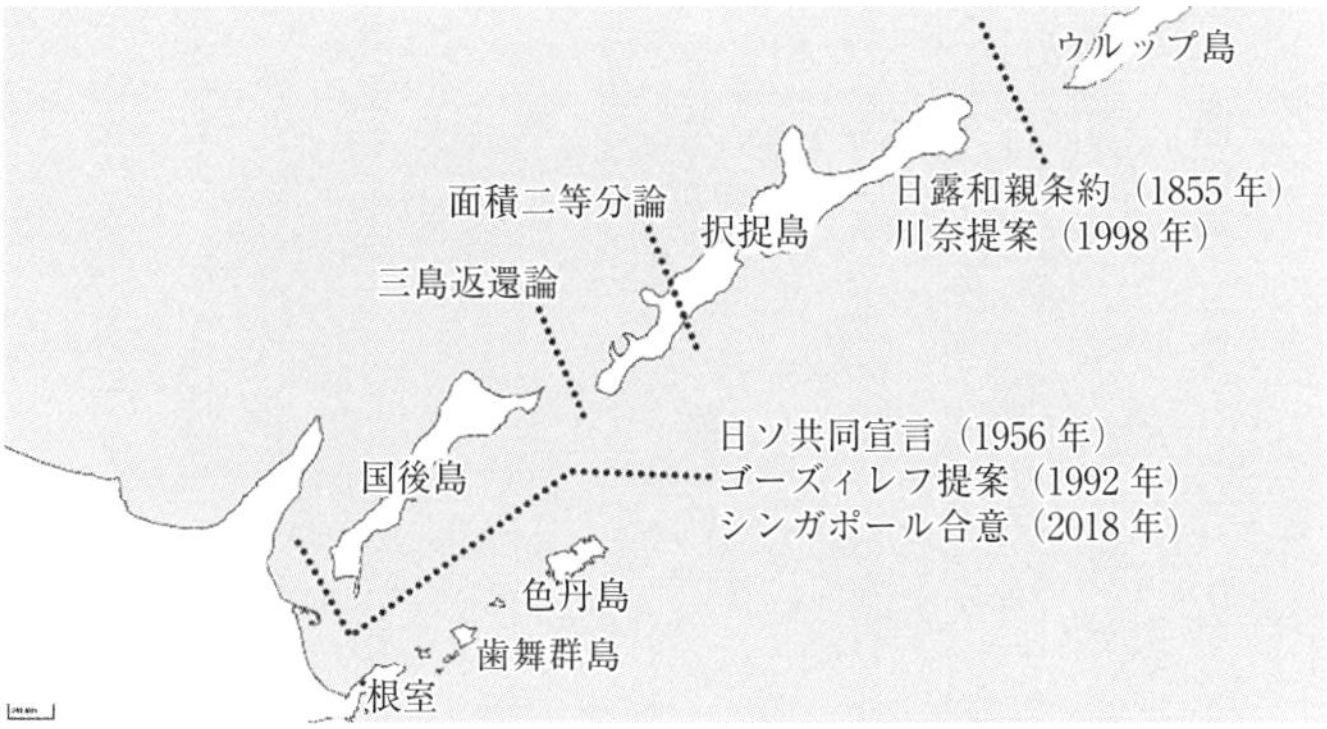

★—北方領土交渉上の諸提案（国土地理院地図をもとに作成）

【鳩山政権と日ソ共同宣言】

その後も両国間に国交がないまま推移したが、その状況を変えたのが日ソ共同宣言であった。対米関係の構築に力を入れ単独講和を実現した吉田内閣に代わり、残る対共産圏との国交回復を目指す鳩山一郎《はとやまいちろう》内閣が成立した。スターリン批判を繰り広げ西側諸国との平和共存外交を進めていたニキータ・フルシチョフは、この状況をみて日ソ国交回復交渉を持ちかけてきた。一九五五年六月、ともに駐英大使の松本《まつもと》俊《しゅん》一《いち》とヤコフ・マリクの間で交渉が始まった。開始早々、マリクから歯舞・色丹の日本側への返還の提案が思いがけず飛び出し松本を喜ばせたが、ソ連側が交渉序盤でこのカードを切るのは時期尚早だったようにも見受けられる。というのも、条件拡大に期待を持った重光葵《しげみつまもる》外相が、四島返還を求めるよう松本に指示し交渉は停滞したからである。マリクは、五六年二月一〇日の第二次ロンドン交渉でも再び二島返還を提示したが、松本はこれを再び拒み四島返還を求め交渉は行き詰まった。これに対し、痺《しび》れを切らしたソ連側は、係争地域周辺海域での漁業規制を強化し、領土問題解決の必要性を日本側に認識させるべく揺さぶりをかけてきた。

　一九五六年七月、日ソ国交回復交渉がモスクワで再開し、全権となった重光はドミトリー・シェピーロフ外相と会談した。四島返還論者だった重光だが、交渉難航を受け二島返還での妥協を決意し、もはやソ連案を飲むしかないと東京に打電したが、鳩山は同意しなかった。重光は「われ全責任を以て解決せんとして東京に邪魔さる」とその無念さを日記に記す（『続 重光葵手記』中央公論社、一九八八年、一九五六年八月一三日条）。前年、日本国内では保守合同があり（自由党と民主党が合同し自民党誕生）、旧吉田派を取り込んだ鳩山政権は安易な妥協がますますできなくなっていたのである。

重光は交渉を中断しロンドンに行き、八月一九日にイギリス滞在中のジョン・ダレス米国務長官と会談した。その席で重光は日ソ交渉に関して説明したが、ダレスはソ連に択捉・国後を譲るなら、アメリカも沖縄の返還を再考すると圧力をかけてきたという（松本俊一『モスクワにかける虹』朝日新聞社、一九六六年）。後に「ダレスの恫喝」といわれるものである。冷戦期のアメリカは、日本がソ連に接近することを望んでおらず、常に領土問題で揉めている状況の方がむしろ都合がよかった。このような状況下で領土問題を棚上げして国交を回復することを決めた鳩山は、自らモスクワに乗り込み一〇月一九日に日ソ共同宣言に調印した。この第九項後段では、平和条約締結後の歯舞・色丹の「引き渡し（передача）」が明記された。ソ連側は、北方領土（ソ連側呼称では南クリルと小クリル）の占領をヤルタ協定に基づく正当なものだとみなしていた。それゆえ、日本に割譲するにしても、それは「返還（отдача）」ではなく、あくまで善意の「引き渡し」だという認識が日ソ共同宣言の文面にも反映されたのである。

しかし、日本側を自陣営に引き寄せたいソ連の思惑とは裏腹に、一九六〇年一月に日本は日米安全保障条約を改定し日米同盟を強化した。これを受けソ連側は態度を硬化させ、二島引き渡しの約束に日本全土からの米軍撤退の条件を一方的に追加し、それ以後領土問題は存在しないとの姿勢をとるようになった。しかし、中ソ対立が進み日中国交正常化の機運が高まると、レオニード・ブレジネフ政権（一九六四―八二年）は、二島引き渡しの線に戻り日本の引き留めを図ったが上手くいかなかった。七七年二月、同政権は領土問題棚上げでの善隣友好条約締結を求めたが日本側はこれに同意せず、八一年には日露和親条約が結ばれた二月七日を「北方領土の日」に定め、ソ連側の反発を招いた。

〈逃したソ連崩壊前後のチャンス〉

北方領土問題は日ソ間でしばらく平行線をたどったが、ソ連末期から再び交渉のテーブルに乗ってきた。西側との緊張緩和を目的に新思考外交を始めたミハイル・ゴルバチョフ大統領が、冷戦終焉後の一九九一年四月に来日し海部俊樹《かいふとしき》首相

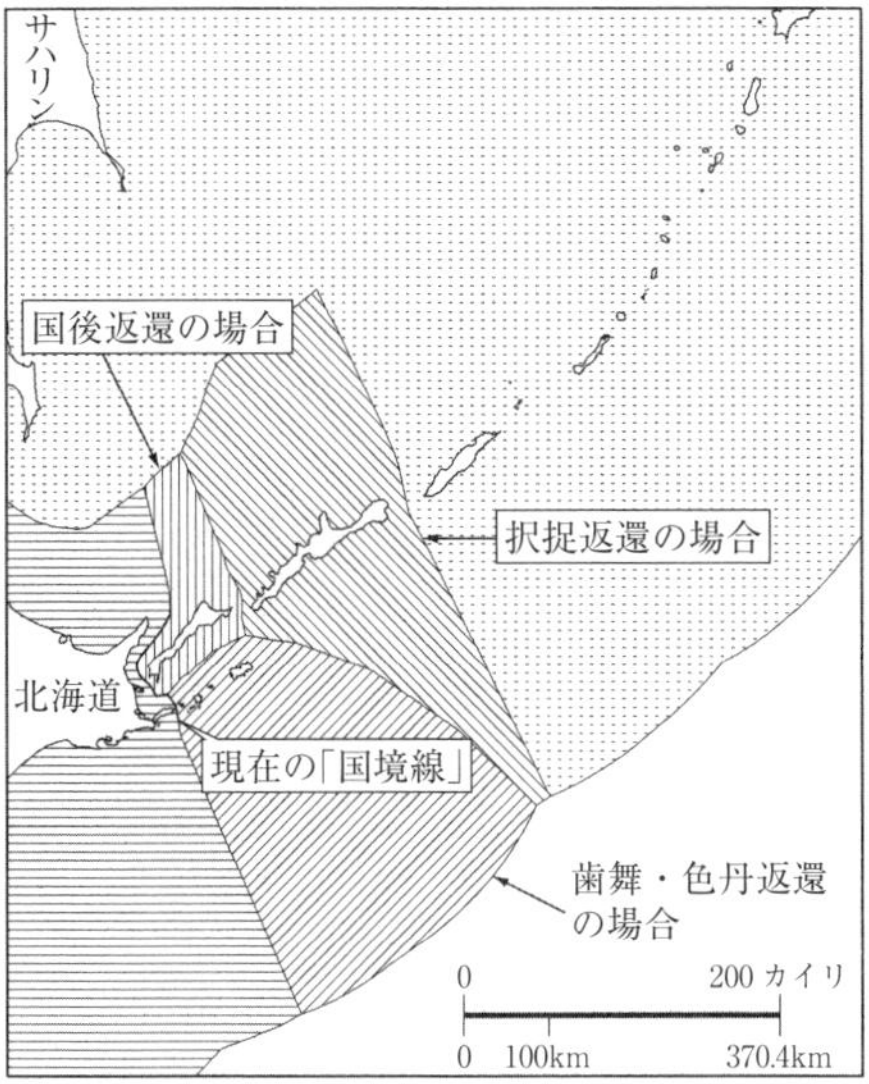

★—海の国境線（岩下明裕『北方領土問題』中央公論新社，2013年）

と署名した日ソ共同声明で、初めて北方領土問題の存在を認めたのである。同時に、ゴルバチョフの提案で、日本人の北方領土への墓参やビザなし交流の開始が決まった。ソ連崩壊後の九二年三月、ロシアのアンドレイ・ゴーズィレフ外務大臣がゲオルギー・クナーゼ外務次官を帯同して来日し、二島先行返還案を秘密裏に提示した（ゴーズィレフ提案）。非公式とはいえ、この案には二島返還後に残りの大きな二島も継続協議する譲歩案が含まれていたともいわれており、ロシア側が現在までで最も歩み寄ってきた瞬間であった。

しかし、択捉・国後の棚上げを恐れた日本は取り合わなかった。一九九三年一〇月に来日した露大統領ボリス・エリツィンは細川護煕《ほそかわもりひろ》首相との間で東京宣言に署名し、北方四島（歯舞・色丹に加え択捉・国後の名を文書に初めて明記）をめぐる領土問題を解決し平和条約を目指すとした。九八年、エリツィンが再来日し橋本龍太郎《はしもとりゅうたろう》首相との川奈《かわな》会談が開かれた。橋本は、主権を日本に渡す代わりにロシアによる四島の実効支配継続を当面の間認める譲歩案（川奈提案）を提示した。エリツィンも興味を示したが結果的に拒否し、北方四島での日露の共同経済活動を伴う平和友好協力条約を対案として次の小渕恵三《おぶちけいぞう》首相に提示した。平和条約の前段階として中間条約を先に結ぶこの案では、領土問題が置き去りにされかねず交渉は行き詰まった。このように、日露間の経済力の差が最大だったこの瞬間でも、ロシアが領土自体に関し正式に提案できた譲歩はあくまで二島が限界だったのである。

しかし、その後もチャンスがなかったわけではない。プーチン大統領時代の二〇〇一年、森喜朗《もりよしろう》政権はイルクーツク声明で日ソ共同宣言の有効性を文書で初めて確認し、東京宣言に基づく北方四島をめぐる交渉の促進が約された。森は二島先行返還を目指し択捉・国後と歯舞・色丹を分けた並行協議を非公式打診しプーチンも応じたが、日米関係をより重視し四島一括返還論に戻った次の小泉純一郎《こいずみじゅんいちろう》政権にご破算にされたという。ロシア側がどの程度本気だったかも不明だが、プーチンが対米追従一辺倒で自主性が乏しいと日本に不信感を持ち続ける認識は、かかる苦い経験にもよるのだろう。

二〇〇四年、ロシアは善隣条約により地ならししてきた中国との国境問題に、面積二等分で終止符を打った。仮に中露間の面積二等分方式を北方領土に適用すると、択捉島の約四分の一までが日本領になるため、日本国内では面積二等分論や三島返還論など、朝野で議論が起こった。中には経済水域の観点から、陸上面積の割合が全体の七％に過ぎない歯舞色丹の二島返還でも、最大半分近くの排他的経済水域を獲得できるという試算も示された（図「海の国境線」参照）。しかし、ロシア側は中露間の例を引き合いに国境確定に先立つ雰囲気づくりの必要性を説くも、歴史的経緯の違いから日本には二島引渡しでの最終決着を求め折り合いがつかなかった。

〔安倍政権の北方領土交渉〕

近年、領土交渉が大きく動いたのが第二次安倍晋三政権期であった。同内閣成立前の二〇一二年三月、プーチンは「引き分け」という言葉を使い交渉再開を呼びかけてきていた。ここで蘇ってきたのが、前述の日ソ共同宣言第九項だが、二〇一四年のクリミア編入で情勢が狂い始めた。ロシアはG８から追放され、アメリカの要請で日本も経済制裁に加わり、北方領土交渉を進める素地が崩れた。米露関係の悪化は日露交渉を難航させたのである。この時期に時間的ロスをしたのは、その後の展開をみると日本側に不利に働いた。

それでも安倍は、制裁を可能な限り抑えながらロシアを繋ぎ止めようとし、バラク・オバマ米大統領の制止を振り切り、二〇一六年五月のソチ会談で八項目の対露経済協力を提案し、同一二月には長門《ながと》（山口）会談に持ち込んだ。当初、ここでの二島返還（先行返還）の実現を目指していた安倍だったが、会談後には、両国の主権を損なわない形での特別な制度のもとでの共同経済活動を発表した。記者会見で安倍は「新しいアプローチ」と述べたが、交渉が期待通りに運ばず、以前からロシア側が提案していた案に乗ったというのが実情だろう。経済先行で領土問題を動かしたかった安倍政権だが、その後この共同経済活動は一向に進まなかった。

痺れを切らしたプーチンから、二〇一八年九月の東方経済フォーラムの場で年内に無条件で平和条約を結ぼうと、揺さぶりをかけられた。これに急かされた安倍は、シンガポールでプーチンとともに「一九五六年宣言を基礎として平和条約交渉を加速させる」ことを宣言した。東京宣言には一切触れず、共同経済活動を＋αに、四島一括返還から二島（先行）返還に交渉の軸足を移す転換であった。この時の決断に関し

表　戦後北方領土交渉の経緯（筆者作成）

年代	合意名／提案名	主な合意内容／提案内容
1956	日ソ共同宣言	【日ソ間合意】平和条約締結後の小２島の引き渡し
1991	日ソ共同声明	【日ソ間合意】領土問題の存在を初めて相互承認
1992	ゴーズィレフ提案	【露国側提案】小２島の引き渡し＋大２島の継続協議
1993	東京宣言	【日露間合意】係争対象を明確に４島と規定。交渉を行う
1998	川奈提案	【日本側提案】４島の主権は日本。施政権委譲は柔軟に対応 【露国側対案】中間条約の締結
2001	イルクーツク声明	【日露間合意】東京宣言を踏まえ小２島と大２島を並行協議
2016	長門会談	【日露間合意】４島における共同経済活動
2018	シンガポール合意	【日露間合意】日ソ共同宣言に基づき交渉加速

安倍は、時を失うデメリットを意識するとともに、プーチンとの信頼関係に加え、ドナルド・トランプ米大統領も日露平和条約交渉の進展に理解を示していたとして「大きなチャンスだと考えた」と後年のインタビューで答えている（『北海道新聞』二〇二一年一二月二七日）。

しかし、ロシア国内では返還反対論が根強く交渉は行き詰まった。安倍自身も、二〇一九年にプーチンと再会した時にはその姿勢が随分後退していたと振り返るように（同前）、日本の思惑は外れ二島返還すら難しい情勢になった。プーチンは二島の施政権を引き渡す場合も、その主権は交渉対象に残るとも発言し始めた。ロシア国内ではプーチンの権勢が衰え始めており、対日譲歩の余裕が既になくなってきていたのだろう。さらに、その先には二〇年の憲法改正があり、ロシアは領土不割譲の条項をつくった。本条項の主眼はクリミア半島だったと考えられるが、北方領土問題にも影響を及ぼした。起草に際しプーチンは「国境確定は除く」という但し書きをつけさせたが、北方領土は該当しないという政府見解になっていった。

安倍が賭けに出た二〇一八年は、ロシアが本格的に強権外交に転じる直前の時期だった。だが、二二年のロシアによるウクライナ侵攻で日露対話の機運は消滅し、約三〇年続いたビザなし交流も破棄され、領土交渉は終局した。日本側はソ連崩壊期に訪れた最大のチャンスを逃したわけだが、歴史的に対立と協調を繰り返してきた日露関係で、隣国という地理的条件が変わらぬ以上、長期的にみれば日露交渉の扉が再び開かれる可能性は十分ある。国内外の諸条件が上手く揃うタイミングを掴みきれるかが鍵となろう。

（醍醐龍馬）

〔参考文献〕木村汎『新版　日露国境交渉史』（角川学芸出版、二〇〇五年）、齋藤元秀『ロシアの対日政策』上・下（慶應義塾大学出版会、二〇一八年）、鈴木美勝『北方領土交渉史』（筑摩書房、二〇二一年）

Q28 日韓の国交正常化について教えてください

A

　一九六五年の日韓国交正常化は、冷戦を背景とした日米韓連携の基礎となり、その後に韓国が経済成長を遂げるうえでの重要な前提となった。他方、戦略的な観点から手打ちを急いだ日韓の間には、領土や歴史認識をめぐって未解決の問題も残された。

〔日韓請求権協定〕

　一九六五年六月二二日、日韓両国は「日本国と大韓民国との間の基本関係に関する条約」（日韓基本条約）に調印した。同じ日に締結された「財産及び請求権に関する問題の解決並びに経済協力に関する日本国と大韓民国との間の協定」（日韓請求権協定）は第一条で、以後一〇年にわたり日本が韓国に無償三億ドル、有償二億ドルの経済協力を行うことを確認し、第二条で「両締約国及びその国民の財産、権利及び利益並びに両締約国及びその国民の間の請求権に関する問題が（中略）完全かつ最終的に解決されたこととなる」ことを確認している。すなわち日韓両国は、国交正常化の後に日本が韓国に対して相応の「経済協力」を行うことをもって、植民地支配の過去に一定の区切りをつけることとしたのである。五一年一〇月の交渉開始から数えて実に一四年の歳月を費やした後の妥結であった。

　この請求権問題こそは、国交正常化にむけた日韓交渉の最大の争点であった。かつて支配／被支配の関係にあった両国が主権国家として対等な関係を取り結ぶうえでは、そうした過去をいかに「清算」するかという問題が避けて通れなかったのである。そして、その解決のあり方をめぐっては、両国の立場に埋めがたい懸隔があったのだった。

〔日韓の立場の懸隔〕

　過去を「清算」するにあたって、韓国が日本に謝罪と償いを求めたことはわかりやすい。韓国において、植民地支配下で彼ら／彼女らの財産が不当に収奪され、権利や利益が侵害されたとの認識は根深く、そのことに対する謝罪と償いなくして日本との国交正常化は承服できないというのが世論の大勢であった。こうした国内世論を踏まえて、韓国政府が日本から最大限の償いを得ることに注力したのは当然である。

しかし、こうした議論の土俵は日本政府の共有するものではなかった。むしろ日本側は、一九五二年二月からの第一次会談において、日本も韓国に対して財産の回復・補償を請求する権利を持つことを主張する。

日本が問題にしたのは、かつて日本人が植民地統治下の朝鮮に蓄え、敗戦に伴う引き揚げの過程で現地に置き去りとした財産の所有権であった。これらの財産は戦後、日本に代わって朝鮮南部を統治した米軍政庁が接収した後、一九四八年の大韓民国の成立を待って韓国政府に移譲されていた。この一連の措置が国際法上の私有財産不可侵の原則に抵触するとして、日本は財産の回復・補償を請求する権利を主張したのである。

当時の日本政府がこうした主張を展開した背景には、韓国の対日請求権の主張に対抗策を打ち出すとの交渉戦術もさることながら、敗戦後に帰国した引揚者が、現地に残した財産の回復・補償を求めて日本政府への働きかけを強めていたことがあった。戦後復興の緒に就いたばかりの日本にとって、それらの財産をどこまで確保できるかは切実な課題だったのである。

当然ながら、日本による対韓請求権の主張に韓国は強く反発した。朝鮮統治時代に蓄えた財産の所有権を主張する日本の立場は、植民地支配を正当なものとして捉える認識に立脚しており、経済的な得失の問題を離れても韓国にとって看過し得なかったのである。

こうして日韓交渉は、国際法上の論争や歴史認識をめぐる原則論の応酬という隘路にたびたび陥り、議論の紛糾による交渉の中断と事態の鎮静化を待っての再開という過程をいく度となく繰り返すこととなった。一九五三年一〇月、第三次会談で日本側の首席代表を務めた久保田貫一郎《くぼたかんいちろう》が、日本の朝鮮支配は朝鮮側にも利益をもたらしたという趣旨の発言を行って議論が紛糾し、その後四年半にわたり交渉が中断を余儀なくされたことは、その一例である。

「大平・金メモ」と交渉妥結

請求権問題をめぐって日韓が歩み寄るのは一九六二年一一月、池田勇人《いけだはやと》内閣の外相である大平正芳《おおひらまさよし》と、朴正熙《パクチョンヒ》政権の実力者である金鍾泌《キムジョンピル》中央情報部長との会談においてである。この場において両者は、無償三億ドル、有償二億ドルの線で政治決着を図るべく「両最高首脳に建議する」ことを紙に書いて確認した。この「大平・金メモ」によって、交渉の妥結にむけた扉が開かれたのであった。それは、日韓の双方が請求権の主張を取り下げたうえで、相応の「経済協力」を確約することにより植民地支配の過去に区切りをつけるという日本の年来の交渉方針に、韓国側が大きく歩み寄ったことを意味してもいた。

日韓交渉がこの時期に局面の打開に至った背景としては、前年五月に韓国で朴正熙政権が成立したことがまずあげられる。軍事クーデタにより権力を掌握した新政権は、北朝鮮との体制間競争を勝ち抜くうえでも韓国経済の再建が最優先課題であるとして、日韓交渉の早期妥結を活路と見定めていたのである。「請求権」の名目よりも日本から得られる資金の総額に関心を寄せる朴正熙政権の登場は、日本にとっても交渉妥結の好機であった。

さらに、早期の妥結に向けて、この時期にアメリカが日韓両国への働きかけを強めたことも交渉進展の重要な背景であった。そもそも、一九五一年一〇月の交渉開始がＧＨＱの斡旋によるものであった事実が示すように、日韓国交正常化の早期実現はアメリカの一貫した外交目標であった。日韓両国の結束を促して北東アジアの同盟国が互いに支え合う構図を創出し、自国の対外関与の負担を軽減することは、アメリカの冷戦戦略上の必然的な要請だったのである。

そしてそのことからすれば、日本との交渉に積極的な朴正熙政権の発足は、アメリカにとっても外交上の好機であっ

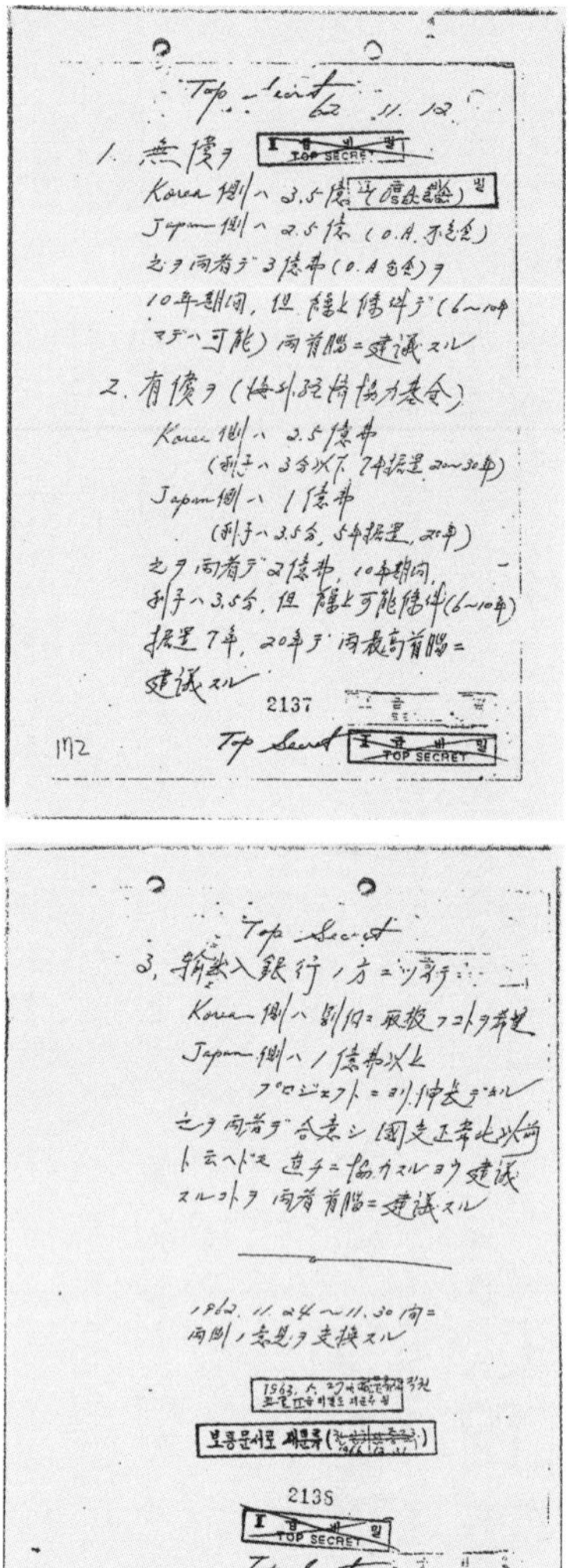
Top Secret 62. 11. 12.
1. 無償ヲ
Korea側ハ 3.5億弗
Japan側ハ 2.5億弗 (O.A.不含)
之ヲ両者デ3億弗(O.A含ム)ヲ
10年期間、但 繰上ゲ條件デ(6~10年マデハ可能) 両首脳ニ建議スル
2. 有償ヲ (海外経済協力基金)
Korea側ハ 2.5億弗
(利子ハ3分以下、7年据置、20~30年)
Japan側ハ 1億弗
(利子ハ3.5分、5年据置、20年)
之ヲ両者デ2億弗、10年期間、
利子ハ3.5分、但 繰上ゲ可能條件(6~10年)
据置7年、20年デ両最高首脳ニ
建議スル
2137
172
Top Secret
TOP SECRET

Top Secret
3. 輸出入銀行ノ方ニツイテ
Korea側ハ 別個ニ取扱フコトヲ希望
Japan側ハ 1億弗以上
プロジェクトニヨリ伸長デキル
之ヲ両者デ合意シ 国交正常化以前
ト云ヘドモ 速ヤカニ協力スルヨウ建議
スルコトヲ 両首脳ニ建議スル
1962. 11. 24~11. 30 内ニ
両側ノ意見ヲ交換スル
2138
TOP SECRET
Top Secret
173

★—大平・金メモ

た。事実、韓国でクーデタのあった翌月の日米首脳会談において ケネディ大統領は、日韓交渉の早期妥結の重要性を池田首相に熱心に説いたのである。

「大平・金メモ」によって請求権問題の解決に目途が立った後も、日韓交渉の最終妥結にはさらに数年を必要とした。それは漁業問題など他の交渉案件の存在もさることながら、金鍾泌の主導した対日交渉方針が韓国国内での権力闘争とも絡んで政治争点化し、韓国の政情が不安定化したためである。「屈辱」的な日韓交渉への反対運動が市民を巻き込んで全国的に展開される中で、朴正煕政権としても交渉に冷却期間を置くことを余儀なくされたのであった。日本が朴正煕政権との交渉を再開し最終妥結に漕ぎ着けるのは、一九六四年一一月に佐藤栄作《さとうえいさく》政権が発足した後のことである。

日韓国交正常化の遺産

それまで農業・軽工業が中心であった韓国経済は、日本との国交正常化の後に重工業化を進め、やがて「漢江《ハンガン》の奇跡」と呼ばれる高度成長を実現する。それは、日本の経済協力を用いて高速道路や地下鉄など社会インフラの整備を進め、また同国初となる総合製鉄所の建設を推し進めた朴正煕政権の成果でもあった。日韓国交正常化を抜きにして、その後に続く韓国の成功物語は語り得ない。

とはいえ、冷戦下の戦略的な提携を主眼とした結果、国交正常化後に解決が先送りとされた問題もあった。その一つは領土問題であり、第二次世界大戦の戦後処理の過程で日韓の争点となった竹島《たけしま》の領有権問題は、今日に至るまで両国間の懸案として残っている。

また歴史認識の面でも、そもそも一九一〇年の韓国併合条約とその後の植民地支配をどのように捉えるかという根本問題をめぐって、両国は折り合うことができなかった。当時の国際法に照らして併合は有効に成立したとする日本と、併合は強制によるもので無効であり、植民地支配は不法であったとする韓国の間には、一四年に及ぶ交渉をもってしても超え難い懸隔があったのである。

こうして国交正常化までには決着がつかず先送りとされた領土や歴史認識をめぐる問題は、一九八七年に韓国が民主化を遂げると改めて頭をもたげ、その後の日韓関係を強く拘束することになる。

（石田智範）

〔参考文献〕金恩貞『日韓国交正常化交渉の政治史』（千倉書房、二〇一八年）、李鍾元・木宮正史・磯崎典世・浅羽祐樹『戦後日韓関係史』（有斐閣、二〇一七年）、ロー・ダニエル『竹島密約』（草思社、二〇一三年）

Q29 なぜ沖縄は返還されたのですか

A

太平洋戦争で戦場となった沖縄は、米軍によって占領され、一九五一年九月に締結されたサンフランシスコ平和条約の第三条によって戦後もアメリカの統治下に置かれた。アメリカ統治下の沖縄では基地が拡張される一方で、住民による日本への復帰運動が盛り上がる。やがてベトナム戦争で苦境に陥ったアメリカが戦略を再検討し、日本も高度成長を経て発言力が増す中、日米関係や在日米軍基地を安定的に維持するため、七二年五月、沖縄の施政権は日本に返還された。もっとも施政権返還後もほとんどの米軍基地は沖縄に残された。

〔沖縄戦からアメリカ統治へ〕

太平洋戦争末期の一九四五年三月から米軍は沖縄に侵攻し、沖縄戦が開始された。民間人を巻き込む悲惨な地上戦を経て沖縄を占領した米軍は、基地建設を進めるとともに戦後も沖縄を「最重要基地」と位置づけて保有しようと計画する。

もっとも当初、米政府内では沖縄を長期的に保有すべきだという軍部に対し、国務省が沖縄を日本に返還すべきだと主張し、いったん問題は棚上げされた。しかし、冷戦が本格化する中、沖縄の戦略的重要性が再確認され、一九四八年、米政府は沖縄を日本から切り離し、基地建設を進めていくことを決定する。日本政府でも、冷戦下で自国の安全保障を確保するため、米軍の沖縄駐留が重要だと認識されていく。四七年九月には、昭和天皇は、日本の安全保障のため、主権を日本に残したままで沖縄をアメリカが長期間占領するという構想を伝えた。

対日講和に向けた動きが本格化する中、日本の吉田《よしだ》茂《しげる》首相はアメリカの軍事的要請に十分応じるとしつつも沖縄の主権を日本に残すよう求めた。これに対しアメリカは、日本に沖縄の「潜在主権」を残しながらも、事実上アメリカが沖縄を統治するという方式を考え出した。これによって、沖縄を軍事的に自由に使用できるとともに、日本側の要求に配慮し、さらに国際社会からの批判を回避できると考えられたのである。こうして一九五一年九月に締結されたサンフランシスコ平和条約では、日本は国際社会に復帰する一方、同条約第三条によって沖縄・小笠原《おがさわら》などをアメリカは引き続き統治することとなった。

沖縄では、戦後直後こそ独立やアメリカによる信託統治が提唱されたが、やがて日本復帰を求める意見が主流となった。しかし、サンフランシスコ平和条約で日本復帰への願望は聞き入れられなかったのである。

〔沖縄返還の論点化〕

講和時には、日本本土には沖縄の約八倍の米軍基地があったが、やがて反基地運動の盛り上がりなどによって日本本土の米軍基地は縮小される。その一方でアメリカ統治下の沖縄では、海兵隊が日本本土から移転したり核兵器が配備されたりして基地は拡張された。こうして沖縄の基地拡大と日本本土の基地縮小により、沖縄と日本本土の米軍基地は同規模になっていく。米軍が自由に使用できる沖縄は、米軍のアジア戦略上中核的な役割を担っていた。

こうした中、沖縄の住民は、米軍当局による強硬な土地政策に対して「島ぐるみ闘争」を起こすなど、しばしば強く反発した。また一九六〇年四月には、沖縄県祖国復帰協議会が結成され、日本への復帰運動を推進する。日本国憲法下の日本への復帰を通して、平和が希求されるとともに、沖縄の人権の保障や生活水準の向上が目指されたのである。

一九六五年二月以降、米国はベトナム戦争に本格的に介入し、沖縄は出撃・訓練・補給などのため米軍にとってますます重要になった。これに対し沖縄では、軍事基地として利用されることへの反発などからさらに日本復帰への要求が高まった。また日本では、沖縄返還を重要課題に掲げる佐藤栄作《さとうえいさく》が首相に就任し、同年八月に沖縄を訪問、「沖縄の祖国復帰が実現しない限り、わが国にとって「戦後」が終わっていない」と発言する。

こうした中、米政府内でも沖縄返還の必要性が認識されていく。ベトナム戦争への反発が日本国内で高まる中、沖縄の施政権を日本に返還しない限り日米関係が悪化し、沖縄を含め在日米軍基地が使用できなくなることが懸念されたのである。特に日米両政府は、一九七〇年に期限を迎える日米安保条約の延長のためにも、それまでに沖縄返還問題を解決する必要があると考えた。また米政府は、ベトナム戦争が泥沼化する中、高度成長を実現した日本に対し、沖縄返還と引き換えにアメリカのアジア戦略の負担を分担させようとした。

一九六七年一一月、佐藤首相は訪米し、リンドン・B・ジョンソン大統領と会談、日米共同声明では「両三年内」に沖縄返還の時期のめどをつけることが明記される。訪米前に佐藤はアジア諸国を歴訪し、ベトナム戦争や経済援助などで日本が対米協力を進めることをアピールし、沖縄返還問題を前進させようとしたのだった。

〔沖縄返還交渉の展開〕

沖縄では一九六八年一一月に初の琉球《りゅうきゅう》政府行政主席公選が行われ、「即時無条件全面返還」を掲げる屋良朝苗《やらちょうびょう》が当選し、日米両政府に大きな衝撃を与えた。アメリカでは新たに発足したリチャード・ニクソン政権が、アジア戦略を見直し同盟関係を重視する観点から沖縄返還を決定する。

こうして一九六九年に入り、沖縄返還をめぐる日米交渉が本格化する。最大の争点は、返還後の沖縄の米軍基地のあり方だった。アメリカは韓国・台湾・ベトナムへの戦闘作戦行動や核兵器の持ち込みなど米軍による基地の最大限の自由使用を求めた。これに対して日本は、沖縄への日米安保条約、特に事前協議制度の適用や沖縄からの核兵器の撤去という「核抜き・本土並み」返還を求め、日米は鋭く対立する。また、韓国や台湾も、自国の安全保障の観点から沖縄返還交渉に関心を示し、沖縄からの核兵器の撤去や基地使用の制約に対し懸念を表明した。

交渉を経て、一九六九年一一月に佐藤首相は訪米しニクソン大統領と会談、七二年の沖縄返還について合意する。沖縄からは核兵器が撤去され、日米安保条約が適用されることになり、表面上は「核抜き・本土並み」返還が達成された。もっとも、ここで佐藤は韓国や台湾の安全保障は日本の安全保障にとっても重要であり、これらの有事の際には事前協議において米軍の在日基地からの出撃について前向きな立場をとる姿勢を示した。これは日本が基地使用を通してアメリカのアジア戦略を支援することを表明したものであると同時に、安全保障上懸念する韓国や台湾を安心させようとしたものであった。

一方、核兵器についてはなかなか見通しが得られなかったことから、佐藤は国際政治学者の若泉敬《わかいずみけい》京都産業大学教授を「密使」としてアメリカに派遣し、外務省とは別ルートでヘンリー・キッシンジャー大統領補佐官と交渉させる。こうして佐藤・ニクソン会談時に、有事には沖縄に核兵器を持ち込むことを日本が認めるという「密約」が交わされた。その

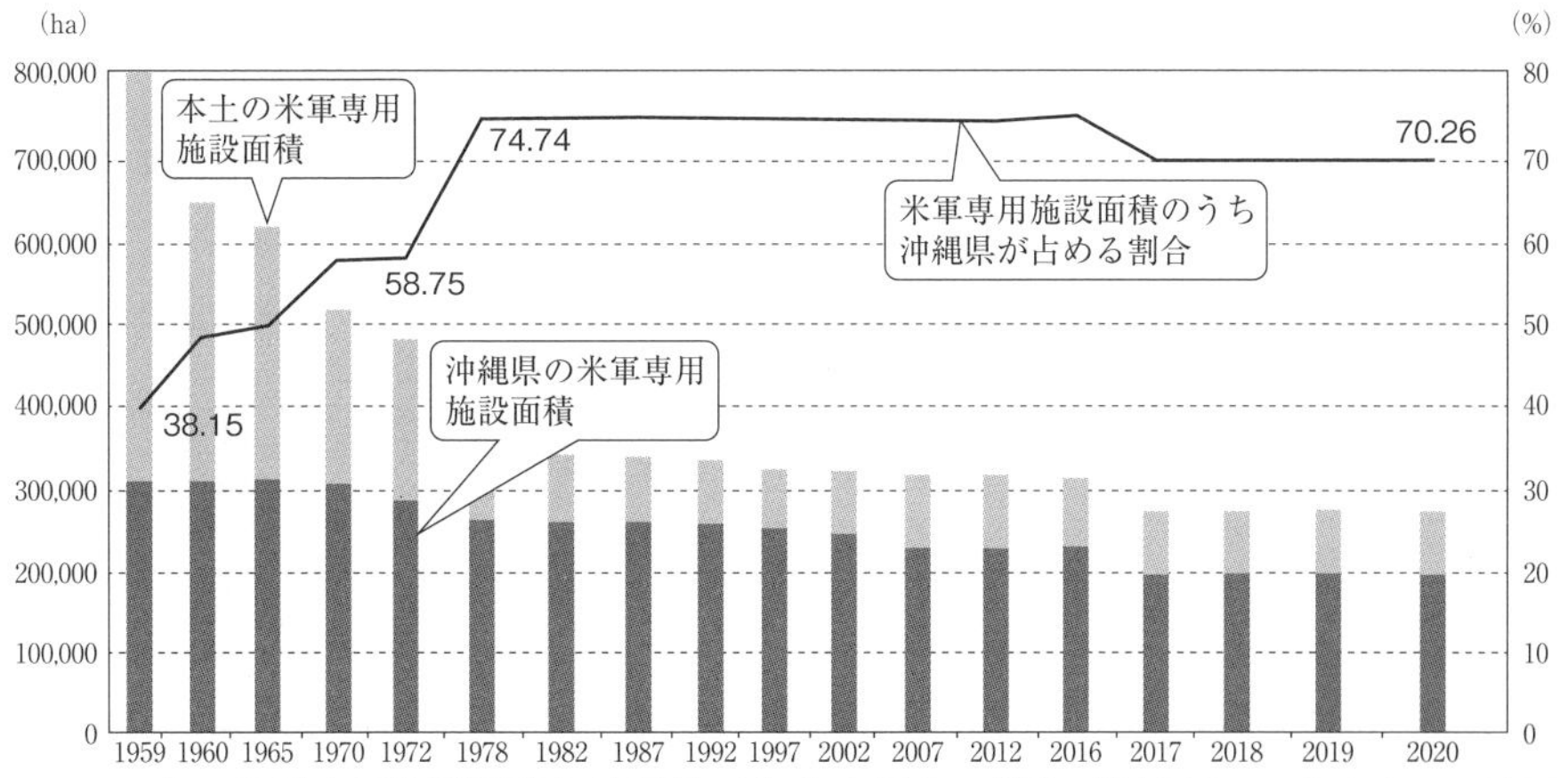

★—日本の米軍専用施設面積と沖縄県が占める割合の推移（『沖縄県から伝えたい．沖縄の基地の話．Q&A』2020 年）

ほか、沖縄返還と引き換えに日本からアメリカへの繊維製品の輸出を自己規制するという「密約」、沖縄返還に伴う費用を日本が負担するという「密約」も結ばれている。

〔残された米軍基地〕

一九七二年五月一五日、沖縄の施政権は日本に返還された。沖縄返還は確かに戦後日本外交の大きな成果であり、日米関係は強化されることになった。

その一方で、施政権返還後も沖縄に巨大な米軍基地が残された。アメリカは沖縄返還の前提は基地の維持であるという態度を崩さず、沖縄返還によっても米軍基地はほとんど維持された。

その一方で、この時期、ベトナム戦争終結にむけた米軍の再編の中で日本本土の米軍基地が大幅に削減された。これに対して沖縄の米軍基地は施政権返還後もほとんど維持された。こうして一九七〇年代初頭には、日本全国の米軍基地のうち約七割が沖縄に集中することになり、この状況が今日まで続いているのである。

（野添文彬）

〔参考文献〕中島琢磨『沖縄返還と日米安保体制』（有斐閣、二〇一二年）、成田千尋『沖縄返還と東アジア冷戦体制』（人文書院、二〇二〇年）、野添文彬『沖縄米軍基地全史』（吉川弘文館、二〇二〇年）

Q30 日米の密約はどのようにつくられましたか

A

日米の密約は、日本の基地を自由に使用したいという米軍の要求と、米軍基地や核兵器に反発する日本の世論を調整するために結ばれた。これらの密約は、日本の民主主義を損ない、アメリカに対する従属的な関係を象徴するものとして問題視され続けてきた。外交記録の公開により明らかになったものをいくつか紹介する。

〔核密約〕

冷戦下、アメリカは核兵器を抑止力として重視し、一九五〇年代以降、米軍は日本にも核兵器を配備しようとした。しかし日本国内では核兵器に対して強い反発があったため、米軍は、次善の策として核搭載艦船を日本に寄港させる。

一九六〇年の日米安保条約改定における重要な成果の一つは、米軍基地の使用についての事前協議制度の設置であり、核兵器の日本国内への持ち込みはその適用対象となった。ところが米軍部は核搭載艦船の日本寄港の権利を保持しようとした。そこで、五九年六月に日米間で秘密裏に合意された「討議の記録」によって、アメリカ側は核搭載艦船の日本への「通過」は事前協議の必要はないと考えた。一方日本側はそのように理解しなかったが、あえて核兵器の「持ち込み」の中身について突っ込んだ議論を行おうとしなかった。

この後、一九六三年四月の大平正芳《おおひらまさよし》外相とエドウィン・ライシャワー駐日大使との会談や、一九六八年一月のアレクシス・ジョンソン駐日大使による牛場信彦《うしばのぶひこ》外務次官・東郷文彦《とうごうふみひこ》外務省北米局長への説明によって、「討議の記録」に基づき核搭載艦船の日本寄港は事前協議の対象外であるとの理解が確認される。日本側は、この件は「政治的軍事的に動きのつかない問題」だとして、現状を追認することになる。

〔朝鮮密約〕

安保改定によって設置された事前協議制度では、在日基地からの米軍の日本国外への戦闘作戦行動のための出撃も対象とされた。ところが、朝鮮半島有事においてアメリカは事前協議なしに日本から米軍が戦闘作戦行動のために出撃できるよう求めた。こうして一九六〇年一月、藤山愛一郎《ふじやまあいいちろう》外相とダグラス・マッカーサー駐日大使との間で朝鮮半島有事において米軍は在日基地から戦闘作戦行動のために出撃できるという「朝鮮議事録」が合意された。

★—沖縄に配備された核ミサイル「メースB」
（1962年，沖縄県公文書館所蔵）

　その後、一九六九年の沖縄返還交渉の際、日本側は朝鮮半島有事において事前協議で米軍の出撃を認める姿勢を示すことで「朝鮮議事録」の廃止を目指した。しかし、米軍は「朝鮮議事録」の継続を求め、この問題は平行線に終わった。

〔沖縄密約〕

一九六九年の沖縄返還交渉では、沖縄への核兵器の配備の問題もまた重要な争点となった。日本側は、「核抜き・本土並み」返還を求める立場から、沖縄から核兵器を撤去し、緊急時における核兵器の持ち込みは事前協議の対象とすべきだと主張した。これに対して米側は、沖縄からの核兵器の撤去については応じる考えを持っていたが、緊急時において沖縄へ核兵器を持ち込む権利を保持しようとしていた。

　外交交渉が膠着する中、佐藤栄作《さとうえいさく》首相の「密使」として若《わか》泉敬《いずみけい》京都産業大学教授がヘンリー・キッシンジャー大統領補佐官と秘密裏に交渉した。そして一九六九年一一月の日米首脳会談で佐藤首相とリチャード・ニクソン大統領は、緊急時に核兵器を沖縄に持ち込むことを日本側は認めるという「合意議事録」に署名した。

　この他、沖縄返還時には、いわゆる「繊維密約」や「財政密約」が結ばれている（Q29参照）。　（野添文彬）

〔参考文献〕太田昌克『日米「核密約」の全貌』（筑摩書房、二〇一一年）、古関彰一『対米従属の構造』（みすず書房、二〇二〇年）、波多野澄雄『歴史としての日米安保条約』（岩波書店、二〇一〇年）

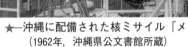

Q31 日中の国交回復について教えてください

A

一九七二年九月二九日、日本と中華人民共和国（以下、中国）との間で日中共同声明が調印された。これによって日中戦争以来続いていた両国間の戦争状態終結が宣言され、外交関係が正式に樹立された。日中共同声明は条約ではなく、日本の国会での批准を必要としなかったが、サンフランシスコ平和条約に準じた重要な取り決めとなった。この両国の外交関係の樹立は国交正常化とも呼ばれる。「国交正常化」という言葉は、戦後断絶していた中国大陸と日本との「不正常」な状態からの回復という意味があり、主に中国政府が用いてきた。日本では「国交回復」や「復交」といった言葉もあわせて用いられてきたが、近年は国交正常化という表記が一般的になりつつある。

〔米中対立と日本〕

日中両国が一九七二年まで外交関係を樹立できなかった背景には、朝鮮戦争以後のアジアの冷戦構造があった。日本政府は、アメリカの中国「封じ込め」政策に同調する一方、中国との間で民間交流や貿易は推進する「政経分離」の方針をとった。しかし、中国政府は民間交流を通じて日本の世論を取り込み、日本をアメリカから引き離そうと考えていた。こうした日中双方の思惑の違いもあって戦後の両国関係は一進一退を繰り返した。

一九五〇年代から六〇年代にかけて、東アジアでは厳しい米中対立が続いたが、六〇年代末から状況は大きく変化する。一九六九年三月、中ソ国境のウスリー江の珍宝《ちんぽう》（ダマンスキー）島《とう》において武力衝突が発生した。核兵器使用も含めたソ連の軍事的脅威に直面した中国は、アメリカとの関係改善を模索し始めた。一方、同年一月に成立したアメリカのリチャード・ニクソン政権も、中ソ対立の深まりを受けて、米中関係を打開することで、対ソ交渉における戦略的優位を確保しようと考えるようになった。こうした中、七一年七月、アメリカのヘンリー・キッシンジャー国家安全保障担当補佐官が中国を電撃訪問する。日本を頭越しにして行われた米中接近は、日本国内にも衝撃をもたらし、日中国交正常化にむかう流れを決定的なものとした。

中国は対日姿勢も徐々に変化させていた。その象徴であるのが一九七一年六月に訪中した公明党訪中団に周恩来《しゅうおんらい》首相が示した復交三原則である。国交正常化交渉の前提として日本が受諾すべき条件を提示した復交三原則は、①中華人民共和国は中国を代表する唯一の合法政府である、②台湾は中華人民共和国の不可分の一部である、③日華平和条約は不法・無効であり廃棄されねばならない、からなる。中国は文化大革命中にみられた日米安全保障条約の破棄といった急進的な主張を控えるようになり、台湾問題を国交正常化における主要課題に位置づけたのである。

日中国交正常化問題は日本の国内政局にも影響を与えた。一九七二年七月の自民党総裁選は、佐藤栄作《さとうえいさく》首相の後継者とみられていた福田赳夫《ふくだたけお》外相を田中角栄《たなかかくえい》通産相が破った。激しい自民党総裁選のなかで日中国交正常化問題は候補者を結びつける大義名分となった。親台湾派に近いとみられた福田に対して、田中は日中国交正常化を外交課題に掲げ、同じく総裁選に立候補を表明していた大平正芳《おおひらまさよし》・三木武夫《みきたけお》・中曽根康弘《なかそねやすひろ》との間で四派連合を形成して勝利したのである。

七月七日に田中内閣が発足すると、先に動き始めたのは中国政府であった。中国は直ちに田中首相の訪中と日中国交正常化の交渉を歓迎するメッセージを伝えた。田中政権が、日中国交正常化に踏み切るうえで重要な役割を果たしたのが、竹入義勝《たけいりよしかつ》公明党委員長を通じて中国側が日本政府に伝えた竹入メモであった。中国の周恩来首相は竹入に対して、田中首相と大平正芳外相が訪中して交渉を行う際に、①日米安保には触れない、②賠償請求権を放棄する、という二点を明らかにした。この竹入メモの内容を受けた田中首相は自ら訪中して国交正常化交渉を行う意志を固めた。

〔日中国交正常化交渉〕

日中国交正常化交渉は一九七二年九月に北京で行われた。国交正常化交渉では日華平和条約の合法性を主張する日本側と、同条約を不法かつ無効としてきた中国側との主張の隔たりを埋める必要があった。戦争終結時期や賠償請求をめぐる法的問題をめぐって鋭い対立もみられたが、九月二九日に日中共同声明が発表されて国交正常化が成立した。

★―日中共同声明調印後の田中角栄首相（手前右）と周恩来首相（同左，共同通信社提供）

交渉における最大の合意点は台湾問題であった。日本側は中華民国を中国の正統政府とするこれまでの立場を翻し、中華人民共和国が中国の「唯一の合法政府」であることを認め、日華平和条約を「終了」する日華断交の外相声明を発表した。しかし、台湾が中国の領土に属するかという法的地位をめぐっては、日本側は中国側の主張を受け入れず、日中共同声明で中国の立場を「十分理解し、尊重」するという表現に留めた。日本は、台湾の帰属をめぐる中国の主張を「法律的」には受け入れなかったが、「一つの中国、一つの台湾」を否定する中国の立場には「政治的」な理解と尊重を示した。台湾問題をめぐって日中両国が自らに都合のよい解釈ができる玉虫色の決着が図られたのである。

合意された日中共同声明は前文と本文九項目からなる。共同声明の文面作成で難航したのは戦争終結時期や賠償請求問題についてであった。日本側はこれらの問題は日華平和条約で既に解決したという立場をとり、それまでの法的立場を崩さない範囲での政治的な処理を要求した。しかし、日華平和条約を「不法」かつ「無効」と主張してきた中国側はこれに強く反発した。最終的に戦争終結の文言は「不正常な状態の終了」とされ、中国側の提起した「賠償請求権」からは「権」の字が削除され、両国のこれまでの立場と矛盾をきたさないような表現が選ばれた。

日中国交正常化交渉が異例の短期間で妥結した背景には、ソ連の対日接近を懸念していた中国側が交渉を急いだことが大きかった。一方、日本側も日中国交正常化をめぐる自民党内の対立が深刻であった。自民党親台湾派からの巻き返しの機会を与えないためにも、田中政権は短期決戦で交渉に臨む必要があった。早期決着を目指すという点で日中双方の思惑は一致していたのである。

〔国交正常化で残された課題〕

日中国交正常化によって成立した日中関係の枠組は、しばしば「一九七二年体制」と呼ばれる。この言葉の定義は論者によって異なるが、広義においては、安保問題と台湾問題をめぐる日中両国の合意枠組を示すものであり、その後の日中関係を構造的に規定したものといえよう。

日中国交正常化の成立によって、両国は戦争状態に終止符を打ち、対等な国家間関係が開始された。とはいえ、日中国交正常化交渉に臨む両国の姿勢は対照的であった。中国側が交渉を急いだ要因としては、ソ連要因が決定的であったことは間違いない。中国政府は、対ソ包囲網を構築すべく、ソ連に対抗して各国が一本の線（一条線）として団結する「一条線戦略」を展開していた。そのため、中国政府はソ連の対日接近を警戒していたのである。これに対して、日本政府は、外交戦略に基づくというよりも、自民党内の親中国派と親台湾派の対立という国内政治的な文脈から日中国交正常化を急いでいた。

異なる思惑があったとはいえ、両国政府が交渉を急いだ結果、日中関係をめぐる多くの争点は詰められることなく曖昧に処理された。たとえば、国交正常化交渉において、中国側は、両国のいずれもアジア・太平洋地域において覇権を求めるべきではないとする反覇権条項を共同声明に挿入することを主張した。日本側は中国が対ソ戦略を念頭に置いていることを認識していたが、「第三国に対するものではない」という表現を追加することでこれに同意した。だが、後の日中平和友好条約交渉において、この反覇権条項の扱いが最大の争点となる。

また日本の戦争責任や中国の賠償放棄の持つ意味についても、国交正常化交渉で正面から議論されなかった。国交正常化後の日中友好ムードのなかで、国民レベルでの和解はその後も重視されなかった。そのため、一九八〇年代以降、過去の戦争への反省を求めるようになった中国と、戦争責任は法的に解決済みとする日本との間で、歴史認識をめぐる対立が生じることになった。

（井上正也）

〔参考文献〕石井明・朱建栄・添谷芳秀・林暁光『記録と考証　日中国交正常化・日中平和友好条約締結交渉』（岩波書店、二〇〇三年）、井上正也『日中国交正常化の政治史』（名古屋大学出版会、二〇一〇年）、緒方貞子著、添谷芳秀訳『戦後日中・米中関係』（東京大学出版会、一九九二年）

Q32 日本と台湾との関係について教えてください

A

日本と台湾は地理的にも近く、経済関係や人的往来は活発である。近年の日本の世論調査でも、台湾はアジアの国・地域の中で最も親しみを覚える相手である。しかし、現在日本と台湾との間には正式な外交関係は存在しない。一九七二年の日中国交正常化の成立と同時に、日本は台湾（中華民国）と断交したためである。日本と台湾との関係を理解するためには、戦後東アジアにおける「二つの中国」をめぐる歴史を知る必要がある。

〈中国代表問題と日華平和条約〉

一九四九年一〇月の中華人民共和国の成立と、蔣介石《しょうかいせき》の中華民国政府（国府）の台湾への撤退は、国際社会にいずれの中国政府が中国を代表するのかという「中国問題」を引き起こした。西側諸国の中でも、国府を支持するアメリカと、中国政府を承認したイギリスとの間で対応が割れた。こうした中、五〇年六月に朝鮮戦争が勃発すると、日本の講和独立への動きが本格化し、日本がいずれの中国を承認するかをめぐって英米両国が対立した。その結果、五一年九月に開かれたサンフランシスコ講和会議では、いずれの中国代表も招請しないことが決定された。

ところが、一九五一年一二月に日本を訪れたアメリカのジョン・ダレス国務省顧問は、吉田《よしだ》茂《しげる》首相に対して、日本が台湾の中華民国との間で平和条約を締結することを求めた。吉田首相はこの要求を受け入れ（第一次吉田書簡）、翌年四月、日本政府は国府との間で日華平和条約を締結した。この時、日本政府は、国府との間で締結する条約を、中国大陸には効力をもたらさない「地方政権」との協定にしたいと考えていた。しかし、国府は、戦争で受けた被害に対する賠償請求権を放棄することの見返りに、中国の代表政府として条約を締結することを強く求めた。その結果、締結された条約は、戦争状態の終結や中国の賠償放棄といった項目が盛り込まれた実質的な中国との間の平和条約になった。そのため、この日華平和条約は、日本が中華人民共和国との国交正常化を行ううえで大きな障壁となったのである。

「二つの中国」の対立

一九五〇年代から六〇年代にかけての日本政府は、双方が中国の代表政府であることを主張する「二つの中国」の対立に翻弄された。たとえば、国際連合（国連）では中華民国が、中国の代表として安保理常任理事国の地位を占めていた。国府は国連に中華人民共和国が加盟した場合は国連脱退も辞さないとして、中国の加盟を頑なに拒み続けた。またこの対立は日中経済関係にも影響を与えた。一九六二年に日本と中国との間でLT貿易（LTは交渉代表者であった廖承志《りょうしょうし》と高碕達之助《たかさきたつのすけ》の頭文字をとったもの）と呼ばれる新たな民間貿易が開始された。このLT貿易の一環で、中国に化学繊維プラント（ビニロン・プラント）を輸出する際に、日本政府が政府系金融機関である日本輸出入銀行の延払い融資を認めたことに国府は強く反発した。さらに中国訪日代表団の通訳が亡命しようとした周鴻慶《しゅうこうけい》事件が起こると、国府は日本に国交断絶も辞さない強硬姿勢を示したのである。

日本政治に目を向けると、「二つの中国」の対立は、国内政局ともリンクして増幅された。一九六〇年代、自民党内では、派閥の固定化が進むにつれて、日中関係の前進を目指す親中国派と、反共主義的な観点から国府との結びつきを重視する親台湾派の色分けが明確になった。前述したプラント問題で、日本と国府との関係が危機に陥った時に、政界を引退していた吉田茂が台湾を訪問し、日本が中国向けプラント輸

★—1952年日華平和条約調印（ジャパンアーカイブズ提供）

出に政府系金融機関の資金を用いないことを約束した（第二次吉田書簡）。当時、日本政界の元老《げんろう》的存在であった吉田の台湾訪問は、日中関係に前向きな池田勇人《いけだはやと》政権に対する自民党内の親台湾派の不満を抑える狙いがあった。しかし、アメリカのベトナム介入が本格化する中で、自民党内の外交路線対立は激しくなり、一九六四年一二月に親台湾派を中心としたアジア問題研究会（A研）、さらに翌年一月に親中国派によるアジア・アフリカ問題研究会（AA研）が発足した。このように「二つの中国」をめぐる政策対立は、自民党内の派閥抗争と重なることで一層激化したのである。

〔日本の台湾関与の拡大〕

　一九六〇年代後半になると、日本の台湾に対する経済協力が本格化し始めた。佐藤栄作《さとうえいさく》政権が発足すると、日本の台湾向け円借款《しゃっかん》交渉が本格化し、一九六五年四月に総額一億五〇〇〇万ドルからなる台湾向けの第一次円借款協定が締結された。この時期、アメリカ政府は、朝鮮戦争の勃発以来、国府に毎年一億ドル前後を供与してきた援助の打ち切りを決定していた。日本の円借款はこの援助の一部を肩代わりする意味があった。日本の台湾への経済協力は、国府の反共政策を支援することが動機だったわけではない。この時期、中国政府の大陸支配が盤石になる中で、国府が武力で中国大陸の支配権を取り戻す（大陸反攻）可能性は失われつつあった。そのため、日本政府関係者の間でも、今後の台湾の将来をみすえて、台湾人の民生の向上に貢献するような経済協力を拡大すべきという声が存在したのである。

　佐藤政権の台湾への関与政策は、最大の外交課題であった沖縄返還とも関係していた。ベトナム戦争が拡大する中でアメリカから沖縄を返還してもらうことは容易ではなかった。沖縄返還を実現するためには、高度経済成長を迎えていた日本が、安全保障と経済の両面で、台湾を含めたアジアの地域的責任を担う姿勢を示すことが不可欠であった。一九六七年九月、佐藤首相は台湾を訪問して蔣介石と会談している。佐藤の台湾訪問は、アメリカに対して、日本がアジアでの地域的責任を果たしていることを示すと同時に、沖縄返還に反対する国府の理解を得る狙いもあった。

　沖縄返還に向けた日米協議が開始されると、日本の地域的貢献を求めるアメリカの姿勢は一層顕著になった。一九六九年一一月の日米共同声明第四項における「台湾条項」は、このような文脈を背景に成立した。すなわち、日本政府は、共同声明で「台湾地域における平和と安全の維持も日本の安全にとって極めて重要な要素」であるという認識を示すことで、日本が台湾海峡の安全保障に一定の責任を有している見解を初めて明示したのである。しかし、日本の台湾関与の拡大は、中国政府の強い反発を引き起こした。一九七〇年以降、中国政府はメディアを動員して大規模な「日本軍国主義復活」批判を展開し、一年以上にわたり対日批判を続けたのである。

〔日中国交正常化と台湾〕

一九七一年七月のキッシンジャー国家安全保障担当補佐官の訪中発表は台湾に大きな衝撃を与えた。日本国内でも衝撃をもって受けとめられ、佐藤政権にとって厳しい政治的逆風となった。さらに大きな影響をもたらしたのは国連中国代表権問題の決着であった。一〇月二五日、中華民国が国連から脱退し、中華人民共和国の国連加盟が実現した。台湾の国連脱退は、これまで中華民国を中国の代表政府としてきた日本政府の法律的解釈を根底から揺るがせた。その結果、外務省の中でも台湾との断交を前提とした日中国交正常化を支持する声が強まったのである。

一九七二年九月に行われた日中国交正常化交渉で、日本側はこれまでの立場を翻し、中華人民共和国が中国の「唯一の合法政府」であることを認め、日華平和条約を「終了」する日華断交の外相声明を発表した。これを受けて国府は日本との国交断絶を宣言し、双方の大使館も本国へ引揚げた。日本政府は、中華民国との外交関係を断絶する一方で、台湾との人的交流や貿易はこれまで通り継続する方針を示した。一二月に日台断交後の実務関係を取り扱うために日本側に「交流協会」、台湾側に「亜東関係協会」が設立された。日中国交正常化までの日中関係は、日本と中国大陸との間で貿易などの民間交流のみが行なわれる「政経分離」の状態であった。この関係は逆転することになり、国交正常化以後は日本と台湾との交流は民間関係に限定されたのである。（井上正也）

〔参考文献〕井上正也『日中国交正常化の政治史』（名古屋大学出版会、二〇一〇年）、川島真・清水麗・松田康博・楊永明『日台関係史　一九四五―二〇二〇　増補版』（東京大学出版会、二〇二〇年）

Q33 中東情勢に日本はどのように関わってきましたか

A

日本の中東情勢に対する関わりをみるうえで重要な点は石油の確保、アラブ諸国とイスラエルの間の中立、国際貢献、そして邦人の安全確保という四つであった。石油の確保は資源外交の項目で触れるので（Q38参照）、ここではそれ以外の三点についてみていきたい。

〔湾岸危機の苦い経験〕

冷戦期のアラブ諸国とイスラエルが対立する構図の中で、日本は双方に対してなるべく中立かつ巻き込まれないように細心の注意を払ってきた。また、軍隊を持たない日本は中東においてできるだけ非軍事分野での国際貢献に努めた。この中東外交における距離の取り方の難しさが浮き彫りになったのが一九九〇～九一年にかけての湾岸危機であった。

この湾岸危機において、日本は二つの困難に直面した。一つ目はクウェートとイラクに滞在していた大使館員などの日本人がイラクの人質となった点である。日本はそれまでアラブ諸国とイスラエルの双方と良好な関係を保っていたが、同盟国であるアメリカなどのイラクに対する批判を受け、迅速にイラクを非難する国際連合安全保障理事会の決議に同調するとともに日本独自の経済制裁をイラクに科した。この日本の対応を受け、サッダーム・フセイン政権は日本を敵視し、クウェートおよびイラクの日本大使館員などを拘束した。最終的に人質は戦争が始まる前に解放されたが、日本人は身をもって中東外交の難しさを体感することとなった。

二つ目は、戦時支援の難しさである。憲法九条を有する日本は具体的な軍事力を提供するのではなく、多国籍軍に資金援助という形で支援を提供した。その援助額は一三〇億ドルと高額であった。しかし、戦争終結後、クウェート政府の感謝の意を示した広告がアメリカの新聞に掲載されたが、そこに日本の名前はなかった。この経験はその後の日本の対外援助のあり方を規定する出来事であった。

〔邦人の安全確保〕

「拡大中東地域」に含まれる北アフリカのアルジェリアのイナメナスでは、二〇一三年一月に天然ガス精製プラントで働く人々が人質としてイスラーム過激派に拘束される事件が起き、日本人一〇名が命を落とした。さらに翌年から、シリアとイラクの一部の領土で活動を始めた「イスラーム国」は、シリア領内で外国人を拘束し虐殺する事件を数多く起こしたが、その中で日本人二名も犠牲となった。

これらの事件が明らかにしたのは、これまで日本が培ってきた中東において敵をつくらないという外交はテロリストたちには通用せず、中東において個人の安全保障に留意した対策を展開せざるを得なくなったという点である。

表　冷戦後の中東での主な自衛隊の活動

中東での自衛隊の活動	時　期	派遣部隊
ペルシャ湾派遣	1991年6月〜9月	海　自
ゴラン高原派遣	1996年2月〜2013年1月	陸　自
アフガニスタン人道支援	2001年1月	空　自
イラク人道支援	2003年3月〜04年6月	陸海空自
湾岸地域の海賊対策	2009年3月〜	陸海自
シナイ半島国際平和協力	2019年4月〜	陸　自

同様に安全保障が重要になっているという点は、自衛隊の中東への関与が増えたことでも裏づけられる。前述したように、日本政府は湾岸危機で資金援助だけの貢献では十分な国際貢献と理解されないことを痛感し、湾岸危機が収束してすぐに自衛隊がペルシャ湾での機雷除去に参加、その存在感を示すことに努めた。二〇〇三年のイラク戦争では、直接武力を行使する作戦に参加することが不可能な日本政府は、戦争後に人道支援を実施するとともにイラク人道復興支援特別措置法を成立させ、陸海空の各自衛隊が二〇〇三〜〇九年にかけてイラクに派遣された。また、二〇〇〇年代後半にはソマリア沖・アデン湾で多発していた海賊の取り締まりにも海上自衛隊は参加した。そして陸空の両自衛隊はジブチでの活動に際し、初めてジブチ国際空港内に海外拠点を設置することとなった。湾岸危機以降、その国際貢献の範囲も拡大しつつあるが、その一方でリスクも増えつつある。引き続き、細心の注意を払いながら中東情勢に関与していく必要があるだろう。

（今井宏平）

〔参考文献〕西田一平太「自衛隊の中東派遣の歴史と意義」SSDP安全保障・外交政策研究会（http://ssdpakila.coocan.jp/proposals/52.html）二〇二一年五月閲覧

Q34 サミットへの日本の関わり方はどうなっているのですか

A

経済危機の中の一九七五年に、日米欧は第一回サミットを催した。日本の三木《みき》武夫《たけお》首相は「アジアを代表する」という目標を掲げて臨んだが、未達成に終わる。はたして、サミットはいかなる会議なのか。

〔サミットの起源〕

サミット（主要国首脳会議）は、フランスのジスカール・デスタン大統領の呼びかけに応じて始まったものである。一九七〇年代において、固定相場制の崩壊、第一次石油危機に伴う石油価格の高騰、戦後長らく続いてきた好況の終焉といった経済問題を解決するにあたり、西側主要国による政策調整のための会議が必要となった。第一回サミットは一九七五年一一月にフランスのランブイエ（パリ南西の都市）で催された。参加国は、アメリカ・イギリス・フランス・西ドイツ・イタリア・日本であった。アメリカの提案によりサミットは定例化され、翌年からカナダを加えてG7となった。

サミットには常設の事務局はなく、各国が持ち回りで議長国となり開催される。サミットの企画運営を担当するのは、「シェルパ」と呼ばれる各国の外交担当者である。シェルパはサミットに特有の存在であり、議題の選定や最終コミュニケの起草などを行うことが役割である。

〔「ヨーロッパのサミット」への日本の参加〕

フランスの提唱で始まったことや、参加国の大部分がヨーロッパ諸国であったことから、G7は「ヨーロッパの制度」であった。ここに日本が加えられた背景には、第二の経済大国を抜きにして為替問題や貿易不均衡などを解決できないとの考慮があった。

三木首相は、一九七五年の第一回サミットへの参加にあたり、「アジアを代表する」という野心的な目標を抱いていた。日本にとって焦点となる議題が貿易問題だと見込まれたことから、通商産業省（現在の経済産業省）での経歴がある牛場《うしば》信彦《のぶひこ》がシェルパに任命された。会議では自由貿易の促進が論じられたものの、保護貿易を行う日本に関しては通商産業省が産業界に対して輸出について行政指導をしているという事情が配慮され、最終コミュニケの文言は抑制されたものとなった。三木は途上国の債務問題について参加国の関心を引こうとしたが、この試みは成功せず、「アジアを代表する」という目標は達せられなかった。

一九七九年には、日本が議長国となった。この時、大平正《おおひらまさ》芳《よし》首相はオーストラリアを招聘しようとした。これは、サミットの「ヨーロッパ偏重」を是正する試みと解されたが、他のすべての国が反対し、実現しなかった。第二次石油危機が起きたこともあり、このサミットではエネルギー問題に焦点があたり、日本が議長国であるとの印象は薄れてしまった。

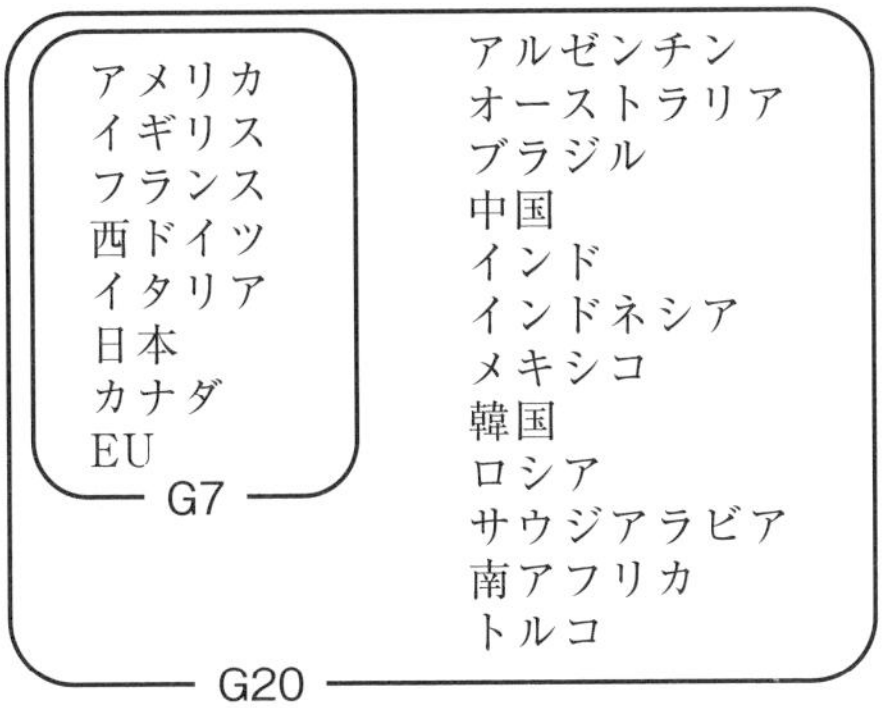

★―サミット参加国

サミット議長国について、イギリスのサッチャー首相はアメリカ・EC（現在のEU）・日本の三者で輪番とするよう提案したことがある。日本の声に耳を傾けようとの配慮であったが、他のEC諸国やイギリス政府内からの反対にあい実現しなかった。

〔政治化・グローバル化するサミット〕

サミットは当初は経済会議として始まったが、徐々に政治的な議題を扱うようになった。議長国が新たな議題を提案することで、扱う問題領域の多様化が進んだのである。九・一一同時多発テロ以降は、テロリズムや安全保障問題も論じられ、主要国の政治的連帯を示す場となった。

また、サミットには一九九八年からロシアが参加した（二〇一四年に参加資格停止）。リーマン・ショックが起きた二〇〇八年以降は、G７に新興国を加えたG20が定例化している。参加国も議題もグローバル化が進み、ようやくサミットは当初の日本が望んだ形に近づいたといえる。（篠崎正郎）

〔参考文献〕Emmanuel Mourlon-Druol and Federico Romero eds., *International Summitry and Global Governance*, Routledge, 2014

Q35 なぜ日米間で経済摩擦が激しくなったのですか

A

戦後、日本は経済的な成功を収め、世界第二位の経済大国となった。その一方で、アメリカの対日赤字が政治問題化し、経済摩擦が激しくなった。この背景には何があったのだろうか。

〔貿易摩擦〕

戦後の日米間では、貿易摩擦がたびたび生じた。「集中豪雨的」と評されるほど大量の製品が日本から輸出され、アメリカの基幹産業であった製造業が業績不振となったのである。たとえば、一九五〇年代半ばから七〇年代初めには繊維をめぐる紛争が生じ、その後はカラーテレビ・鉄鋼・自動車などの重工業分野で摩擦が顕著になった。そのたびに、日本は輸出規制を、アメリカは輸入制限を行うこととなる。

こうした産業は、地域的に集積して工業地帯を形成する場合が多い。そのため、各産業の不振は、しばしば地域経済の衰退へと繋がった。アメリカの政治家は支持基盤たる地域の企業や住民の不満を無視できず、連邦議会を中心として、日本に対する姿勢も厳しさを増していった。

〔貿易収支の不均衡〕

一九七〇年代後半以降は、日本の生産力の増加や、アメリカの高金利・ドル高政策などを背景に、日米貿易収支の不均衡が急速に進んだ。日本の輸出がアメリカからの輸入を凌駕したのである。米下院の報告書「ジョーンズ・レポート」は、多くの国が不況に悩む中、日本のみが過大な貿易黒字を出していると批判した。それに対して日本政府も、一九八二年一月～八五年三月まで六次にわたる市場開放策を実施するなどした。だが、日本の対米黒字は解消しなかった。

拡大する貿易収支の不均衡に、アメリカでは、議会のみならず政府も本腰を入れざるを得なくなる。そこで一九八五年に、日本・アメリカ・イギリス・西ドイツ・フランスの五ヵ国がドル高を是正すべく市場介入をすることとなった。プラザ合意である。米政府も「新通商政策」を打ち出し、アメリカが日本からの輸入を抑えるという従来の受動的路線を、日本への輸出を積極的に拡大する能動的路線へと転換した。

　だが、その後もアメリカの対日輸出は伸び悩んだ。その原因は、アメリカの輸出競争力の衰退よりも日本市場の閉鎖性にあると考えられ、日本の制度的要因の除去が求められることになる。マクロ政策の協調だけでは限界があり、ミクロ経済主体の体質改善に根ざした構造調整が必要とされたのである。たとえば、日米構造協議では、日本の公共投資の拡大や規制緩和の必要性などが議論された。

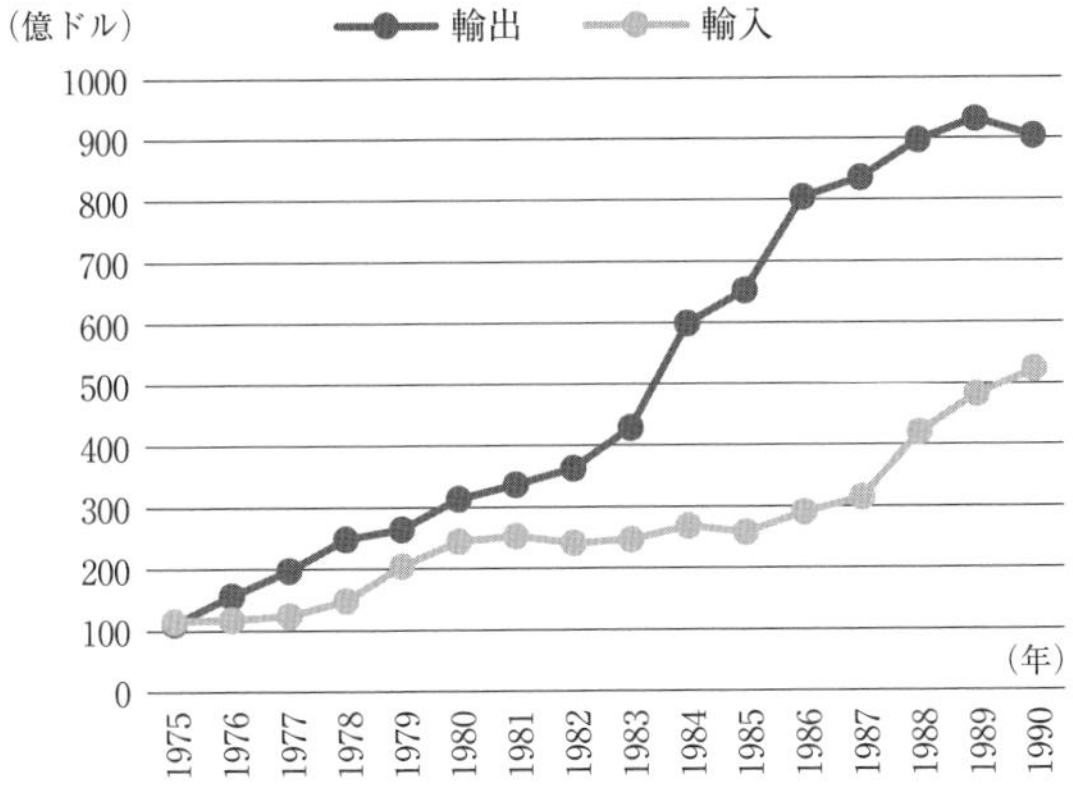

★—日本の対米貿易（『外交青書』各年度版より作成）

〔日本異質論〕

　冷戦が終焉へと向かう中で、安全保障や政治的な観点から日米の協力関係を維持する重要性は、みえづらくなっていった。むしろ、貿易赤字と財政赤字という「双子の赤字」にあえぐアメリカにとって、経済力が増大していた日本は「脅威」としてうつり、経済摩擦が深刻化したのである。

　さらに、ことは経済問題に留まらなかった。そもそも日本には普遍性が欠如しており、欧米諸国とは異なるという「日本異質論」も広まったのである。

　当時欧米では、各々の文化は独自の自律した価値を有するという「文化相対主義」に対して、疑問が呈されていた。西欧近代が生んだ理念と制度の普遍的価値を再評価すべしとの議論が強くなったのである。「日本異質論」は、こうしたパラダイムの転換期に台頭した議論であった。

（山口航）

〔参考文献〕阿部武司編『通商産業政策史二』（経済産業調査会、二〇一三年）、青木保『「日本文化論」の変容』（中央公論新社、一九九九年）

Q36 自衛隊の海外派遣について教えてください

平和憲法を持ち、戦争の放棄と戦力の不保持とを掲げつつも、日本は自衛隊を海外に派遣してきた。なぜ、日本は自衛隊を海外に派遣し始めたのだろうか。

A

〔湾岸危機と国際社会の協調〕

冷戦終結の興奮冷めやらぬ一九九〇年八月、世界に新たな衝撃が走った。中東の大国イラクが、隣国クウェートに軍事侵攻して制圧したのである。湾岸危機の発生だった。

国際連合（国連）安全保障理事会が直ちに招集され、冷戦終結を受けて米ソ両国が基本的な歩調をあわせる中で、イラク軍の即時無条件撤退を求める安保理決議六六〇が採択された。一一月には同決議六七八が採択され、翌年一月に設定された期限までにイラク軍が撤退しない場合に、必要なあらゆる手段を用いた国際平和と安定の回復を加盟国に求めた。決議にはソ連を含めた一二理事国が賛成し、常任理事国の一角を占める中国も拒否権を行使せずに棄権した。「いかなる国に対しても武力による威嚇または武力の行使を慎む」、国連の原則に正面から挑戦する事態を前に、国際社会が歩調をあわせて国際平和に取り組む機運が具現化したのだった。

イラクがクウェートから撤収を行わない中で、クウェートの解放を目標に米軍主体の多国籍軍が編成された。英仏などに加えて中東周辺各国から総勢七〇万人が集結して、一月中旬に空爆が開始されて湾岸戦争が始まった。

〔戦後日本に突きつけられた現実〕

開戦に際してイラクが機雷で封鎖し、石油タンカーなどの航行が困難になっていたペルシャ湾は、通行する船舶の七割が日本向けでもあった。湾岸戦争は、日本にとって不可欠な産油地中東の安定が脅かされる事態だったのである。

また各国には国際協調に基づき軍事力を用いて平和を回復

する努力への向き合い方が問われた。当時世界第二位の経済大国だった日本にとってそれは深刻な問題だった。

戦争放棄と戦力の不保持を謳う日本国憲法下で、自衛隊の存在は自衛のための必要最小限度のものと位置づけられてきた。したがって武力行使を任務とする多国籍軍に自衛隊が参加することは認められない。それが日本政府の立場だったし、国内世論も平和憲法に対する支持は高かった。国会には、湾岸多国籍軍に対して自衛隊が後方支援を行うことを可能にする国連平和協力法案が提出されたものの、世論と野党の強い反対の中で廃案に追い込まれることになる。

★―湾岸戦争で炎上するクウェートの油田（共同通信提供）

〔湾岸危機の教訓〕

自衛隊の派遣を模索しつつ日本政府は、多国籍軍に対して資金の提供を行った。貿易黒字をため込む日本には、一九八〇年代前後から国際社会の厳しい視線が寄せられてきた（Q35参照）。日本政府はアメリカの強い要求に応じて合計一三〇億ドルにのぼる資産の提供を、軍事費に使わないことを要求しつつ表明した。およそ一兆八〇〇〇億円もの巨額の支援を行うために、単純計算で国民一人当たり約一万円の負担となる臨時増税が行われた。

国際社会が協調して平和の回復に向けて部隊を出す中で、世界第二位の経済大国が巨額とはいえ資金供与のみを行い、その用途に注文をつける。憲法との整合性と、それを支える国内世論からすれば合理的な措置であったが、国際社会が平和と安全を乱す相手に対して団結する中では、反感を買うものでさえあった。こうして湾岸危機は「小切手外交」の限界と屈辱とを日本人に残すものと喧伝され、失敗例として記憶された。直後に行われたペルシャ湾への海上自衛隊掃海艇《そうかいてい》派遣の成功体験とあわせて、以後の自衛隊による国際平和協力を推進する原動力となる。

（本多倫彬）

〔参考文献〕加藤博章『自衛隊海外派遣』（筑摩書房、二〇二三年）、信田智人『冷戦後の日本外交』（ミネルヴァ書房、二〇〇二年）

Q37 対テロ戦争と日本の関わりはどのようなものですか

A

二〇〇一年の九・一一米同時多発テロの衝撃を前に国際安全保障の構図は激変した。対テロ戦争にむけて単独行動を辞さないアメリカと同盟を結ぶ日本は、憲法で認められないとされてきた集団的自衛権行使と疑われる活動に乗り出すことになる。

〔九・一一と対テロ戦争〕

二一世紀は、九・一一同時多発テロとともに幕を開けた。テロリストが攻撃を仕掛け、日本人二四名を含む三〇〇〇人以上の命を一瞬で奪う事態だった。安全保障において深刻だったのは、その根幹の「抑止」の利かない主体が、世界最強国の中枢でテロを実行する能力を誇示しながら国際社会に登場したことにある。実行犯として判明したのは国際テロ組織アルカイダであった。九・一一の翌月、米国はアルカイダを匿《かくま》うアフガニスタンのタリバン政権に対する攻撃を開始した。その後二〇年に及ぶ対テロ戦争が始まった。

〔日本の決断と集団的自衛権の相克〕

アメリカは自衛権に基づいてアフガニスタン戦争に乗り出し、日本を含む世界各国は相次いで支持を表明した。国連の集団安全保障システムにはよらず、テロリストの撲滅を掲げた有志連合による新しい戦争の時代に入ったのである。

激変する国際環境を前に日本は素早い対応を行った。テロの翌日にはアメリカの行動を支持することを小泉《こいずみ》純一郎《じゅんいちろう》首相が表明し、その一週間後には対米軍事支援のための立法の検討を指示すると、同月二五日には首相自ら訪米を行った。

他方で日本国内では集団的自衛権をめぐる課題が直ちに噴出する。最初は横須賀《よこすか》基地を出港した米海軍の空母キティホークの前後を海上自衛隊の護衛艦が囲む形で「護衛」した光景だった。後に米艦防護《べいかんぼうご》と呼ばれることとなるその姿は、日本政府が認められないとしてきた集団的自衛権行使の象徴的姿であり憲法違反だ、として強い批判が寄せられた。

一〇月五日には、二年間限りの時限立法として（旧）テロ対策特別措置法が成立した。「非戦闘地域」に活動を限定したものの、自衛隊は有志連合軍に対する輸送や補給を行うこととなる。

〔ブッシュ・ドクトリンとイラク戦争〕

★—世界貿易センタービルに突入する飛行機（共同通信社提供）

二〇〇二年一月、ジョージ・W・ブッシュ米大統領は、テロ支援国家（ならず者国家）としてイラン・イラク・北朝鮮を名指しで批判した。大量破壊兵器（WMD）がテロ組織に流出する事態は国際社会にとって悪夢である。WMDの拡散防止にむけてアメリカは、二〇〇三年に日本を含む一〇ヵ国に呼びかけて「拡散に対する安全保障構想（PSI）」を立ち上げて多国間協力を開始した。

当時、アメリカが九・一一に関与したとして疑いの目を強く向けたのがイラクであった。二〇〇二年九月にはテロ組織や「ならず者国家」に対する予防的な先制攻撃を掲げたブッシュ・ドクトリンを発表する。しかし、それは国際法の禁じる予防戦争に他ならない。アメリカのイラク攻撃に各国の支持は集まらず、国際的な支持や根拠を欠いたままに二〇〇三年三月二〇日、米英など少数の国によってイラク戦争が始まった。日本は小泉首相が攻撃開始直後に「理解し、支持する」と述べて武力行使への支持を表明しつつも、アメリカから強く求められた地上部隊の派遣は、同年七月に成立させたイラク人道復興支援特別措置法に基づき年末からの展開となった。自衛隊はイラク領内での給水やインフラ整備などの人道復興支援に加えて、多国籍軍の後方支援を実施した。こうして巨額の資金供与とあわせて、自衛隊が後方支援にあたる形で、日本は対テロ戦争への協力を進めた。（本多倫彬）

〔参考文献〕岡本行夫『砂漠の戦争』（文藝春秋、二〇〇四年）、佐道明広『自衛隊史論』（吉川弘文館、二〇一四年）

Q38 日本の資源・エネルギー外交はどうなっているのですか

A

日本は化石燃料に乏しい国である。一時は石炭が産出されたが、現代の生活に欠かせない石油はとれず、戦後の日本外交の重要な課題の一つに石油の確保があった。そのため、日本は中東地域、特に湾岸諸国との関係を重視してきた。中東の石油を確保しつつ、近年は違った形での資源・エネルギー外交にも力を入れている。

〔資源外交の対象としての中東〕

中東はいうまでもなく、世界有数の油田地帯の一つである。よく知られているように中東の石油はセブンシスターズと呼ばれた米英の企業によって独占されてきた。その中で日本は一九五七年にサウジアラビアから、そして五八年にクウェートから油田採掘の権利を獲得した。この背景には、資源が乏しい日本が油田確保を強く望んだだけでなく、中東の産油国も第一次中東戦争および第二次中東戦争（スエズ動乱）において欧米諸国がイスラエルの肩を持ってきたことを問題視し、権益を日本に提供したという側面もあった。こうした湾岸産油国の姿勢は、石油危機で顕著となる資源ナショナリズムにむけた動きでもあった。ちなみに中東戦争とは、一九四八年のイスラエルの独立とそれに伴うパレスチナ難民の発生を契機とする、イスラエルと中東諸国およびパレスチナ解放機構（ＰＬＯ）の間の戦争のことを指し、一九四八〜七三年までの間に四回勃発した。

こうして日本はサウジアラビアとクウェートから石油を輸入することに成功するが、中東からの石油の確保は、天然資源に乏しい日本にとって死活問題であった。この懸念が現実となったのが一九七三年の第一次石油危機であった。この危機は第四次中東戦争に端を発している。この戦争で湾岸産油国がイスラエル支援国、特に超大国であったアメリカを念頭に発動したのが原油価格の大幅な引き上げであった。日本はアラブ諸国とイスラエルの間のバランスを重視した外交を展開していたが、他の先進国同様、原油価格変動の影響をもろに受けた。しかし、その後は現在に至るまで湾岸諸国から安定的に石油を輸入している。二〇二一年のデータでは、日本の石油の輸入の割合のうち湾岸産油国の割合は約九五%、そのうちサウジアラビアからが約四〇%、アラブ首長国連邦からが約三五%となっている。

〈リスクヘッジとしての資源・エネルギー外交〉

　このように日本にとって石油の確保が重要であるが、石油に依存しすぎるリスクを減らすため、エネルギーの多角化にも取り組んできた。それが原子力発電所の建設や天然ガスの輸入である。天然ガスの輸入国はオーストラリア・マレーシア・カタール・アメリカ・ロシアをはじめ、かなり分散している。一方の原子力発電所の建設は二〇一一年三月一一日の東日本大震災による原発事故を受け、そのリスクを露呈することとなった。クリーンエネルギーへの移行が望ましいが、いまだに日本の経済活動をまかなうほどの総量には達していない。二二年二月後半にはロシアがウクライナに侵攻し、ロシアから天然ガスを輸入することが難しくなった。改めて日本はさまざまなリスクヘッジを講じてエネルギーの確保に努める必要があることが浮き彫りとなった。

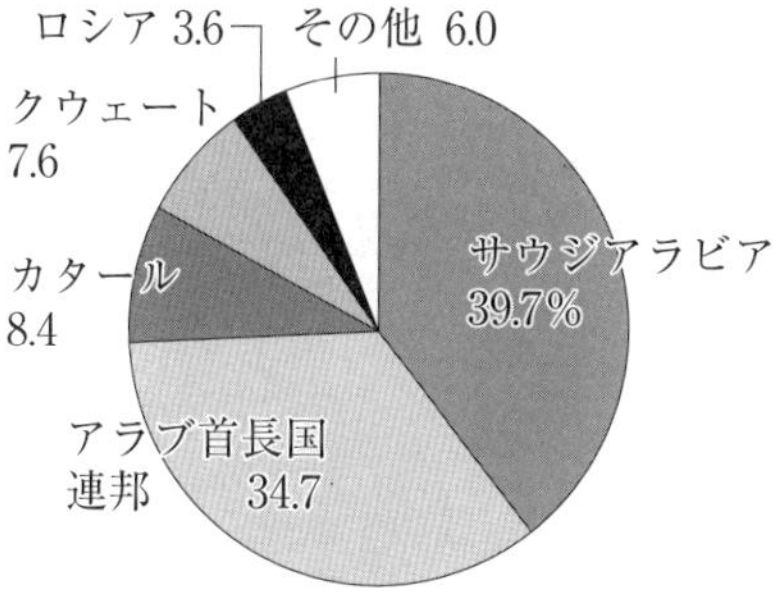

★―2021年の日本の原油輸入先（出典：経済産業省）

　日本はエネルギー輸入の多角化だけでなく、石油の輸入に必要なシーレーンの確保のためにソマリア沖の海賊対策に自衛隊を派遣したり、マラッカ海峡の海賊対策でリーダーシップを発揮したりしている。日本は世界でも有数の資源消費大国であるが、新興国である中国やインドも同様の構造であり、資源確保のライバルであるとともに、どのようにエネルギーの大量消費を抑制していくかという共通の課題を持つ。そのため、資源・エネルギー外交は必ずしも国家の生存というリアリスト的な発想だけで展開されるのではなく、国際的な協力や制度構築の機会となるというリベラリスト的な発想も重要である。

（今井宏平）

〔参考文献〕シナン・レヴェント『石油とナショナリズム』（人文書院、二〇二二年）

Q39 日朝の外交について教えてください

A

冷戦の終焉後、日本と北朝鮮の間には国交正常化の機運がいく度か到来した。しかし、北朝鮮による核開発の問題と日本人拉《ら》致《ち》の問題が解決されない中で、今日に至ってもなお日朝国交正常化の実現は見通せない。

〔近くて遠い国〕

国家間の関係は、互いを主権国家として承認し、正式に外交関係を取り結ぶことから始まる。しかし、一九四八年に朝鮮民主主義人民共和国（北朝鮮）が建国してから今日に至るまで、日朝関係はこの基本的な条件を欠いたままに推移してきた。一衣帯水の隣国として長い交流の歴史と植民地支配の過去を共有する北朝鮮は、国際連合（国連）加盟国の内で唯一、日本が国交を持たない国なのである。こうした不正常な関係がこれまで正されてこなかったことには、理由がある。

日韓の国交正常化交渉が妥結までに一四年の歳月を要したように、植民地支配を脱した新生独立国と旧宗主国とが過去を乗り越えて新たな関係を築くことはそもそも容易でない（Q28参照）。同じ自由主義陣営に属する日韓の間でさえそうであったのだから、冷戦下にあって陣営を異にする日本と北朝鮮の国交正常化はなおのこと困難であった。

冷戦期においてもソ連や中国との間で国交を樹立したように、日本は必ずしも政治的なイデオロギーの違いにとらわれることなく外交関係の拡大に努めることを基本的な方針としていた。日朝の国交正常化も、戦後処理の一環として日本が取り組むべき外交課題であることは明白であった。とはいえ問題はそれに取り組むタイミングであり、冷戦下で北朝鮮と厳しく対峙する韓国と、その後ろ盾であるアメリカが慎重姿勢をとる中で、日朝交渉の本格的な機運が到来することはなかった。

〔冷戦の終焉と三党共同宣言〕

そうした日朝関係のあり方は、冷戦の終焉へとむかう大きな国際政治の潮流に洗われて変容を迫られることになる。直接の契機は、民主化後の韓国で大統領に就いた盧泰愚《ノテウ》が一九八八年七月、北朝鮮と日米両国との間の関係改善に協力する用意があると表明したことであった。

韓国外交の方針転換を受けて日朝交渉の機運はにわかに高まり、一九九〇年九月には自由民主党と日本社会党の代表団が訪朝して、朝鮮労働党との間で三党共同宣言を発出するに至った。「日朝両国間に存在している不正常な状態を解消し、できるだけ早い時期に国交を樹立すべき」と謳った同宣言に従い、両国は翌年一月から政府間交渉を開始する。北朝鮮としても、自国の後ろ盾であるはずのソ連と中国が韓国との国交樹立に向けて外交の舵を切る中で、国際的な孤立を避けるべく日本との関係構築に活路を見出したのであった。

しかし、満を持して訪れた日朝交渉の機運は二年と経たずに失われる。その理由の一つは、同時期に北朝鮮の核開発疑惑が国際的な注目を浴びるようになったためであり、またもう一つは大韓航空機爆破事件の実行犯である元北朝鮮工作員の証言をきっかけに、北朝鮮による日本人拉致の疑惑がにわかに信憑性を帯びるようになったためである。日本として、これらの問題と切り離して国交正常化交渉を進めることはできず、交渉が停滞を余儀なくされると、北朝鮮は日朝関係に早々に見切りをつけたのであった。

〔小泉訪朝と日朝平壌宣言〕

こうして閉塞状況に陥った日朝関係を打開し、核と拉致の問題についても両国の国交正常化にむけた筋道に位置づけて解決を図ろうとしたのが、二〇〇二年九月一七日の小泉《こいずみ》純《じゅん》一郎《いちろう》首相による平壌《ピョンヤン》訪問であり、同日に金正日《キムジョンイル》国防委員長との間で署名した日朝平壌宣言であった。史上初となる日朝首脳会談の実現と共同宣言の発出に道筋をつけたのは、小泉首相の特命を受けて前年一一月から北朝鮮側との秘密交渉を重ねた、外務省アジア大洋州局長の田中均《たなかひとし》である。

日朝平壌宣言において両首脳は、「日朝間の不幸な過去を清算し、懸案事項を解決し、実りある政治、経済、文化的関係を樹立することが、双方の基本的利益に合致するとともに、地域の平和と安定に大きく寄与するものとなる」として、「国交正常化を早期に実現させるため、あらゆる努力を傾注する」との決意を謳った。ここで「懸案事項」とあるのは、同宣言の後段で「日本国民の生命と安全にかかわる懸案問題」として言及される日本人拉致問題のことであり、また

「核問題及びミサイル問題を含む安全保障上の諸問題」のことである。すなわち、拉致や核といった諸懸案を包括的に解決して日朝国交正常化を実現するとの基本方針について、日本は北朝鮮の最高指導者から直接に同意をとりつけたのであった。

拉致と核という最高指導者の権威に関わる問題で譲歩してでも北朝鮮が手に入れようとしたのは、第一義的には、植民地支配の過去を「清算」するために、国交正常化に伴って日本から流れ込んでくるはずの多額の資金であった。日本からの有償・無償の経済協力をもって過去に区切りをつけた日韓国交正常化の先例を踏まえて、北朝鮮側が日本に相応の措置を期待したのは当然である。

この点について日朝平壌宣言は、「一九四五年八月一五日以前に生じた事由に基づく両国及びその国民のすべての財産及び請求権を相互に放棄する」ことを確認しつつ、「日本側が朝鮮民主主義人民共和国に対して、国交正常化の後、双方が適切と考える期間にわたり、無償資金協力、低金利の長期借款《しゃっかん》供与及び国際機関を通じた人道主義的支援等の経済協力を実施」する方針を謳っている。すなわち、財産・請求権を相互に放棄したうえで経済協力によって過去の清算を図るという日韓国交正常化時の方式を踏襲することについても、日本は北朝鮮の同意をとりつけたのであった。

特筆されるのは、日朝平壌宣言が日朝の国交正常化を、「地域の平和と安定」という観点からも意義づけていたことである。冷戦の力学のもとで南北に分断され、陣営間対立の最前線となった朝鮮半島をめぐっては、陣営を跨いでソ連と中国が韓国を、そしてアメリカと日本が北朝鮮を国家承認することによって南北関係の安定化を図るとの「クロス承認」構想が既に冷戦期から提起されていた。しかし現実には、冷戦終焉の過程で韓国によるソ連・中国との国交樹立が実現した一方で、北朝鮮は日米との国交樹立の機会を逃し、その分だけ国際的な孤立を深めることとなった。そして同時期に北朝鮮が核開発に本腰を入れたのは、このことと無関係でない。この事情を踏まえれば、朝鮮半島を取り巻く国際政治の基底部分に働きかけて北朝鮮外交に変化を迫る、そうした可能性を日朝の国交正常化が秘めていることが理解されるであろう。

日朝平壌宣言が「この地域の関係各国の間に、相互の信頼に基づく協力関係が構築されることの重要性」を確認し、それにむけた国際的な枠組み整備の必要性を謳っているのは、こうした文脈にある。そして事実、二〇〇三年八月には、北朝鮮の核問題をめぐって南北朝鮮と米中の四ヵ国に日露を交えた六者会合の枠組みが始動することになる。

〔核と拉致の隘路〕

小泉訪朝と日朝平壌宣言により風穴が開いたかに思われた日朝関係は、その後再び閉塞状況に陥る。交渉の機運を押し流したのは、やはり核の問題であり、拉致の問題であった。

★—小泉純一郎・金正日会談

小泉訪朝を通じて日本が突きつけられたのは、日本人拉致被害者のうち五人が生存し、八人が死亡したとする北朝鮮側の調査結果であった。北朝鮮は首脳会談の翌一〇月には五人の生存者の「一時帰国」に応じ、さらに二〇〇四年五月には北朝鮮に残された拉致被害者家族の日本への帰国にも応じた。

しかし、北朝鮮による小出しの譲歩は、拉致問題を取引材料にしているとの印象を与えて、日本の世論をむしろ硬化させた。その後、「八人死亡」の調査結果の信憑性をめぐって日朝両政府が応酬を繰り広げる中で、国交正常化の機運は急速に遠のいていった。

核の問題をめぐっても、小泉訪朝を境にしてむしろ事態は暗転する。日朝首脳会談の翌一〇月、アメリカの大統領特使の訪朝を機に、北朝鮮によるウラン濃縮計画の疑惑が表面化し、米朝関係は一挙に緊迫した。翌二〇〇三年一月、北朝鮮は核不拡散条約（NPT）からの脱退を宣言し、それまで米朝合意に基づき凍結していた黒鉛減速炉の再稼働に乗り出す。一九九三～九四年の第一次北朝鮮核危機に次ぐ、第二次核危機の到来であった。

その後、六者会合や米朝首脳対話の試みを経てもなお北朝鮮の核問題は解決しておらず、日朝関係の打開も見通せないままである。

（石田智範）

〔参考文献〕船橋洋一『ザ・ペニンシュラ・クエスチョン』（朝日新聞社、二〇〇六年）、山本栄二『北朝鮮外交回顧録』（筑摩書房、二〇二二年）、和田春樹『日朝交渉三〇年史』（筑摩書房、二〇二二年）

Q40

核軍縮・核兵器不拡散への日本外交の取り組みはどのようなものなのですか

A

日本は唯一の戦争被爆国として核兵器の削減や廃棄、核保有国の増加を防止する不拡散措置への貢献を積極的に行っている。しかし、こうした外交姿勢に至るまでには紆余曲折があった。

【第五福龍丸事件】

現在の一般的な日本国民が抱く核兵器への嫌悪感と、それに基づくさまざまな市民運動は、一九五四年三月一日に太平洋のビキニ沖にて漁船員が被曝した、いわゆる第五福龍丸《ふくりゅうまる》事件を直接の契機とする。なぜなら、汚染されたマグロの流通を阻止すべく国内の市場が閉鎖されたことにより、核兵器が自らの生活に直接的な影響を及ぼすことを国民が経験したためであった。また、日本政府も同事件を契機に大気圏内での核実験の中止を核保有国に求めるようになった。

【核四政策】

一九六四年一〇月に中国が核実験を行い、米ソ英仏に次ぐ五番目の核保有国になると、日本でも核開発の是非が議論された。しかしアメリカが核兵器の拡散を懸念して核兵器不拡散条約（NPT）の作成に前向きになったこともあり、最終的に日本は非核路線の継続を決定した。それはまず、佐藤栄《さとうえい》作《さく》首相が六七年一二月に国会で示した、「核兵器を持たず、作らず、持ち込ませず」との非核三原則によって示された。また、佐藤政権はリンドン・ジョンソン米政権との間に、アメリカの核兵器により日本の安全保障を確保する拡大核抑止（核の傘）の享受を確認した。そして佐藤首相は六八年一月三〇日、非核三原則の堅持、核軍縮への貢献、核抑止への依存、原子力発電の推進、という「核四政策」を表明した。これにより日本は、ヒバク（被爆・被曝）国の責務としての核軍縮・不拡散への貢献と、アメリカが提供する核抑止への依存の両立という難問を抱えることとなった。

〔核兵器のない世界〕

しかし冷戦期や冷戦終焉直後の世界においては、この両立が大きな問題となることはなく、日本政府は一九九四年より国際連合（国連）総会に核兵器廃絶決議案を単独で提出し、多くの国々から支持を集めてきた（現在まで継続中）。また、当初二五年の期限であった七〇年発効のＮＰＴを、九五年に無期限延長する際にも原署名国として日本政府は支持を表明し、さらには被爆証言の多言語化や軍縮・不拡散分野の人材教育事業にも力を入れてきた。加えて原子力発電国としての知識と経験をいかし、原子力発電により生ずるプルトニウムの軍事転用を防止するべく、国際原子力機関（ＩＡＥＡ）が行う保障措置の強化や、九六年に採択されたものの未発効である包括的核実験禁止条約（ＣＴＢＴ）に基づく核実験の探知技術の向上といった、さまざまな核軍縮・不拡散措置への貢献を積極的に行ってきた。

★—慰霊碑と原爆ドーム（広島市提供）

しかし二〇〇九年四月、オバマ大統領が「核兵器のない世界」を究極的な目標と掲げたことで日本の両立問題が表面化した。核兵器の廃絶を最終的な目標とする日本政府が、安定的な核抑止の提供をアメリカに要請するなどしていたことが明らかになったのである。この問題は、二〇一七年七月採択の核兵器禁止条約に、日本政府が未署名であることに受け継がれている。

このように日本政府は、自国に対する北朝鮮や中露両国からの核の脅威に鑑み、性急な核軍縮には否定的であり、現実的かつ着実な核軍縮・不拡散への貢献を模索し続けている。

（田中慎吾）

〔参考文献〕外務省「軍縮・不拡散・原子力の平和利用」(https://www.mofa.go.jp/mofaj/gaiko/hosho.html)、黒崎輝『核兵器と日米関係』（有志舎、二〇〇六年）、黒澤満『軍縮問題入門　第四版』（東信堂、二〇一二年）

Q41 外交官はどのような仕事をしているのですか

A

外交官とは、国を代表する外交使節団の職員のことをいう。その代表的な例は、大使館で勤務する外務公務員である。外交官の任務は、相手国政府との交渉や連絡、政治・経済その他の情報の収集・分析、広報文化活動、邦人の生命・財産の保護、通商問題の処理など、実に多岐にわたる。

〔外交官の仕事〕

外交官の業務は、さまざまな職業と重なり合う部分がある。たとえば、大使館において、任国政府や他の外交団から情報収集を行うことはその中核的な任務の一つであるが、これは取材にあたる記者と類似している側面がある。その収集した情報は、内容に応じて分析・評価を行い、外務本省と世界各国に所在する日本の在外公館を結ぶ外交公電の秘匿回線により報告されることとなるが、ある事象の背景を読み解く作業は学者に近いものがある。また、日本の魅力を伝えたり、日本の政策や国際的な貢献について発信したりすることも、外交官の重要な業務であるが、これはPR会社や広告代理店の業務に通ずるものがある。あるいは、任国政府や議会関係者が日本にとって望ましい施策を進めるよう誘導したり働きかけたりすることは、ロビー会社の業務と似ているといえよう。日本から要人が任国を訪問する際または任国関係者が日本を訪問する際の視察先などの検討や調整は、旅行代理店の業務のようでもある。

〔外交官の一日〕

一例として、筆者が若手書記官としてワシントンDCにある在米日本大使館の政務班で勤務していた時の経験をもとに、一日の仕事の流れのイメージを紹介したい。在米日本大使館は、各国の大使館が所在する通称「エンバシー・ロウ

（大使館通り）」と呼ばれるマサチューセッツ通り沿いに位置している。なお、在米日本大使館の隣には、造りが若干似ている在米韓国大使館があり、筆者は初出勤日に緊張のあまりうっかり間違えて韓国大使館に入って無理にドアをこじ開けようとし、不審者扱いされた苦い経験がある。在米日本大使館は、米政府との交渉、アメリカの政治経済情勢などの情報収集・分析、広報文化活動などを担っており、総務班・政務班・経済班・広報文化班・議会班・防衛班・財務班・科学班・領事班、庶務・便宜供与班などによって構成され、各省庁からの出向者を含む約一〇〇名の外務省職員が勤務している。政務班は、安全保障や各国情勢を所管し、筆者は当時、主にアフリカ及び中央アジア情勢を担当していた。

朝出勤すると、まずは外務省独自の外交公電を通じて外務本省や各国に所在する在外公館から届く公電に目を通す。在米日本大使館のような大きな在外公館では、この外交公電を通じて世界各国から一日に何百件もの公電が届く。その中身は、訓令という外務本省からの指示、各種会談や協議の記録、世界各国の在外公館が収集した外交・防衛情報、人事・会計などに関わる連絡事項などさまざまである。この日については、アフリカのある国の情勢の緊迫化を受け、米政府の情勢認識や今後の対応ぶりについて至急情報収集すべしとの指示が外務本省からきていたとしよう。急いで米国務省の担当部局に対して幹部レベルのアポを申し入れるも、事態対応中ですぐには面会できない旨を告げられる。同時並行で担当レベルで情報収集をすべく、普段から付き合いのある担当に連絡のうえ、米国務省に駆けつける。日本の立場や方針について説明しつつ、情勢の見立てや今後の方針について聴取。大使館に戻り次第、聴取した内容について記録を急いで作成し、外交公電で外務本省に送信。昼は、シンクタンクで勤務する若手のアメリカ人有識者と市内のレストランで昼食をとりながら日米関係全般について意見交換。午後は、ワシントンDCで実施予定の外務省職員用実地研修の詳細について主催団体の担当と打合せを行ったり、外務省幹部のアメリカ出張時のアポなどについて国務省担当と調整したりし、調整結果を外務本省にメールで連絡。作業が一段落ついたところで、昼に若手有識者から聞きとった内容のうち、興味深い点をまとめ、公電で外務本省に送信。一息つきながら日中にきた公電を確認し、帰宅。

以上は、若手書記官の一日のイメージである。アフリカ関係部局のように、日頃の付き合いがないような部局との場合はアポ取りの段階から苦労することも少なくない。さらに、相手側から正確かつ詳細な情報を得るだけでなく、「本音」

現代編

★—米大統領が居住・勤務するホワイトハウス

を引き出せるかどうかは、まさに外交官としての手腕が問われるところである。そのためには、日頃から関係者との間で個人的な信頼関係の構築を図るとともに、日本が国際社会においていかに重要なプレイヤーであるかについて相手の理解を得ることが重要となる。米政府関係者のみならず、議会関係者や有識者らとの関係についても同じことがいえよう。

〔採用方法〕

外務省では、主に三つの職種の採用を行っている。総合職職員は、外務本省・在外公館のさまざまな地域・分野のポストを経験して、管理職、さらには幹部職員として活躍することが期待されている。総合職職員については、原則として、七～八ヵ国語のうちの一つが研修語として指定される。専門職員は、高い語学力を有し、関連する国・地域、あるいは条約・経済・経済協力・軍縮・広報文化などの分野で実践的な知見と経験に基づく能力を発揮しつつ活躍することが期待されている。専門職職員については、原則として、四〇数言語の中の一つが研修語として指定される。入省後、総合職職員は約二年間、専門職職員は約一年間、研修所での語学や外交に関する研修を受けながら、本省各局で実務に従事する。その後、原則として各国の大学などで二～三年間の在外研修（留学）を行い、研修終了後は原則として在外公館で勤務する。その後は、本省勤務と在外公館勤務を繰り返し、能力及び勤務成績などに応じて異動・昇進する。一般職職員は、会計・文書管理・通信事務・領事事務・在外公館施設管理などの業務を通し、国内外で日本の外交を力強く支えている。

総合職相当の職員の採用については、一八九四年に外交官領事官試験が開始されて以降、一部の時期を除き、外務省独自のいわゆる外交官試験が実施されていた。だが、外交官試験の存在が外務省職員に特権意識を持たせることに繋がっているという批判もあり、一九九七年一二月の橋本《はしもと》龍《りゅう》太郎《たろう》首相を会長とする行政改革会議の最終報告において、採用試験の種類などの見直しの提言の中で、「外務公務員試験については、一般公務員試験と統合の方向とする」との方向性が示された。これを受け、広く国家公務員を志す、より多くの受験者の中からできるだけ幅の広い視野を有する多様な人材を確保していくことが中長期的にみて日本の外交実施体制の強化に繋がるとの観点から、二〇〇一年から外務公務員採用Ⅰ種試験は廃止され、国家公務員採用Ⅰ種試験（現国家公務員採用総合職試験）に統合された。現在、外務省では、他省庁と同様に、国家公務員採用総合職試験の合格者が志望官庁を訪問し各官庁がその適性や意欲などを確認して採用する、いわゆる官庁訪問を通じた採用が行われている。例年、国家公務員採用総合職試験の出身大学別合格者数の上位は東京大学・京都大学などの国立大学や慶應義塾大学・早稲田大学などの私立大学が占めており、特に外務省においてはそれらの大学出身者の採用が多い傾向にあるが、近年は出身大学の多様化が進んでいる。

なお、外務省専門職員については、特殊言語専門家の養成・確保に特別の留意を払うという観点から、外務省独自の試験である外務省専門職員採用試験が引き続き維持されている。また、一般職職員については、国家公務員一般職試験に合格した者から面接により職員を採用している。さらに、特に近年は、外交課題が山積し多様化する中、さまざまなバックグラウンドや専門性を持つ人材を民間などから確保する重要性が高まっていることを背景に、総合職相当及び専門職相当の経験者採用試験なども実施されている。

いずれの職種の採用についても、学力・適性などを総合的に勘案し、人物本位で行われている。一昔前は二世外交官が多いというイメージが持たれていた向きもあるかもしれないが、今は入省時点で親族に外務省職員がいる職員は稀となっている。

（亀田政之）

〔参考文献〕外務省『外交青書二〇二二』（日経印刷、二〇二二年）

※本稿を含め、本書の筆者による執筆内容は個人の見解によるものであり、所属組織のものではない。

Q42 外務省の役割・組織について教えてください

A

外交を通じて、日本、そして世界の平和と繁栄を実現する。これが大臣官房のほか一〇局三部により構成される本省及び約二三〇の在外公館によって成り立つ外務省に課されている役割である。

〔複雑化する外交〕

二〇世紀初頭に活躍したイギリスの著名な外交官ハロルド・ニコルソンは、外交や交渉は人類の夜明けから始まったと述べている。異なる部族同士が戦いを終えるためには、相手の意図を聞き、停戦について意思表示をしなければならない。ニコルソンによると、これが外交の始まりである。武力によらずに国家間の問題を解決するためには、当事者間で合意に達する必要があり、当事者全員が一定の利益を見出さなければならない。そのためには、それぞれの当事者の立場を把握し、何に共通利益を見出すことができるかを模索する必要がある。外交は、さまざまな変遷を遂げてきたが、これらの点については今も昔も同じであろう。

他方、今日の外交はかつてないほど複雑化している。その背景の一つには、国際場裡におけるアクターの多様化があろう。日本が外交の表舞台に立つようになった明治維新以降の国際社会においては、一部のごく限られた欧米列強がルールをつくっていた。第二次世界大戦後の冷戦期は、アメリカを筆頭とする西側陣営とソ連を筆頭とする東側陣営の二極構造の中で多くの物事は決まり、冷戦終焉後の九〇年代については、超大国アメリカの一極構造のもとで概ね世界は動いていた。しかし、二一世紀に入り、中国などの新興国の台頭による国際社会におけるパワーバランスの大きな変化と相まって、民主主義国と権威主義国の対立がより先鋭化するようになった。また、グローバル化や技術革新の進展により、多国

籍企業やNGOといった非国家主体がますますその存在感を増すとともに、二〇〇一年九月のアメリカでの同時多発テロは、テロリスト集団が主権国家による武力攻撃に相当する重大性を有する行為までをも行い得ることを世界に知らしめることとなった。このような国家間のイデオロギーレベルにおける対立の先鋭化や非国家主体の影響力の拡大は、外交の場における合意形成をより困難なものとしている。

国内レベルにおいても、外交の政策決定プロセスは年々その複雑さを増している。世界のどこで起こった出来事であろうと、ほぼリアルタイムでそれが報道され、それに対する国民の反応がSNSなどを通じて瞬時に明らかになる今日、外交の場においてより短期的に明確な成果が求められるようになっている。わずかな時間の中で、国内の理解を得つつ、相手国も納得できるような妥協点を探るという複雑な舵取りが必要とされている。

〔外務省の役割〕

このように外交が複雑化する中で、いかに国際社会の一員として責任を果たしながら、日本の利益を追求していくか。これが外務省に求められる役割である。外務省設置法において、外務省の任務は、「平和で安全な国際社会の維持に寄与するとともに、主体的かつ積極的な取組を通じて良好な国際環境の整備を図ること、並びに調和ある対外関係を維持し発展させつつ、国際社会における日本国及び日本国民の利益の増進を図ること」とされている（同法第三条）。日本政府の行政機関である以上、「日本及び日本国民の利益の増進を図ること」が外務省の任務であることはある意味当然のことである。一方、「平和で安全な国際社会の維持」や「良好な国際環境の整備」がこれを実現するための単なる手段や方法としてではなく、外務省の任務そのものとして定められているのは、世界の国々・地域との安定した関係なしに日本の平和や繁栄は成り立たないという歴然たる事実を踏まえたものであるといえよう。たとえば、生活をするにあたって不可欠となるエネルギーや食料についてみてみると、日本はエネルギーの約九割、食料の約六割を諸外国からの輸入に依存している。それらを輸入するためには、相手国との安定した関係がなければならず、海上輸送するための安全なシーレーンが確保されていなければならない。また、国際テロを始めとする安全保障上の課題が容易に国境を越える今日、もはやどの国も一国のみで自らの平和と繁栄を守ることはできない状況にある。

これらの任務を達成するため、外務省は、安全保障、対外経済関係、経済協力、文化・国際交流、外国政府との交渉・

協力、国際機関などとの協力、条約締結・解釈、情報収集・分析、日本国民の海外における利益の保護・増進、邦人保護、旅券発給、査証、広報などの対外関係事務の処理及び総括をつかさどっている（外務省設置法第四条）。

〔組織と機構〕

外務本省は、大臣官房のほか、一〇局三部より成り立っており、全省的なとりまとめを行う総合外交政策局、地域別担当の五つの地域局（アジア大洋州・北米・中南米・欧州・中東アフリカ）、事項別担当の四つの機能局（経済・国際協力・国際法・領事）に分かれているほか、情報収集分析を行う国際情報統括官が置かれている。総合外交政策局のもとに軍縮不拡散・科学部、アジア大洋州局の下に南部アジア部、中東アフリカ部の下にアフリカ部がそれぞれ置かれている。世界各地には、大使館・総領事館・政府代表部・領事事務所などが置かれており、これらの在外公館は、外交・領事の最前線においてその任務にあたっている。日本は世界各国に約二三〇の在外公館を有しており、約三六〇〇人の職員が勤務しているが、実はその約三割にあたる約一〇〇〇人は、経済・防衛・農業・医療・文化・科学などの専門性を有する外務省以外の省庁からの出向者である。個別の分野に関わる事務については、関係省庁が所管しているが、対外関係事務については、外務省が他省庁の協力を得ながら総合的な観点から処理及び総括する立場にある。このように外交活動は、内閣の定める方針に基づき、外務本省及び在外公館が中心となって、関係省庁の協力のもとでオールジャパンで実施されている。

〔首脳外交〕

外交活動はさまざまなレベルで行われるが、特に重要な外交案件については、首脳外交が重要な役割を果たすことも少なくない。首脳レベルの往来を実施すること自体が相手国を重視している姿勢を示すものであり、相手国政府やその国民に対する強いメッセージとなる。また、その際に今後の方針を確認したり、合意を発表したりすることにより、それらに重みを持たせ、双方の国におけるその確実な履行を促すこととなる。さらに、事務方同士、さらには外相同士で決着がつかない難しい問題については、首脳レベルに上げることによって状況が打開できることも少なくない。この首脳間のやり取りのお膳立てをするのも、外務省の重要な役割の一つである。また、経済関連協定など、特に省庁間で対立していたり業界団体との利害が複雑に絡み合ったりする問題や政治的に注目が高い問題については、国内における政策形成の段階から「官邸」が主導することも珍しくない。

〔外務省の人員・予算〕

では、これらの任務や役割を担う外務省はどれくらいの人員と予算を擁するのか。外務省の人員は、外務本省及び在外公館で働く職員をすべて合わせて約六五〇〇人である。他の主要国の外交当局の人員は、たとえばアメリカは約二万八八〇〇人と別格としても、日本より人口の少ないイギリスは約八五〇〇人、フランスは約八六〇〇人、ドイツは約八八〇〇人（二〇二〇度の調査結果に基づくもの）となっている。また、国内官庁と比べても、法務省は約四万二四〇〇人、国土交通省は約三万七九〇〇人、財務省は約一万六〇〇〇人となっており（一般職国家公務員在職状況統計表〈二〇二一年七月一日時点〉）、外務省の人員は内外と比較して決して多いとはいえない。また、外務省の当初予算は、二〇二二年度で約六九〇〇億円であり、これは政府予算全体の一％にも満たない額であり、その六割以上は開発途上国の開発のために使用される政府開発援助（ＯＤＡ）予算が占めている。

★―安倍首相のヨルダン訪問時に日本国政府専用機をエスコートするヨルダン空軍機（2015年5月）

外交が複雑化し、国際的な課題が山積する中、外交領事実施体制の強化は喫緊の課題となっている。（亀田政之）

〔参考文献〕外務省『外交青書二〇二二』（日経印刷、二〇二二年）、外務省（二〇二一年八月）「令和四年度概算要求の概要」https://www.mofa.go.jp/mofaj/files/100228983.pdf（二〇二一年八月三日閲覧）、ハロルド・ニコルソン著、斎藤眞・深谷満雄訳『外交』（東京大学出版会、一九六八年）

Q43 大使館と総領事館の役割はどう違うのですか

A

大使館も総領事館も、在外公館と称される外務省の機関であるが、大使館は日本を代表し、相手国政府と交渉などを行う任務を負っている一方、総領事館は邦人保護などの領事事務を担っている。

〔大使館〕

大使館は基本的に各国首都に置かれており、相手国政府との交渉に加え、その国の政治経済などの情報収集・分析、広報活動などを行っている。大使館の長は大使であり、その下に公使・参事官・書記官らがいるほか、防衛省・自衛隊から派遣される防衛駐在官などが在籍している。それらの職員は、外交関係に関するウィーン条約に基づき、国を代表する外交使節団の任務の能率的な遂行を確保するとの観点から、刑事裁判権・民事裁判権や租税からの免除、身体の不可侵などのいわゆる外交特権を享有する。二〇二三年一月時点で、日本は世界各国に計一五四館の大使館（実際の事務所数）を有している。

〔総領事館〕

これに対し、総領事館は、世界の主要な都市に置かれており、その地域の日本人の保護、日本人に対する旅券や各種証明書の発行、在外選挙の実施、経済関係の促進、広報・文化活動、外国人に対する査証の発行などを行っている。大使館と異なり、総領事館は日本を代表し、相手国政府と交渉を行う任務は負っていない。総領事館の長は総領事であり、その下に領事・副領事らがいる。それらの職員は、領事関係に関するウィーン条約に基づき、外交特権に準ずる一定の特権・免除を享有する。また、大使館及び総領事館に加え、国際連合（国連）などの国際機関には、日本を代表して交渉や情報収集などを行う政府代表部が設置されている。二〇二三年一

月時点で、日本は世界各国に計六七の総領事館、計一〇館の政府代表部（実際の事務所の数）を有している。

〔在米公館〕

たとえば、アメリカにおいては、首都ワシントンDCに所在する在米日本大使館のほか、サンフランシスコ・シカゴ・ニューヨークなどの主要都市に一四の総領事館が置かれているとともに、国連本部が所在するニューヨークに国連日本政府代表部が設置されている。在米日本大使館は、外交・安全保障・経済・貿易などの幅広い分野について、米政府関係者とさまざまな協議や交渉を行っているほか、米政府・米議会関係者、有識者、企業関係者などとの間での意見交換を通じ、情報収集を行ったり、全米桜祭りをはじめとする各種イベントを通じた広報・文化活動を実施したりしている。また、在米日本大使館は、ワシントンDC及びその近郊の州（メリーランド州・バージニア州）についての領事事務も取り扱っている。これに対し、アメリカのその他の主要都市に所在する総領事館については、大使館のように日本を代表して交渉を行うという任務こそ担っていないものの、それぞれの管轄地域において、邦人保護や各種手続の実施に加え、情報収集や広報・文化活動などの幅広い業務を担っている。

★—国連本部

〔駐日外国公館〕

日本が世界各国に大使館や総領事館を置いているように、諸外国も日本にそれらの公館を置いている。二〇二二年三月末時点では、一五七ヵ国が日本に大使館を設け、四二の国際機関が日本に事務所を設けている。それらの公館は所属国や機関の代表として、日本政府との交渉、情報収集、広報活動などを実施しており、日本と各々が代表する国や機関との関係強化において重要な役割を担っている。また、多くの国は大使館とともに日本の主要都市に総領事館や名誉総領事館を設けている。

（亀田政之）

〔参考文献〕外務省『外交青書二〇二二』（日経印刷、二〇二二年）、外務省「世界と日本のデータを見る」（二〇二二年五月一六日）https://www.mofa.go.jp/mofaj/area/world.html（二〇二二年八月三日閲覧）

コラム2

外交官の語学力

外交とは、国益実現のための交渉を通じた国際関係の処理であるといわれることがある。この国際関係の根源には人と人との関係がある。人と人との関係構築において、語学は不可欠な役割を果たす。

外務省においては、総合職職員については、原則として、英語・フランス語・ドイツ語・スペイン語・ロシア語・中国語・アラビア語（年によっては朝鮮語が含まれる）の中の一つが研修語として指定される。専門職員については、それらの言語とともにインドネシア語・タイ語・モンゴル語・ミャンマー語・ベトナム語・ヒンディー語・イタリア語・ポルトガル語・ギリシャ語・スウェーデン語・ノルウェー語・デンマーク語・ハンガリー語・ウクライナ語・ペルシャ語・トルコ語・スワヒリ語などの世界各国の四十数言語の中の一つが研修語として指定される。各職員は、各国の大学・大学院などでの二〜三年間の在外研修やその後の在外公館勤務を通じ、各国の政治・経済・社会・文化・歴史などについて理解を深めるとともに、研修語による高度な外交交渉や首脳・外相レベルを含む各種会談において通訳を行う能力を養うことが期待されている。特に、その場に応じて的確な通訳を行うことは、要人間の個人的信頼関係を構築するうえで極めて重要であり、通訳の出来は会談の成果そのものに直結するものである。

一般に、同じ研修語を研修した職員を総称して、「スクール」と呼ばれることがあるが、このような総称が使用されること自体、年々稀になってきている。中国を所掌している課の課長でも、中国語を研修語とするいわゆる「チャイナ・スクール」でない場合もあるし、アメリカ・カナダを所掌する北米局長が英語を研修語とし、アメリカで在外研修を行ったいわゆる「アメリカ・スクール」でない場合も実に多い。グローバル化が進むとともに外交が複雑化する中、研修語にかかわらず、総合的な観点から分野横断的に物事を俯瞰することが各職員に求められている。（亀田政之）

コラム3

「ファーストレディー」の外交

池田勇人《いけだはやと》首相が一九六一年に訪米した時、夫人の満枝《みつえ》氏が同行した。従来、首相が外国の公式訪問に配偶者を伴うことはなく、これが日本における「ファーストレディー」（首相の配偶者）外交の嚆矢《こうし》となった。池田夫人は外務省儀典課のエチケット集で勉強し、ケネディ大統領夫妻との昼食会も無事にこなした。

今日、首相の夫婦同伴は珍しくない。ただし、首相が独身の場合や配偶者の体調が優れない時などは、代役が立てられることもある。たとえば、小泉純一郎《こいずみじゅんいちろう》首相は独身であったため、ジョー（↖）ジ・W・ブッシュ米大統領の来日の際、福田康夫《ふくだやすお》官房長官夫人の貴代子《きよこ》氏が「ファーストレディー」の役目を果たした。田中角栄《たなかかくえい》首相の外遊には娘の真紀子《まきこ》氏が同伴したこともある。また、中曽根康弘《なかそねやすひろ》首相は、ロナルド・レーガン米大統領や胡耀邦《こようほう》中国総書記などと、夫人や子どもも含めて家族ぐるみの付き合いを深めた。

さらに、岸田文雄《きしだふみお》首相夫人の裕子《ゆうこ》氏は、夫を伴わずに訪米し、ジル・バイデン氏らと懇談している。

「ファーストレディー」は他国の首脳の家族と個人的な関係を（→）築くのみならず、社会的な課題に精力的に取り組むことも多い。特に米大統領夫人の活動は有名であり、ジル・バイデン氏は米軍人やその家族を支援し、ミシェル・オバマ氏は食育や女子教育などに力を入れた。日本でも、先述の福田夫人は、夫の首相退任後も、母子保健のツールである母子健康手帳（母子手帳）の海外普及に尽力している。

出典：首相官邸ホームページ

多国間外交の場でも配偶者プログラムが設定されることがあり、開催地の文化体験や社会課題の発信などが目的とされる。たとえば、二〇一九年のG20大阪サミットでは、茶道の表千家《おもてせんけ》による茶会や歌舞伎鑑賞に加え、大阪府庁で海洋汚染をテーマとしたシンポジウムが開催され、地元の学生らと意見交換が行われた。こうした模様はメディアでも報道されるため、社会的な課題をアピールする格好の機会となっており、「ファーストレディー」が外交で果たす役割は小さくない。

（山口航）

Q44 天皇は外交にどのように関わってきましたか

A 日本国憲法下の象徴天皇として裕《ひろ》仁《ひと》と明仁《あきひと》は、昭和戦後から平成にかけて、時の政治と絡み合いながら、外国訪問や外国賓客の接遇など皇室による国際親善を通して事実上の「外交」を行ってきた。徳仁《なるひと》はそれらを継承しつつ、令和下における国際親善のあり方を模索する最中にある。

〈「皇室外交」前史〉

日本国憲法下で、「象徴」と規定された天皇は、国政に関与しない立場のもと、「国際親善」の公務を行っている。外国訪問、外国賓客の接遇、外国要人との会見などがそれである。天皇の「国際親善」は、その時々の政治過程に左右されることが多分にあり、政府の思惑のみならず、時に天皇の意思が交錯する中で展開されてきた。その実態は、政治外の存在であるはずの天皇・皇室が「外交」を行っているに等しいもので、「皇室外交」と呼ばれることがある。

そもそも「皇室外交」は、戦後特有のものではなく、明治以後、天皇の外交的役割とされてきた。大正末から昭和初期にかけて盛んに行われたが、日中戦争の激化に伴い下火となり、敗戦と占領の中断を経て、独立回復後、諸外国との外交関係が復活したことで再開された。一九五二年一一月以降、外国元首や王族の接遇が始まり、「象徴」となった天皇裕仁（昭和天皇）の「国家元首」像が国際社会に定着していく。

一方、外国訪問は天皇ではなく皇族がその役割を担った。天皇が海外に行った前例やそれを可能とする法律がなく、裕仁の戦争責任問題も影響したからである。そこで「皇室外交」の中心となったのが皇太子明仁だった。一九五三年のエリザベス英女王戴冠式参列、そして六〇年の日米修好通商一〇〇周年を記念した訪米を機に、夫妻での「皇室外交」を本格的に進めていった。その他、敗戦後、学究の道を歩んだ三笠宮崇仁《みかさのみやたかひと》が五六年に夫妻でセイロンを訪問して以降、精力的に「外交」を行い、高松宮宣仁《たかまつのみやのぶひと》夫妻など他の皇族がそれに続いた。

〔裕仁の「皇室外交」―ヨーロッパからアメリカへ〕

天皇の外国訪問への道は一九六四年五月施行の「国事行為の臨時代行に関する法律」によって開かれた。天皇が国内を不在にした場合の国事行為の委任が可能となったからである。七〇年七月、ベルギーのボードワン国王からの招請を受けて以降、計画が具体化し、翌年秋にベルギー・イギリス・西ドイツなど欧州七ヵ国への訪問が実現した。裕仁にとって皇太子時代の訪欧から五〇年目の旅となった。裕仁の切望する訪米も検討されたが、沖縄返還前の実施は政治的と受け止められる可能性があるため、旅程から外された。とはいえ、次は訪米という流れが既定路線となったことで、訪欧には訪米への地ならしとしての意味も込められた。

「センチメンタルジャーニー」となるはずの天皇夫妻訪欧は、裕仁にとって極めて厳しい旅となった。ベルギー・イギリス・オランダなどで、大日本帝国憲法のもと、「統治権の総攬者」で「国家元首」だった裕仁の戦争責任を糾弾する動きが多発したからである。日本の皇室と関係の深いイギリスであっても決して例外ではなく、植樹した杉が切り倒される始末だった。こうしてみると、訪欧は失敗に終わったかにみえるが、この苦い経験が次の訪米にいかされていく。

天皇訪米は一九七三年に大きく動き出す。当時の日米関係は繊維摩擦やニクソン・ショックの影響で急速に冷え込んでおり、その改善と関係強化のため日本政府が政治利用を画策したのである。すぐさま天皇訪米は政治問題となり国会も紛糾したが、政府は決定を「皇室の御判断」に丸投げすることで、批判を交わしていく。一方、戦後も「国家元首」意識を保持し続けた裕仁は、日米関係の改善に貢献すべく自身の訪米を強く望んだが、国論を二分する状況に断念せざるを得ず、中止の「聖断」を下すしかなかった。

その後、一九七四年一一月にフォード米大統領が来日し、訪米を招請したことで本決まりとなり、日米の懸案もなかったことから、戦後三〇年目（七五年秋）に全米六都市への天皇夫妻訪米が実現したのである。念願叶った裕仁は、ホワイトハウスの晩餐会《ばんさんかい》での「おことば」で、「私が深く悲しみとする、あの不幸な戦争」と先の大戦に言及した。先の訪欧での「おことば」にはみられなかった文言で、訪米前に入念に準備されたものだった。ただし、裕仁が最も伝えたかったのは、事実上の「謝罪」の直後に語った、終戦後の対日援助への「感謝」であった。「謝罪」と「感謝」の「おことば」への反応は絶大で、会場から拍手が鳴り止まなかったという。以後、各地で歓迎を受けた裕仁は、多くの人々と交歓し、日米友好と相互理解の増進に大きく貢献したのである。

裕仁の「皇室外交」には、「象徴」でありながら「国家元首」意識を持つそのパーソナリティが強く作用した。それは訪米の経緯をみても明らかである。次の訪問先として中東・北欧が候補にあがったが実現せず、その後は外国賓客の接遇による「皇室外交」を一九八八年まで継続していく。その中で訪問の招請を受けることもあった。また、中国・韓国など過去の戦争相手国や植民地支配の相手国の要人に対して「謝罪」の言葉を述べるなど、「戦後和解」に取り組んだ。

〈明仁・徳仁の「皇室外交」―「平成流」から「令和流」へ〉

平成の代替わり後、天皇明仁夫妻は北米・中南米、欧州、中東、東アジア、東南アジアなど計二〇回・延べ四七ヵ国を全方位的に歴訪し、積極的に国際親善に努めた。

明仁の「皇室外交」の第一の特徴は、政治との密接な関係である。皇太子時代における安保闘争後の一九六〇年訪米、経済摩擦解消のための八七年訪米、即位後の九四年訪米も経済摩擦で深刻化する日米関係の修復を期待されてのものだった。まさに明仁は政治利用の対象となっていたが、その最大のものが九二年の訪中であろう。中国政府から度重なる招請を受けていた経緯に加え、日本政府は、天安門《てんあんもん》事件の対応により国際社会から孤立する中国の求めに応えることが、外交上意義があると判断したのである。天皇訪中をめぐっては、裕仁の訪米以上に国論が二分し、政権与党内でも反対論が噴出するほどだった。政府は説得工作を進める中、訪中を望む明仁の意思を説得材料に用いるなどし、党内重鎮の合意をとりつけていく。結果、党内には根強い反対や不満の声が残ったものの、政府は訪中の正式決定にこぎつけた。当の明仁は、「私の立場は、政府の決定に従って最善を尽くすこと」と述べ、あくまで「象徴」として与えられた役割を果たすとの意志を示した。

第二の特徴は、先の大戦との関係である。父・裕仁が果たし得なかった「戦争責任」と「戦後和解」を象徴天皇の大切な使命と捉えたのである。先の訪中では「中国国民に対し多大の苦難を与えた不幸な一時期」は「私の深く悲しみとするところ」と、深い「謝罪」の念を込めた「おことば」を述べている。また、一九九八年にイギリス、二〇〇〇年にオランダを訪問した際の「おことば」には、「誠に悲しむべきこと」「忘れられない記憶」「深い心の痛み」との文言がみられる。

表　天皇皇后の外国訪問一覧

昭和天皇・香淳皇后	1971	ベルギー・イギリス・ドイツ連邦共和国（国際親善，アメリカ合衆国アラスカ州アンカレジ・デンマーク・フランス・オランダ・スイス立ち寄り）【9～10月】
	1975	アメリカ合衆国（国際親善）【9～10月】
天皇明仁・皇后美智子	1991	タイ・マレーシア・インドネシア（国際親善）【9～10月】
	1992	中華人民共和国（国際親善）【10月】
	1993	ベルギー（ボードワン国王葬儀参列）【8月】 イタリア・ベルギー・ドイツ（国際親善，バチカン立ち寄り）【9月】
	1994	アメリカ合衆国（国際親善）【6月】 フランス・スペイン（国際親善，ドイツ立ち寄り）【10月】
	1997	ブラジル・アルゼンチン（国際親善，ルクセンブルグ・アメリカ合衆国立ち寄り）【5～6月】
	1998	イギリス・デンマーク（国際親善，ポルトガル立ち寄り）【5～6月】
	2000	オランダ・スウェーデン（国際親善，スイス・フィンランド立ち寄り）【5～6月】
	2002	ポーランド・ハンガリー（国際親善，チェコ・オーストリア立ち寄り）【7月】
	2005	ノルウェー（国際親善，アイルランド立ち寄り）【5月】 サイパン（戦後60年，慰霊の旅）【6月】
	2006	シンガポール（外交関係樹立40周年），タイ（プミポン国王即位60年記念式典，マレーシア立ち寄り）【6月】
	2007	スウェーデン・イギリス（リンネ生誕300年記念行事），エストニア・ラトビア・リトアニア（国際親善）【5月】
	2009	カナダ（国際親善），ハワイ（皇太子明仁親王奨学金財団50周年記念行事）【7月】
	2012	イギリス（エリザベス女王即位60周年記念）【5月】
	2013	インド（国際親善）【11～12月】
	2015	パラオ（戦後70年，慰霊の旅）【4月】
	2016	フィリピン（国交正常化60周年）【1月】
	2017	ベトナム（国際親善，タイ立ち寄り=プミポン前国王の弔問）【2～3月】
天皇徳仁・皇后雅子	2022	イギリス（エリザベス女王の国葬参列）【9月】
	2023	インドネシア(国際親善)【6月】

出典：宮内庁ホームページをもとに作成.

その集大成が明仁の発意で実現した戦地への「慰霊の旅」であろう。戦後六〇年（二〇〇五年）にサイパン、七〇年（一五年）にパラオを夫妻で訪れ、先の大戦で命を失ったすべての人々を追悼した。翌一六年にはフィリピンを訪問し、「慰霊の旅」の続きを行った。こうした姿勢が「平成流」と呼ばれる象徴天皇のあり方を形成したのである。

平成から令和に代わり、天皇徳仁の「皇室外交」がすぐに始まった。二〇一九年五月にトランプ米大統領が令和初の国賓として招かれた。新天皇の「皇室外交」をテコに、日米関係の強化を図りたい政府の思惑がそこにはあった。他方、中国の習近平《しゅうきんぺい》国家主席の国賓来日が決まり、エリザベス女王から招請を受けての天皇夫妻訪英も検討されたが、世界的な新型コロナウイルス感染症拡大を受け、すべて延期となった。

「コロナ禍」で中断された「皇室外交」が徐々に再開される中、二〇二二年九月にエリザベス女王が死去した。徳仁は英王室との関係の深さや女王からの訪英招待の経緯を勘案し、国葬参列を決断、夫妻でイギリスを訪問した。即位後初の外国訪問となった。また、二〇二三年六月にはインドネシアへの親善訪問が実現している。今後、さらなる「皇室外交」の展開によって「令和流」の内実も明らかになってくるだろう。

総じて、三代の象徴天皇は、政治と絡み合いながら、さまざまな形で国際親善を行ってきた。外国の元首・王族・国民と広く交歓し、友好親善と相互理解を図るという政治レベルの外交とは異なる〝ソフトな外交〟を積み上げ、現在に至る。

（舟橋正真）

〔参考文献〕君塚直隆『カラー版 王室外交物語』（光文社、二〇二一年）、舟橋正真『「皇室外交」と象徴天皇制 一九六〇〜一九七五年』（吉田書店、二〇一九年）、舟橋正真「象徴天皇制下の「皇室外交」」茶谷誠一編『象徴天皇制のゆくえ』（志學館大学出版会、二〇二〇年）

コラム4

皇室と外国の王室との交流

日本の皇室は明治以来、外国王室との関係を築いてきた。中でも英王室との交流の歴史には深いものがあり、それは一八六九年に初の国賓待遇で迎えられたアルフレッド王子来日に始まる。英王室からは、睦仁《むつひと》（明治天皇）から明仁《あきひと》（現上皇）まで四人の天皇に最高位ガーター勲章が授与されている。

一九二一年には皇太子裕仁《ひろひと》がイギリスを訪れ、国王ジョージ五世から立憲君主のあり方を学び、その翌年に皇太子エドワードが答礼として来日した。しかし、天皇裕仁（昭和天皇）の治世に入り、（↖）両国は奇しくも戦火を交え、裕仁のガーター勲章も剝奪された。

敗戦と占領を経て、日本が独立を果たし、国際社会に復帰すると、皇室と英王室との交流は再開された。一九五三年に皇太子明仁がエリザベス女王戴冠式に参列。六一年にはアレキサンドラ王女が国賓として来日。その翌年に秩父宮妃《ちちぶのみやひ》勢津子《せつこ》が訪英し、天皇より託された大勲位菊花大綬章《だいくんいきっかだいじゅしょう》と菊花章頸飾《きっかしょうけいしょく》を女王に贈進した。

一九七一年の五〇年ぶりの天皇再訪に際して、女王は裕仁のガーター勲章を復活させた。また、公式晩餐会《ばんさんかい》で女王は、今回の（→）訪英が日英間の戦争という不幸な記憶に終止符を打つと述べ、さらに、二度と同じことが起きてはならないとのスピーチを行った。その四年後、女王が国賓として来日。天皇は宮中晩餐会で、両国が「大きな試練」を経たと先の大戦に言及した。こうした女王と天皇の「外交」を通して日英間の「戦後和解」が図られ、天皇明仁にも継承されていく。

また、日本の皇室では、多くの皇族がイギリス留学を通じて王室との親交を重ねてきた。天皇徳仁《なるひと》も浩宮《ひろのみや》時代の留学中、女王のお茶に招かれている。二〇二二年の女王国葬に皇族ではなく天皇が「異例」の参列をしたことも、戦後の皇室と英王室との親密な関係性が如実に表れている。

宮内庁提供

戦後皇室は、外国王室との交流を通して、友好親善と相互理解を図ってきた。令和新時代、英王室を中心に欧州君主国の制度や慣習に学ぶべきことは多い。

（舟橋正真）

Q45 日米同盟が終わることはあるのですか

A

戦後、日米同盟は日本外交の基軸となり、両国の協力関係は深化と拡大を続けている。では、この日米同盟に死角はないのであろうか。現時点で同盟が崩壊の危機に瀕しているわけではないが、ここでは日米同盟が終焉し得る可能性について考えてみよう。

〈日米同盟の深化と拡大〉

厳しさを増す国際環境を背景として、日米同盟は深化を続けている。二〇一五年には「日米防衛協力のための指針」（ガイドライン）が再改定され、アジア太平洋地域を超えて、日米同盟がグローバルに主導的な役割を果たしていくことが盛り込まれた。さらに、武力攻撃の対処だけではなく、サイバーや宇宙空間など新しい分野での戦略的連携や大規模災害への対処にも言及された。こうして、平時から緊急事態までのいかなる段階においても、切れ目のない協力を実施していくことが謳われている。

日本政府としても、日米防衛協力の基盤となる防衛力増強に力を入れている。集団的自衛権の限定的行使を容認し、反撃能力の獲得を目指し、防衛費を大幅に増額するなど、安全保障政策の転換を図っている。

加えて、両国の協力関係は二国間だけに留まらず、広がりをみせている。近年、日米豪印（ＱＵＡＤ）の首脳会合を開催するとともに、日米韓の安全保障協力や日本と北大西洋条約機構（ＮＡＴＯ）との関係を強化するなど、多国間の枠組みにも力を入れている。

たしかに、一九六〇年に締結された「日本国とアメリカ合衆国との間の相互協力及び安全保障条約」（日米安全保障条約）をめぐっては、賛成か否かという対立軸がかつて日本に存在した。だが、今日では、両国の世論でも日米同盟は基本的に支持されている。読売新聞社とアメリカの世論調査会社のギャラップ社は、両国民を対象に、日米共同世論調査を長らく実施している。近年の結果をみてみると、年によって変動もあるものの、日米双方において、両国の関係は概して良好であると捉えられている。

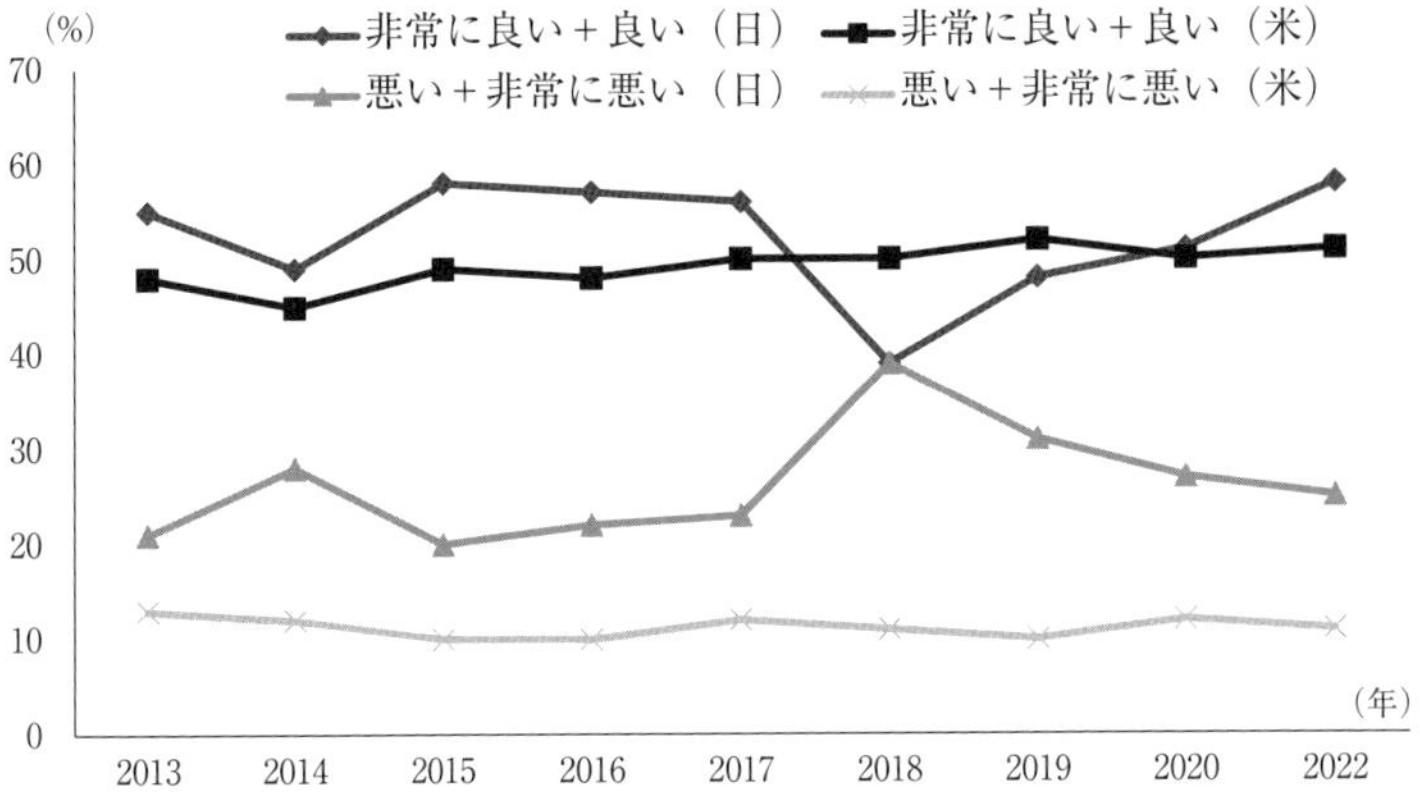

★—現在の日米関係の世論調査（『読売新聞』各年版より作成）

〔日米安全保障条約第一〇条〕

現時点で日米関係は良好だが、死角はないのか。実は、日米同盟の根幹となっている日米安全保障条約は、第一〇条でその終焉について規定している。そこでは、国際連合（国連）の措置が十分な定めを果たしたと日米両政府が認めるまで効力を有するとある。すなわち集団安全保障体制が機能し、世界に平和が訪れれば、日米同盟は解消に向かうのである。しかしながら、ロシアのウクライナ侵攻や米中対立、北朝鮮の核・ミサイル問題などをみる限り、予見できる将来、平和な世界は実現しそうにない。

もっとも現状でも、日米のいずれかが条約の終了を相手国に通告することができ、通告の一年後に条約が終了する旨が、第一〇条には盛り込まれている。では、どのような場合に、日米の少なくとも一方が同盟の終焉を決断するのだろうか。ここでは、三つの可能性をあげよう。

〔日米同盟終焉の可能性〕

第一に、脅威が消滅する、ないし脅威を感じなくなる場合である。同盟を組まなければならないような安全保障上の脅威は存在しない、あるいは日米同盟がなくても安全保障上の問題に対処できる、と日米いずれかが判断すれば、同盟が存続する必要はなくなるかもしれない。たとえば、日米同盟の形成の契機となった朝鮮半島問題が解決されたり、中国の対外政策や台湾の政治的位置について懸念を持つ必要がなくなったりすれば、日米同盟の存在理由が問われることになるだろう。

ただし、この場合でも同盟が続く可能性はある。日米同盟は単に脅威に対応するために存在するわけではないからである。実際、冷戦が終わりソ連が崩壊した時、日米同盟や北大西洋条約機構（ＮＡＴＯ）はいずれ消滅の運命にあるともいわれた。だが、冷戦が終わっても、アメリカを中心とする国際秩序が崩壊したわけではなかった。現在の国際秩序を維持するために、アメリカは引き続き日米同盟やＮＡＴＯを必要としたのである。

第二に、同盟の維持にかかるさまざまなコストに、日米のいずれかが耐えられなくなった場合である。日米同盟のコストがその利益に比べて大きく、帳尻が合わないようにみえれば、日米同盟は国民の支持を失う。

たとえば米側には、遠く離れた日本のためになぜアメリカの若者が戦わねばならぬのか、との批判もある。近年、アメリカでは「抑制派」と呼ばれる、孤立主義的・非介入主義的な考えが、少数ではあるものの台頭しつつある。コストという観点が強調され、アメリカが世界で介入主義的な外交安全保障政策をとるのは割に合わないとして、抑制的なそれを求める考えである。

他方、日本周辺で戦争が起こる可能性が低くなればなるほど、日本側はコストを高く感じる。最大のコストと日本で考えられているのが、在日米軍基地の存在である。何のために米軍基地があるのかを国民が納得しなければ、戦略的な利益よりもコストの方が大きいと判断される。くわえて、日本から地理的に離れていようとも、アメリカの軍事行動が現実味を帯びてくれば、それへの協力が日本側に求められるとして、「巻き込まれ」の不安が高まることになる。

そもそも、日米同盟は非対称である。通常の同盟であれば、互いに互いを守り合うという形で、権利と義務関係が対称である。だが、日米安全保障条約の文言上は、アメリカは日本を守るが日本はアメリカを守る義務はなく、その代わりに日本はアメリカに基地の使用を認めることになっている。このように、権利義務関係が非対称でわかりにくいがゆえに、自らの負担に目がいきがちとなる問題を構造的に抱えている。

第二の点と関連して、第三に、相手を信頼できなくなれば日米同盟は終わり得る。一方が他方に期待していることを他方がしなかった場合や、逆に一方が他方に期待していないことを他方が行った場合に、日米同盟は空洞化する。

たとえば、防衛協力やその裏づけとなる防衛力強化を日本政府が拒否すれば、アメリカの日本に対する信頼は失墜するだろう。有事の際にガイドラインに定められた行動を日本政府がとれない、ないしとる気がないと米側が判断する場合も同様である。

★—日米安全保障条約60周年記念レセプション（出典：首相官邸ホームページ）

また、万が一、前述の抑制派の議論を米政府が実行に移していけば、日本をはじめとした同盟国にとっては「見捨てられ」の不安が高まるだろう。そうなれば、アメリカは信頼できる同盟国とはみなされず、同盟崩壊が現実味を帯びてくる。現に先述の日米共同世論調査でも、特に近年の日本側の回答において、アメリカを信頼できるとの意見と信頼できないとの声が拮抗しており、注視が必要である。

以上の可能性はあくまでも頭の体操であり、現時点で日米同盟が危機に瀕していることはない。それでも、日米同盟の存続について考えるにあたっては、本稿で示したシナリオに気を配ることも有用であろう。

同盟はしばしばガーデニングにたとえられる。手入れを怠れば、同盟も庭も荒れてしまう。現状に満足するのではなく、日米同盟も不断の手入れが必要である。

（山口航）

〔参考文献〕土山實男『安全保障の国際政治学（第二版）』（有斐閣、二〇一四年）、平和・安全保障研究所編、西原正・土山實男監修『日米同盟再考』（亜紀書房、二〇一〇年）

Q46 日中間では何が懸案となっているのですか

A

日中両国は隣国同士であり、地域と国際社会の平和と繁栄にとって、ともに重要な責任を有する大国である。友好協力関係をより深め、「戦略的互恵関係」を包括的に推進することが日中両国の利益に繋がることは論をまたない。しかし、両国間には、安全保障・歴史認識・経済など多くの課題や懸案が存在する。

〔安全保障・人権問題〕

第一に、中国の東シナ海・南シナ海における一方的な現状変更の試みや、地図上に独自に設定した「九段線《きゅうだんせん》」による領有権の主張にみられる国際的な規範や裁定を反故《ほご》にする言行が、世界と地域の秩序に対する不安定要因となっている。中国の公表国防費は三〇年以上にわたり増額を続けている一方、その内訳が示されないなど、不透明な状況が続いている。

特に近年、台湾に対する力による威圧を高めており、二〇二二年八月の中国による排他的経済水域（ＥＥＺ）を含む日本近海への弾道ミサイル発射をはじめ、日本周辺における中国による軍事活動の拡大及び活発化が深刻な懸念となっている。台湾や尖閣《せんかく》諸島など周辺海域における有事の懸念は、日本の安全保障・危機管理に影響する問題である。

こうした中国の対外拡張や不透明性は、日本のみならず周辺諸国や地域の平和と安定に対する重大な「挑戦」となっている。そうした「挑戦」への対応が、中国からは、日本がアメリカと連携して軍事・経済・イデオロギーなどの面から中国を包囲しようとしていると映る。また、香港《ホンコン》情勢及び新《しん》疆《きょう》ウイグル自治区の人権状況が憂慮される一方、人権や民主主義といった普遍的価値に基づく中国の主権及び主張をめぐる国際的な批判に対しては、一切譲ることなく一貫して内政干渉であるとの主張を繰り返し、対中規制や外国からの制裁に対抗する姿勢を示していることも懸念の一つである。

〔政治・歴史〕

第二に、日中両国間における政治的・歴史的な問題、領土をめぐる懸念がある。中国には依然として「中国を侵略した歴史について謝罪し反省していない」とみる向きがある。中国の歴史問題をめぐる日本への批判や愛国主義教育は、中国国内の反日感情を醸成するものとして懸念されている。

また、尖閣諸島をめぐって、日本政府の立場では、解決すべき領有権の問題は存在しない。しかし、中国は自国の「歴史的な領土」である「釣魚島《ちょうぎょとう》」（日本の魚釣島《うおつりじま》）を日本が「国有化」し、対立を引き起こしたのだと主張する。そのため、中国政府や民間団体が日本企業への抗議を行ったり、歴史問題に対する批判の矛先を抗議行動として示すことがある。

さらに、中国が主張する海洋主権に基づき、東シナ海における資源やエネルギーの開発を進め、食料確保を行うなどの自己中心的な対外行動も懸念となっている。また、日本周辺海域における中国漁船による違法操業も相次いでいる。

このほか、日本企業へのボイコットなどの抗議活動や、邦人拘束事案の発生、二〇一一年三月の東日本大震災後の日本産の食品や農産物に対する輸出規制が長期間にわたって続いていること、福島原発事故のＡＬＰＳ処理水の海洋放出が国際法や国内外の規制を確実に遵守し、安全性を確保した形で行われているにもかかわらず、中国政府が批判や事実を歪曲《わいきょく》する形での宣伝をしていることも問題となっている。

〔経済安全保障〕

第三に、前記二つと関連する問題として、経済安全保障上のさまざまなリスクがある。日本が抱える経済安全保障上の主なリスクには、①情報・技術・人材の流出リスク、②評判（レピュテーション）リスク、③貿易規制・制裁・投資規制、④サプライチェーンの途絶リスク、⑤職員・学生・研究者らの人権及び安全に対するリスクがある。

中国は自らの主張を、軍事力のみならず、経済的相互依存関係を利用した「エコノミック・ステイトクラフト」（経済的威圧）をはじめ、さまざまな手段を使って他国に強制することがある。これは貿易や投資、インバウンド消費といった日本の経済活動に大きな影響を与えるものである。また、中国国内でのブランドイメージや顧客に対する影響もあるため、日本企業はこれらのリスクに対処するために、中国市場における戦略の見直しを迫られている。

（土屋貴裕）

〔参考文献〕外務省『外交青書二〇二三』（日経印刷、二〇二三年）、兼原信克『日本の対中大戦略』（ＰＨＰ研究所、二〇二一年）

Q47 なぜ日韓の歴史認識をめぐる問題はなかなか解決しないのですか

A 一九六五年の国交正常化をもって日韓両国は協力の道を選び、過去に一定の区切りをつけたはずであった。しかし、民主化後の韓国では、そうした両政府間の決着に対する異議申立ての動きが顕在化し、今日に至る。歴史認識問題に特効薬はなく、未来に向けた両国国民の意思が問われている。

〈未完の日韓共同宣言〉

一九九八年一〇月、日韓両国の首脳は会談し、「二一世紀に向けた新たな日韓パートナーシップ」と銘打った共同宣言を発出する。その一節において小渕恵三《おぶちけいぞう》首相と金大中《キムデジュン》大統領は、両国の和解にむけた決意を次のように表明した。

> 小渕総理大臣は、今世紀の日韓両国関係を回顧し、我が国が過去の一時期韓国国民に対し植民地支配により多大の損害と苦痛を与えたという歴史的事実を謙虚に受けとめ、これに対し、痛切な反省と心からのお詫びを述べた。
>
> 金大中大統領は、かかる小渕総理大臣の歴史認識の表明を真摯に受けとめ、これを評価すると同時に、両国が過去の不幸な歴史を乗り越えて和解と善隣友好協力に基づいた未来志向的な関係を発展させるためにお互いに努力することが時代の要請である旨表明した。

しかし、「未来志向的な関係」にむけた両首脳の決意は、ほどなく画餅《がべい》に帰すこととなる。まず目立ったのは、歴史認識について韓国側に疑念を抱かせるような動きが、日本側において顕在化したことであった。

二〇〇一年四月、いわゆる自虐史観の克服を唱える「新しい歴史教科書をつくる会」の教科書が、文部科学省の検定に合格する。「つくる会」は、従軍慰安婦についての記述が日

本の歴史教科書に盛り込まれることへの反対運動に端を発し、戦後日本の「歴史教育を根本的に立て直す」ために設立された団体であった。

同年八月、現職の内閣総理大臣である小泉純一郎《こいずみじゅんいちろう》首相が靖国《やすくに》神社を参拝する。かねて中国と韓国は、東京裁判でA級戦犯とされた戦争指導者が合祀される靖国神社への首相の参拝は国民の理解を得られないとして強く反対していた。それにもかかわらず、小泉首相はその後五年の在任期間を通じて、毎年の参拝を決行したのであった。

★—小渕恵三と金大中による日韓共同宣言

さらに二〇〇五年二月には、竹島《たけしま》編入から一〇〇年を記念して、島根県が「竹島の日条例」を制定する。竹島を「日本による韓国侵略の最初の犠牲」と捉え、それゆえに「独立の象徴」として位置づける韓国にとってこの動きは看過しえず、盧武鉉《ノムヒョン》政権は日本との「外交戦争も辞さず」との姿勢を打ち出すに至った。

〔一九六五年体制への異議申立て〕

二〇一〇年代に入ると、日韓の歴史認識問題は一層混迷の度を深めることになる。契機となったのは、慰安婦問題や徴用工問題といった個人の戦争被害の補償をめぐって、韓国国内で重要な司法判断が相次いで下されたことであった。

韓国の憲法裁判所は二〇一一年八月、元慰安婦の対日賠償請求権をめぐって日韓両国の立場には違いがあるにもかかわらず、韓国政府が交渉による解決を日本政府に働きかけないことは違憲であるとの判決を下す。さらに一二年五月には韓国の大法院《だいほういん》（最高裁判所）が、戦時の国民徴用令によって工場や炭鉱に動員された元徴用工に対する日本企業の賠償責任を争う裁判で、原告敗訴の原判決を破棄して審理の差し戻しを言い渡した（一八年の判決により日本企業の敗訴が確定）。

そうした最中の二〇一二年八月、韓国の李明博《イミョンバク》大統領は突如として竹島への上陸を敢行し、さらに植民地支配の過去について天皇に謝罪を要求する発言を行う。日韓の請求権問題は一九六五年の請求権協定によって解決済みとの立場を堅持する日本政府と、自国の司法判断との板挟みとなって対応に窮した末の、苦し紛れのパフォーマンスであった。

韓国国内の一連の司法判断が投げかけたのは、一九六五年の国交正常化に際して結ばれた日韓基本条約と付属協定を基礎とする両国関係のあり方（日韓の一九六五年体制）をどのように評価するのかという問題であった。日本からすれば、それは困難な交渉の末に両国がこぎ着けた到達点であり、両国が過去に一定の区切りをつけて新たな関係を築くうえでの出発点であった。とりわけ、植民地支配の過去にまつわる両国間の財産・請求権問題が「完全かつ最終的に解決された」ことを確認した日韓請求権協定は、一九六五年体制の根幹として揺るがせにできないものであった（Q28参照）。

しかし、こうした評価は韓国国内で広く共有されたものではなかった。むしろ多くの韓国国民にとって日韓の一九六五年体制とは、権威主義的な統治を敷いた当時の朴正熙《パクチョンヒ》政権が国内の反対を押し切って主導し、冷戦秩序における日韓の垂直的な関係性を投影する形で成立した、いわば前時代の遺物だったのである。日韓請求権協定を突き崩すような司法判断が韓国国内で相次いだ背景には、このような理解が横たわっていた。

こうして日韓の間には一九六五年体制をめぐって国民的な理解に隔たりがあり、そのことが歴史認識問題の解決を困難にしてきた。とはいえ、その問題を前にして両国はただ手をこまねいてきたわけではない。日韓の国民的な和解にむけた試みは、八七年の韓国民主化の直後に遡る。

〔慰安婦問題と和解の試み〕

一九九一年夏、一人の韓国人女性が元慰安婦であることを実名で告白し、証言を始める。同年一二月には日本政府を相手取った訴訟が提起され、さらに翌年一月、慰安所の設置などにおける旧日本軍の関与を示す歴史資料の存在が報じられるに及んで、慰安婦問題は日韓関係の中心的な争点となった。

真相究明に取り組んだ日本政府は一九九三年八月、調査結果とともに河野洋平《こうのようへい》官房長官の名義で談話を発表する。慰安婦の募集・移送・管理などが「総じて本人たちの意思に反して行われた」として「お詫びと反省の気持ち」を表明した河野談話の要諦は、慰安婦制度に広い意味での「強制」性があったことを認めて元慰安婦の尊厳を守り、日韓両国の和解に向けた道筋をつけることにあった。

河野談話で表明された「お詫びと反省の気持ち」の具体的な表現として一九九五年七月、アジア女性基金が民間組織として発足する。同基金は日本政府の支援のもと、広く国民から寄付を募って元慰安婦に償い金を支給し、また首相によるお詫びの手紙を届けることを目指した。それは、日韓請求権協定によって両国間の財産・請求権問題が「完全かつ最終的に解決された」ことを前提としつつ、一九六五年体制の足らない部分を補完して、両国間の国民的な和解の実現に繋げようとする試みであった。

しかし、韓国におけるアジア女性基金の取り組みは、元慰安婦を支援する韓国市民団体の強い反発を受け、結果として挫折する。韓国最大の支援団体である挺身隊《ていしんたい》問題対策協議会（挺対協）は、あくまで日本による国家賠償を求めるとの原理的な立場から、アジア女性基金の償い金を受け取らないよう元慰安婦らに圧力をかけたのだった。

韓国政府は当初、アジア女性基金の構想に好意的であった。しかし、挺対協による強力な反対運動を前にしてやがて姿勢を後退させ、アジア女性基金の償い金の受け取りを拒んだ元慰安婦に限って国家予算から生活支援金を支給する方針に転じた。一九六五年体制をめぐる懸隔を埋めて国民的な和解を実現する貴重な機会を、日韓両国は逃したのである。

〈歴史認識問題の彼岸〉

二〇一五年一二月の日韓慰安婦合意や二三年三月の韓国政府による徴用工問題の解決策の発表など、日韓両政府間では個別的な争点をめぐって解決にむけた取り組みが続けられている。しかし、これらはいわば対症療法であって、歴史認識問題に特効薬はない。

とりわけ日韓の歴史認識問題の淵源には、そもそも一九一〇年の韓国併合条約とそれに続く植民地支配が、当時の国際法に照らして合法的に成立したものであるのか、それとも不法な「強占（強制占領）」に過ぎなかったのかという点で、両国の立場に超え難い断絶がある。日韓の両国には、今後も歴史認識問題と付き合い続けていく覚悟が求められるだろう。

その前提に立って、それでもなお前向きな日韓関係を構想することはできる。両国が互いの今日的な重要性を確認し合い、「未来志向」の視点から歴史認識問題の鎮静化に真摯に取り組むことが、その第一歩となるだろう。（石田智範）

〔参考文献〕木村幹『日韓歴史認識問題とは何か』（ミネルヴァ書房、二〇一四年）、波多野澄雄『「徴用工」問題とは何か』（中央公論新社、二〇二〇年）、服部龍二『外交ドキュメント　歴史認識』（岩波書店、二〇一五年）

Q48 北朝鮮の核・ミサイル問題はなぜ解決しないのですか

A

北朝鮮の核・ミサイル問題の解決が困難であるのは、主として核保有が北朝鮮の体制維持にとって最も合理的な手段であることに求められるが、他にも複数の要因がある。北朝鮮の核開発と、国際社会の対応の歴史を振り返ることで考えてみたい。

〔核の開発史〕

北朝鮮による核エネルギー研究の歴史は古く、ソ連が一九五〇年代に立ち上げた共同研究への参加にまで遡る。一九六〇年代には小型の研究用原子炉をソ連より輸入し、技術と経験の積み重ねを開始した。一九六二年には核兵器の配備をソ連に要請するなど、北朝鮮は当初より核兵器に関心を有していた。これを危惧したソ連は、北朝鮮との協力拡大に消極的であった。そこで北朝鮮は中国に接近し、程度は不明ながらも一定の技術協力を得た。そのうえで北朝鮮は七九年より小型の原子炉（黒鉛減速炉）の建造を独力で開始し、八五年に稼働を開始させた。この原子炉は、北朝鮮内で産出される、いわゆる天然ウラン（主成分はウラン二三八）を燃料とし、ウラン原子核の分裂で生じる中性子の減速には黒鉛を用いていた（減速は核分裂を効率よく行うため）。こうした黒鉛減速炉では、ウラン二三八よりも核分裂しやすいウラン二三五の割合を人為的に高めた濃縮ウランを燃料とする原子炉（例として減速に軽水〈普通の水〉を利用する軽水減速炉）と比較して、核兵器に転用可能なプルトニウムが多く生成される。北朝鮮はこのプルトニウムを利用して独自の核兵器開発を開始したのである。

〔米朝枠組み合意の頓挫〕

こうした北朝鮮の動向は、一九八〇年代には既にアメリカの危惧するところとなっていたが、一九九二年、核兵器不拡

散条約（NPT）加盟国に課せられる国際原子力機関（IAEA）の査察受け入れをめぐりクローズアップされた（北朝鮮は一九八五年にソ連の求めに応じて非核兵器国としてNPT加入）。北朝鮮は瀬戸際外交を展開し、九三年三月にNPT脱退を通告した。アメリカは武力行使を検討したものの、多大な犠牲が伴うと見積もられたことから断念し、最終的にこの危機は九四年一〇月、「米朝枠組み合意」の成立により収束した。この合意は主に、北朝鮮が黒鉛減速炉の利用とプルトニウムを利用した核開発を凍結し、NPTに留まる一方で、アメリカが北朝鮮の原子力の平和利用権（NPT第四条）を尊重して発電用の軽水炉を提供し、それが完成するまでの間、重油を提供するとの内容であった。

しかし北朝鮮がミサイル実験を繰り返したことや、軽水炉の建設費用の分担交渉が関係国間で難航したことなどで、合意の履行は遅延した。そうした状況下で二〇〇二年一月、同時多発テロ事件を受けたジョージ・W・ブッシュ米政権が北朝鮮を悪の枢軸国と非難し、さらには濃縮ウランを利用した新たな核兵器開発計画の存在を公表すると、北朝鮮は核開発の再開とNPTからの再度の離脱を宣言した。

〔六者協議の頓挫〕

二〇〇三年四月、北朝鮮はそれまでの核保有の曖昧政策から公言政策へと転換した。これに対して同年八月、米朝に中露日韓を加えた六者間の協議が設けられたが、交渉は難航した。それは、北朝鮮が自らの体制の保障と、朝鮮戦争の休戦協定を平和条約へと移行させるなどして、朝鮮半島を安定化させた後に自らの核開発を凍結し、核の段階的な廃棄を主張した一方で、日米韓は「完全かつ検証可能で不可逆的な非核化」（CVID）の受け入れを強く求めたからであった。

北朝鮮は二〇〇五年に六者協議からの離脱を表明したものの、議長国である中国のとりなしが効を奏して同年九月に共同声明の策定にこぎ着けた。この声明は、北朝鮮がすべての核兵器と既存の核計画を廃棄してNPTへの早期復帰を約する一方で、その見返りにアメリカが北朝鮮に侵略の意図がないことを宣言し、また、米中露日韓が北朝鮮に代替エネルギーを供給するとの内容であった。しかしこの後、アメリカが新たな金融制裁を科して再び米朝関係が悪化すると、北朝鮮は〇六年一〇月九日に初めての核実験を行った。これにより北朝鮮の非核化交渉はまたもや頓挫することとなった。

〔国連などによる制裁〕

北朝鮮の核及びミサイル実験に対して国際連合（国連）安全保障理事会や日米韓の三ヵ国は、そのつど制裁を科してきた。たとえば最初の核実験に対しては安保理決議一七一八において、国連の全加盟国に対して戦闘機や戦車などの大型兵器、核やミサイル関連資材、奢侈品の北朝鮮への禁輸と、核開発に関与した北朝鮮の個人・組織名義の海外資産の凍結ならびに加盟国の領域への渡航禁止を定めた。同時に北朝鮮に対してもこれらの物品の輸出入を禁止した。二〇〇九年五月二五日の第二回核実験に対しては安保理決議一八七四により、北朝鮮向けの武器の禁輸（小火器は別扱い）を規定するとともに、前回の決議内容とあわせて疑いのある北朝鮮向けの貨物検査の実施を加盟国に要請した。またこの時、日本は独自の制裁として北朝鮮への輸出全面禁止を決定した。このように国際社会は、核実験とミサイル発射実験が繰り返されるたびに制裁内容を徐々に強化することで、北朝鮮に翻意を促してきた。しかし北朝鮮は一二年四月一三日、自らを核保有国と規定した憲法改正を実施し、翌年四月一日には世界の非核化に協力しつつも、自らの核兵器の役割を自国への攻撃を抑止・撃退し、相手を殲滅するためと規定した国内法を制定した。

〈解決の困難さ〉

二〇一七年一一月二九日には「国家核武力完成」を宣言した北朝鮮に対して、国際社会は制裁の強度を強めていった。とりわけ二〇一六～一七年にかけての制裁は、北朝鮮の主要輸出産品である石炭・鉄鉱石・鉄・鉛を全面禁輸とするなど、制裁の度合いを数段高めたものであった。これらの制裁でも北朝鮮を翻意させるには至らなかったものの、同国の経済的困窮は強まっていた。そこで一八年三月、金正恩《キムジョンウン》朝鮮労働党委員長はアメリカに首脳会談の開催を呼びかけると、外交面でのレガシーを欲したドナルド・トランプ大統領がこれに応じた。北朝鮮も核・ミサイル実験の凍結を発表して非核化への期待が一気に高まった。しかし同年六月一二日に実施された史上初となる米朝首脳会談では、朝鮮半島の完全な非核化を目指すことで両首脳は一致したものの、北朝鮮が求めた制裁解除と、非核化の時期や方法については合意に至らず、翌年二月の第二回会談においても進展はなかった。

以降、北朝鮮はアメリカに対する相互抑止力の確立を目指して核開発に邁進しているものと考えられる。二〇二二年九月には核兵器の保有を自衛権と位置づけ、その使用条件や方法について法制化を行い、核兵器国としてのさらなる既成事実化を図った。これにより、ますます北朝鮮の非核化問題は解決が困難になったといえる。

以上、北朝鮮の核・ミサイル問題の解決が困難な理由については次のようにまとめることができる。第一に、核兵器は北朝鮮にとって最も合理的な自衛手段だということである。

事実、北朝鮮は核の保有（疑惑）を効果的に用いることでアメリカを中心とする国際社会を交渉の座につけさせ、三代にわたる体制を維持せしめてきた。近い将来において通常軍を増大させるだけの経済的な余力が北朝鮮にないと考えられる以上、彼らが核兵器に固執するのは半ば当然といえる。それゆえに彼らに核兵器を放棄させることは極めて困難なのである。

★—金正恩総書記と新型核ミサイル（共同通信社提供）

第二に、北朝鮮が制裁に耐久力を有していることも問題の解決を困難にしている。国連や関係国の制裁が不十分だったこともあろうが、北朝鮮は困窮しつつも制裁の度に耐久力を高め、現在では覚醒剤の輸出やハッキングによる仮想通貨の窃取など多様な外貨獲得手段を有している。この点も北朝鮮の翻意を難しくさせている。

第三に、本問題の解決がかえって周辺国に負の影響を引き起こすリスクがあることも安易な問題解決を困難にしている。北朝鮮の非核化は、中露両国の対外政策や、朝鮮半島情勢に少なくない影響を及ぼす。日本そして国際社会はそれらのリスクを考慮しつつ本問題の解決を目指さなければならないのである。

第四に、そもそも北朝鮮の非核化とはいかなる状態を指すのか、当事者間で一致できていないことも解決を困難にしている。仮に北朝鮮の核兵器をすべて廃棄できたとしても、北朝鮮が長年積み重ねてきた核に関する知識および技術と、国内のウラン資源は除去できない。これらをいかに処遇すべきなのかということも問題の解決を困難にしているのである。

（田中慎吾）

〔参考文献〕阿久津博康「金正恩時代の北朝鮮の核態勢」『国際安全保障』（四六—二、二〇一八年）、李鍾元「朝鮮半島核危機の前史と起源」『アジア太平洋討究』（四四、二〇二二年）

Q49 日本と東南アジアとの関係について教えてください

A

今日、東南アジアには多数の日本企業が進出し、人的交流は極めて活発である。しかし、日本と東南アジアとの戦後は、決して平坦ではなかった。

〔一九七〇年代の反日運動と福田ドクトリン〕

インドネシア・マレーシア・フィリピン・シンガポール・タイの五カ国は一九六七年に、地域機構である東南アジア諸国連合（ASEAN）を設立した。日本は七三年、合成ゴムに関して、初めてASEANとの閣僚級会合を実施した。

日本は一九七〇年代前半、東南アジア諸国に対する「役務」と経済協力による戦後賠償を終え、それらは政府開発援助（ODA）に引き継がれた。しかしこの時期、急速な経済成長を遂げ、存在感を高める日系企業の活動に対し、東南アジア各国で、反日運動・不買運動などが展開された。対日貿易赤字の拡大、ODAによる大規模インフラ開発に伴う環境・社会への影響への懸念も、それらを後押ししていた。一九七四年に田中角栄《たなかかくえい》首相が東南アジア諸国を訪問した際には、タイ・インドネシアで抗議運動が繰り広げられた。

一九七七年、当時の福田赳夫《ふくだたけお》首相は東南アジアを歴訪し、マニラで、次の三つの内容を盛り込んだスピーチを行った。①日本は軍事大国にならない、②日本は東南アジアと「心と心の触れあう」相互信頼関係を確立する、③日本とASEANとは対等なパートナーで、日本は地域の平和と繁栄に寄与する。この三点は後に「福田ドクトリン」と呼ばれ、日本の対東南アジア政策の基軸となった。同年には、初の日・ASEAN首脳会議、翌年には日・ASEAN外相会議が開催され、その後これらの会議は定例化していった。

〔緊密な経済の結びつき〕

一九八五年のプラザ合意に伴う急速な円高は日本の輸出産

業に大きな打撃を与え、日本企業はこれを機に、東南アジアを中心とした海外に生産拠点を移すようになった。それに伴い、日本と東南アジアとの経済関係はますます緊密かつ相互依存的なものとなった。

一九九七年、タイ・バーツの暴落を契機に発生したアジア通貨危機は、東アジアと東南アジア各国の経済に大きな打撃を与えた。日本の大蔵省《おおくらしょう》（当時）は各国への支援と危機管理のため、総額三〇〇億ドル規模の「新宮澤構想」（宮澤喜一《みやざわきいち》蔵相が提唱）を立ち上げた。

★—日 ASEAN 首脳会議（ASEAN Official）

通貨危機の翌年、ASEAN議長国ベトナムは、ASEAN首脳会議に初めて日本・中国・韓国の首脳を招き、それ以降、「ASEAN＋3首脳会議」は毎年、定例化されることになった。

〔多様化・緊密化する関係〕

日本と東南アジアとの外交関係は、二国間に留まらず、ASEANと日中韓との対話・協力、そして米豪を含むアジア太平洋（近年ではインド太平洋）における協力とも連動しつつ、多層化してきた。

なお、一九八四年にはブルネイ、冷戦終結後の九五～九九年にかけてはベトナム・ラオス・ミャンマー・カンボジアがASEANに加盟した。ASEANは二〇〇七年、紛争の平和的解決、内政不干渉などの共通原則を定めた「ASEAN憲章」を採択、二〇一五年には「ASEAN共同体」の構築を宣言した。同年には「ASEAN経済共同体」（AEC）が発足し、ASEAN域内における「ヒト・モノ・カネ」の行き来に関する規制が緩和された。現在、ASEAN諸国は製造拠点としてだけではなく、六億五〇〇〇万人以上の人口を擁する巨大な消費市場として世界から注目されている。

二〇二一年のデータでは、日本とASEAN諸国の貿易額は二四兆円にのぼり、日本の貿易総額の約一五%を占める。ASEAN諸国にとっても日本は中国・EU・アメリカに次ぐ貿易相手国である。一八年には一万三〇〇〇社以上の日本企業がASEAN諸国に事業を展開し、そこに暮らす日本人は二〇万人を超えた。日本とASEAN諸国間の人の往来も、一九年には約九四〇万人を超えた。

（木場紗綾）

〔参考文献〕大庭三枝『重層的地域としてのアジア』（有斐閣、二〇一四年）、宮城大蔵『増補　海洋国家日本の戦後史』（筑摩書房、二〇一七年）

Q50 日本とヨーロッパとの関係について教えてください

A

近年、日本とヨーロッパとの間では貿易・投資の自由化がなされるとともに、安全保障の面でも協力が進んでいる。また、イギリスはEUを離脱（ブレグジット）した後、インド太平洋に目をむけ、とりわけ日本との協力関係が進展している。

〈EU／NATOとの協力〉

第二次世界大戦後、日本と西ヨーロッパは西側陣営に属していたものの、日本側が大幅な貿易黒字を得る形で経済的には競合関係にあり、また政治的には疎遠であった。しかし、近年ではEUの対日輸出は好転し、貿易摩擦は解消している。また、世界的な反グローバリゼーションの動きに対抗して、日本とEUは二〇一八年に経済連携協定（EPA）に署名し、関税の大部分を撤廃するとともに投資を自由化した。日本とEUが世界全体のGDPに占める比率は、リーマン・ショック直前の〇七年には三三・一％であったのが、EPAに署名した一八年の時点では二四・三％へと縮小していた。こうした状況で、日本とEUはEPAを成長のための一つの起爆剤とみなしており、また一部の国々による保護主義的な動きへの対抗というメッセージも込めていたのである。加えて、日本とEUは一九九一年の共同宣言と二〇〇三年の行動計画により、経済のみならず外交・安全保障の領域においても協力を進めてきた。一八年には、政治分野での協力を促進するため戦略的パートナーシップ協定（SPA）が署名された。

さらに、日本とNATOとの間では、近年急速に関係の強化が進んでいる。二〇一〇年には情報保護協定が結ばれ、秘密情報の共有など、より踏み込んだ協力が可能になった。日本はNATOがアフガニスタンに派遣した国際治安支援部隊

（ＩＳＡＦ）を支持し、アフガニスタン再建のため元兵士の武装解除・動員解除・社会復帰（ＤＤＲ）を支援した。一四年から日本はＮＡＴＯの「世界におけるパートナー」となり、一八年七月にはブリュッセルにＮＡＴＯ日本政府代表部が開設されるなど、両者の関係は制度化されつつある。

二〇二二年二月にロシアがウクライナに軍事侵攻したことを受けて、同年六月にはマドリッドで催されたＮＡＴＯ首脳会合に岸田《きしだ》文雄《ふみお》首相が参加した。日本の首相がＮＡＴＯ首脳会合に参加するのは史上初であった。同時に採択されたＮＡＴＯ戦略概念では、ロシアを脅威と認定するとともに、中国に対する警戒感が示された。

★―2022年6月、NATO首脳会合に参加する岸田文雄首相（出典：首相官邸ホームページ）

〔ブレグジットと日英関係の進展〕

二〇一六年の国民投票により、イギリスはＥＵ離脱を決定した。それまで、日系企業はイギリスを拠点としてヨーロッパで製造や投資を行っていたことから、イギリスがＥＵ単一市場から外れることへの懸念が生じた。イギリスは二〇年末までにＥＵ、日本との間でそれぞれ協定を結ぶことで、日系企業によるビジネスの継続性が確保された。

ＥＵ離脱後のイギリスは、対外政策として「グローバル・ブリテン」構想を掲げ、インド太平洋へ傾斜している。イギリスのテリーザ・メイ首相は、日本を「志を同じくする」友好国だと述べ、親近感を示した。一六年秋には英空軍と航空自衛隊との間で史上初の共同訓練が実施され、二一年には英海軍の空母「クイーン・エリザベス」が訪日した。

今後、日本とイギリスは次期戦闘機を共同開発する方針である。また、イギリスの政界では、ファイブ・アイズ（英語圏諸国の情報収集組織）への日本の参加を支持する声があるなど、日英協力はさらなる可能性を秘めている。（篠﨑正郎）

〔参考文献〕日本ＥＵ学会編『日本ＥＵ学会年報　多極時代のＥＵと日本』四一（有斐閣、二〇二一年）、日本国際経済法学会編『日本国際経済法学会年報　Brexit，日英ＥＰＡとイギリス国際経済法制の今後』三〇（法律文化社、二〇二一年）

Q51 日本とアフリカとの関係について教えてください

A

近年著しい経済成長を遂げ、外交面でも存在感を増しているアフリカ諸国との間で、日本は一九九〇年代以降、援助に加え平和構築、貿易や投資などさまざまな面で関係を強化している。

〈日本とアフリカの関係〉

欧米列強の帝国主義のもとで一九世紀以降植民地化が進んだアフリカ大陸において、多くの国が独立を果たすのは一九五〇年代以降のことである。特に一七ヵ国が独立した一九六〇年は「アフリカの年」と呼ばれ、日本のマスコミも好意的に報じた。日本は五九年のガーナでの大使館開設を皮切りにアフリカ諸国との外交に乗り出した。なお、南アフリカとは第二次世界大戦前に国交が結ばれたものの戦時中に断絶された。戦後は同国がアパルトヘイト政策で国際的な批判を集めていたために領事関係を結ぶにとどまり、正式な外交の再開はアパルトヘイト政策が廃止された翌年の九二年となる。

独立後間もなく経済停滞に陥ったアフリカ諸国に対し、日本が政府開発援助（ＯＤＡ）を始めるのは一九六〇年代以降である。一九七〇年に二％に過ぎなかったＯＤＡのアフリカへの配分実績は、アジア重視の傾向は残るものの、八〇年代以降一〇％程に上昇し、二〇一〇年前後のピーク時には一五％台を記録した。また、一九九〇年代以降の対アフリカ外交は平和協力分野にも広がっている。一九九二年に成立した国連平和維持活動（ＰＫＯ）協力法に基づく初の業務となるアンゴラへの文民選挙監視員の派遣を皮切りに、これまで数多くの文民や自衛隊員をアフリカ諸国に派遣している。

〈ＴＩＣＡＤを通した関係強化〉

冷戦終結を機にアフリカ諸国に対する国際社会の関心が薄まり、欧米諸国が対アフリカ援助を減額したことは、援助に依存するアフリカ諸国を窮地に追いやった。状況打開に一役買ったのが、一九九三年の初開催以来五年毎に日本で開催され、二〇一三年以降は三年毎に日本とアフリカで交互に開催されているアフリカ開発会議（TICAD）である。日本政府はTICADを主導し、国際社会に対してアフリカ支援の再強化を訴えたほか、二〇〇〇年に日本で開催されたG8九州・沖縄サミットにアフリカ三国から大統領を招待するなど、積極的に主要国とアフリカ諸国の橋渡し役を務めた。

TICADの歴史は、日本とアフリカの関係の写し鏡である。第一回会議では当時の国際社会の援助潮流である民主化やグッドガバナンスに加え、アジアにおける経済発展の経験をもとにアフリカ諸国の自助努力（オーナーシップ）が強調された。また、第三回会議で打ち出された「経済成長を通じた貧困削減」という方針は教育や保健など社会セクターへの支援を主とする欧米の援助とは一線を画した。第四回会議ではODAの拡大に加えて、民間企業による貿易・投資の拡大がアフリカの経済成長に不可欠であることが確認され、以後官民一体となりアフリカ開発に取り組む日本の姿勢が鮮明になっている。なお、TICADでは教育や保健、紛争予防や紛争後の復興といった分野も支援対象として明示されていることを補足しておきたい。

〔加速する中国のアフリカ進出〕

二〇二二年現在世界の人口の約一八%を擁し豊富な資源を持つアフリカ大陸は「最後のフロンティア」と呼ばれ、その潜在力には中国も大きな関心を寄せる。中国とアフリカの関係は古く、中華人民共和国政府が国連での代表権を得た際も多くのアフリカ諸国が賛成に回った。アフリカにおける中国のプレゼンスが急拡大するのは一九九〇年代末以降のことであり、二〇〇〇年以降三年毎に開催される中国・アフリカ協力フォーラムはその一端を担う。中国は資源・エネルギー獲得戦略の一環でアフリカ援助に力を入れているが、中国の被援助国に人権尊重が不十分な国も含まれることへの懸念や、援助が過度に集中することでアフリカ諸国が「債務の罠」に陥り、援助国との間で政策的な不利益を被る危険性が指摘されている。しかし、いまや中国はアフリカにとって最大の貿易相手国となり、多くのインフラ事業や、近年は新型コロナウイルスワクチン供給などを通して、両者は一層関係を深めている。両者の関係は今後の日本の対アフリカ政策にも大きな影響を及ぼしそうである。

（中山裕美）

〔参考文献〕青木澄夫「日本―アフリカ交流史」舩田クラーセンさやか編『アフリカ学入門』（明石書店、二〇一〇年）、峯陽一ほか編『アフリカから学ぶ』（有斐閣、二〇一〇年）

Q52 日本はなぜODAを行っているのですか

A

イギリスの国際開発学者デビッド・ヒュームは、開発協力の目的と理由を以下の四つに分類している。第一に、貧しい人々に手を差し伸べるのは人間の道徳的な義務である。第二に、開発途上国の抱える貧困や困難は先進国が過去に行った侵略や植民地政策に起因しており、先進国はそれに責任を持つべきである。第三に、途上国を含むすべての国と地域の発展は、先進国の利益にも資する。第四に、援助は供与国の裨益《ひえき》国に対する外交的立場や貿易など、供与国への利益の還元を含む。これらの四点はそのまま、日本が海外に対して政府開発援助（ODA）を供与する理由ともなっている。

日本のODAの歴史

日本のODAは、一九五〇～六〇年代にかけて、第二次世界大戦中に日本が損害を与えたアジア太平洋諸国への戦後賠償の一環として始まった。賠償は、役務（サービス）と無償資金協力、借款《しゃっかん》などを組み合わせた内容であり、完了後はそのままODAとして引き継がれた。しかし一方で、敗戦後、厳しい経済状況の中で復興を遂げようとしていた当時の日本には、東南アジアへの賠償や援助を不要であるとする世論もあった。政府はこれらに配慮し、調達する物資や役務（労働者）を日本政府や日本企業に限定することで、賠償あるいは援助を日本企業のアジア進出の足がかりとする構造をつくりあげた。これを、「タイド」「ひもつき」と呼ぶ。この点について、欧米諸国や、援助政策の国際調整を担うOECD-DAC（経済協力開発機構の開発援助委員会）から多くの批判があった。一九七〇～八〇年代にかけては、タイド率を減らす

「アンタイド化」が進められた。

一九八〇年代、貿易収支黒字の増大に見合う援助を行うべきだという国際社会からの要請があり、日本政府はODA予算を増大させた。一九八三年、日本のODA総額はOECD-DAC加盟国の中でフランスに次ぐ三位となり、八六年にはアメリカに次ぐ二位、そして八九年には世界一位となった。一九九一〜二〇〇〇年まで、日本は世界最大の援助供与国であり続けた。

日本の援助の主要な供給先は長らく、インドネシアやフィリピンなど東南アジア各国及び中国であり、「アジア中心、借款《しゃっかん》中心、インフラ整備中心」といわれてきた。八〇年代にはアジア諸国に渡った援助資金の不透明な運用や贈収賄問題、インフラ開発に伴う環境破壊など、現地の環境・社会配慮への欠如の問題も指摘されるようになり、国内外で、ODAの透明性に注目が集まるようになった。特に、フィリピンのフェルディナンド・マルコス政権下（一九六八―八六）での贈収賄は、日本の国会でも追及を受けた。

冷戦終結後の一九九二年、日本政府は初めて、国際協力の大方針である「ODA大綱」を定め、人道支援の重要性、環境保全、途上国の自助努力の支援など、新しい国際環境にあわせて援助の理念を明確にした。

〔地球規模課題への取り組み〕

気候変動、自然災害、環境破壊、大気汚染、感染症の蔓延、紛争、エネルギー不足、そして移民・難民・避難民を含む大規模な人の移動など、一国で完結することのない地球規模の課題が深刻化するにつれ、開発途上国でみられる問題は世界規模の課題に直結するという理解が広く共有されてきた。消費エネルギーの約八〇%を海外からの輸入に頼り、食料自給率も四〇%未満である日本の安定と発展は、国際社会全体の平和と安定、持続可能な発展が保証されないかぎり実現しない。

日本の援助総額は、二〇〇一年にアメリカ、〇六年にはイギリス、〇七年にはドイツとフランスに抜かれて、OECD-DACの加盟国の中では五位となった。二〇二二年には三位となっているものの、DAC未加盟の中国やインドなどの援助額を考慮すると、アジアでさえも既に「トップ・ドナー」（最大の援助供与国）ではなくなっている。日本の経済力が相対的に低下する中、援助方針にも転換を迫られている。

一九九二年に定められた「ODA大綱」はその後、二〇〇三年に改定された。一五年には「開発協力大綱」と名前を変え、初めて「国益」という言葉が盛り込まれた。

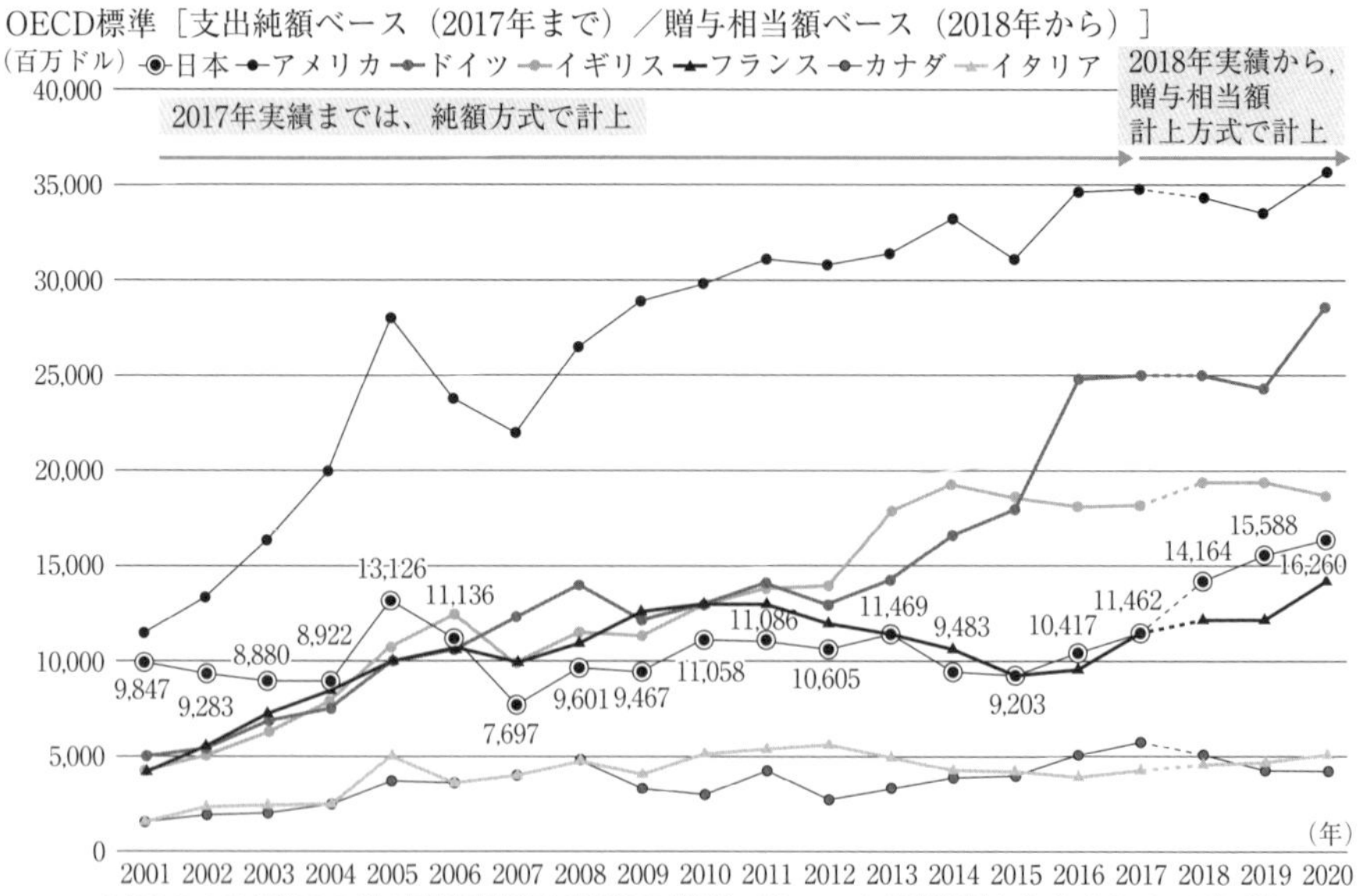

★―主要 DAC 諸国の政府開発援助実績の推移（『2021 年版開発協力白書』より作成）

卒業国向け援助を除く．2020 年については，日本以外は暫定値を使用．

〔開発協力大綱〕

二〇一五年版の「開発協力大綱」が従来の方針と異なる点は、四つある。第一は、開発協力理念を明確化し、特に非軍事的協力による国際平和への貢献を明言していることである。各地での紛争の激化、海洋安全保障環境の不安定化を受け、相手国の海上保安能力や法執行能力を支援するような、新しい形の援助が可能となった。たとえば日本はフィリピン・ベトナム・インドネシアなどに海上保安庁の巡視船をODAとして供与してきた。

第二は、新しい時代に沿った開発協力として、質の高い成長を通じた貧困削減、気候変動や環境問題などの脆弱性を抱える国々への支援などを謳っていることである。日本のODAは「量」（金額）においては漸増程度であるため、今後はより「質」を重視し、相手国の経済的・社会的格差に配慮し、脆弱層に届くような支援、持続可能性と開発を両立できるような支援を組み込んでいく必要がある。「質の高い成長」のためには、発展の土台となるインフラ（経済社会基盤）の整備や、投資・貿易分野における民間部門の役割が重要である。現在、日本の実施している「質の高い成長」には、産業基盤整備・産業育成、経済政策、途上国の抱える債務問題に対する取り組み、情報通信技術（ICT）、科学技術・イノベーション促進、研究開発、職業訓練・産業人材育成・雇用創出などが含まれる。

第三は、政府以外の主体を通じた協力を強調している点である。国際協力には、国や国際機関が行う援助以外にも、さまざまな組織・団体・機関、市民が関わる企業、社会的企業、非政府組織（ＮＧＯ）、大学、地方自治体なども、各々の専門分野で国際協力を進めており、これらのアクターが政府と連携して活動することもある。たとえば、日本は災害多発国として、特に東南アジアや太平洋地域で災害が発生した際の緊急援助、平時の防災体制を強化するための技術協力などを実施してきた。日本の自治体やＮＧＯの専門家が、他国の防災担当の公務員や市民リーダーと交流したり、研修会を実施したりする事例は多くみられる。

第四は、社会的弱者を含む多様な主体の参加促進に言及していることである。「開発協力大綱」と同じ二〇一五年に国連が全会一致で設定した、一七の目標と一六九のターゲットからなる「持続可能な開発目標」（ＳＤＧｓ）では、途上国と先進国とが共に複雑な問題に対処すること、「だれひとり取り残さない」ことを謳っている。開発計画から取り残されがちな女性・ジェンダーマイノリティ・先住民などの包括的な参加は、持続可能な開発の実現のために必須である。

〔日本のＯＤＡの特徴〕

日本のＯＤＡの総額や地域別割合、重点分野などは、外務省が毎年発行している『開発協力白書』に細かく記されている。二〇二二年六月に発表された『二〇二一年度版開発協力白書』によると、日本の二国間政府開発援助実績の地域別配分は、アジア六〇・四％、中東・北アフリカ一一・四％、サブサハラ・アフリカ七・九％、中南米三・八％などとなっており、以前と変わらずアジアへの援助が過半数を占めていることがわかる。また、日本の政府開発援助実績の対国民総所得（ＧＮＩ）比は、二〇二〇年度で〇・三一％であり、一四年の〇・二％以降、毎年少しずつ増えている。北米・西欧諸国が教育・保健・上下水道などの社会インフラ分野へ支援、人道支援・食糧援助などの緊急支援を重視している一方で、日本は道路・橋・鉄道・通信・電力などの経済インフラ分野での支援に力を入れている。

〔援助協調の課題〕

地球規模課題の対処には、ドナー同士の国際協調が不可欠である。日本は発足当初から援助調整のためＤＡＣに加盟しているが、近年、ＤＡＣに参加していない中国・インド・サウジアラビア・ブラジル・メキシコ・トルコ・南アフリカなどのいわゆる「新興ドナー」や民間の財団などによる開発途

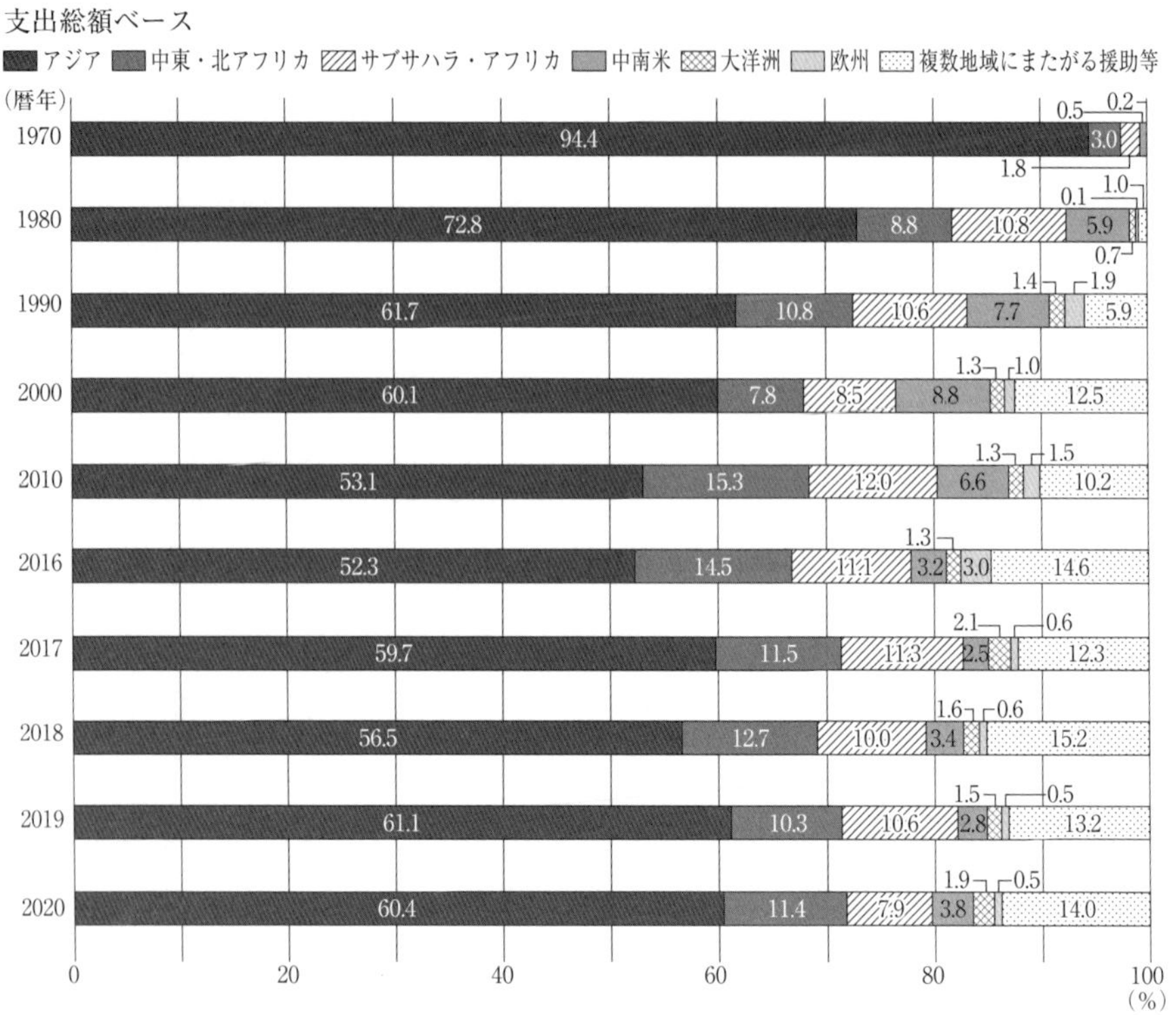

★—日本の二国間政府開発援助実績の地域別配分の推移（『2021 年版開発協力白書』）
1990 年以降の実績には卒業国向け援助を含む．複数地域にまたがる援助などには，複数地域にまたがる調査団の派遣など，地域分類が不可能なものを含む．

上国支援が増加しており、それらの国や機関による途上国への資金の流れを正確に把握することが困難になっている。非ＤＡＣ諸国などが実施する援助の全貌は統計では明らかになっておらず、また、ＤＡＣ諸国の国際ルールに合致しない不透明かつ不公正な貸付慣行の存在も指摘されている。これらの国々とどのように協力すれば、持続可能な開発に貢献することができるかが、現代の課題の一つとなっている。

二〇二三年に改定された最新の「開発協力大綱」にも、一部の新興ドナーによる債務持続可能性に配慮が十分でない借款への問題意識が提起されており、透明・公正な開発協力の国際的ルールの普及・実践が必要であると記されている。

〔ＯＤＡと安全保障〕

二〇二三年六月に閣議決定された最新の「開発協力大綱」は、自由で開かれた国際秩序と多国間主義の揺らぎを背景に、ＯＤＡを一層効果的・戦略的に活用することを謳っている。法の支配に基づく国際秩序の維持・強化、自由で開かれたインド太平洋（ＦＯＩＰ）の実現のための取り組み、そして日本の強みを活かした援助メニューを能動的に相手国に提案する「オファー型協力」が初めて盛り込まれた。
また同年からは、外務省の管轄化で、政府安全保障能力強化支援（ＯＳＡ）と呼ばれる新しい事業が開始された。これはＯＤＡとは別に、日本と志を同じくする国の安全保障上の能力・抑止力の向上を目的として、相手国の軍組織などを対象に、防衛装備品の提供やインフラの整備などを行う事業である。

（木場紗綾）

〔参考文献〕紀谷昌彦・山形辰史『私たちが国際協力する理由』（日本評論社、二〇一九年）、末廣昭・宮城大蔵・千野境子・高木祐輔編著、荒木光弥著『国際協力の戦後史』（東洋経済新報社、二〇二〇年）、佐藤寛監訳、デビッド・ヒューム著、太田美帆・土橋喜人・田中博子・紺野奈央訳『貧しい人を助ける理由』（日本評論社、二〇一七年）

現代編

Q53 日本は国連安保理の常任理事国になれないのですか

A

はい、なれません。と答えると身も蓋もないが、日本に限らず国連加盟国のいずれも、安保理の常任理事国になることは現時点では不可能に近い。それはなぜか。ポイントは、常任理事国を増やすのに必要な国連憲章改正のハードルの高さと、日本がそもそも常任理事国にふさわしいかという問題である。

〈国連安保理の常任理事国〉

国連システムの中で最も大きな権限を持つ安保理において、常任理事国はさらに特権的な地位にある。国連憲章上、安保理が下す決定はすべての加盟国を法的に拘束する。しかも、国際の平和と安全に関わる問題と安保理が判断すれば、その問題を解決するために平和的・外交的な手段に加えて、経済制裁や武力行使をも決定することができる。安保理を構成するのは常任理事国と非常任理事国だが、前者が常に議席を有しているのに対して、後者は加盟国全体での選挙を経て選ばれる、二年任期かつ連続再選不可の一時的なポストに過ぎない。一ヵ国でも反対すれば決議案を葬り去ることができる、いわゆる「拒否権」を持つのも常任理事国だけである。安保理の意思決定に常に関わり、拒否権を行使できる常任理事国のポストは、どの国にとっても魅力的だろう。

〈国連憲章改正の高いハードル〉

現在の国連憲章では、米英仏中露の五ヵ国のみが安保理の常任理事国としての地位を認められている。日本が常任理事国になるには、この規定を改正しなければならない。しかし、改正の実現には、加盟国全体の三分の二（一九三ヵ国の内一二九ヵ国）の多数で採択された改正案が、安保理のすべての常任理事国を含む加盟国の三分の二によって批准される必要がある。つまり、憲章改正に対しても常任理事国は拒否権を行使できるのである。

日本は経済大国としての地位を背景に、「代表なくして課税なし」との立場から、常任理事国のポスト獲得を長く主張してきた。現実には、日本単独で憲章改正のハードルを超えるのは容易でないため、ブラジル・ドイツ・インドなどの同じく常任理事国を夢見る地域大国と協力して、加盟国の支持拡大を目指してきた。しかし、これまでのところ三分の二の支持を集めるには至っていない。また、二〇二二年二月に始まったロシアによるウクライナ侵攻で対立的な姿勢を続ける日本が常任理事国になるのを、ロシアはまず許さないだろう。

〈日本は常任理事国にふさわしいか〉

三分の二の加盟国から常任理事国になるにふさわしいと認められるには、国連に対してどれくらい貢献しているかが一つの目安になる。二〇〇〇年代までは、日本が常任理事国候補の筆頭であったことは間違いない。日本は、一九八〇年代初頭に国連通常予算の分担率で二位に躍り出てから約三〇年間、アメリカに次ぐ財政貢献を行ってきた。また、一九五六年一二月に国連に加盟して以来、加盟国最多の一二回、安保理の非常任理事国を務めてきた。平和維持活動には、これまでに延べ一万一五〇〇人以上の要員を派遣している。

しかし、こうした日本の貢献は、長年の経済の低迷とともに縮小しつつある。二〇一〇年代後半には通常予算の分担率で中国に抜かれて三位になり、四位のドイツにも並ばれそうである。また、平和維持活動への派遣者数も現在は一桁まで減り、数千人を毎年派遣するインドなどに大きく引き離されている。他国の存在感が増し日本の地位が低下する中、日本は有力な候補国の一つではあっても、もはや筆頭とはいえないかもしれない。乱立する他の有力国よりも常任理事国にふさわしいと自らをアピールできるのか、日本が以前にも増して厳しい状況にあることは疑いない。

（政所大輔）

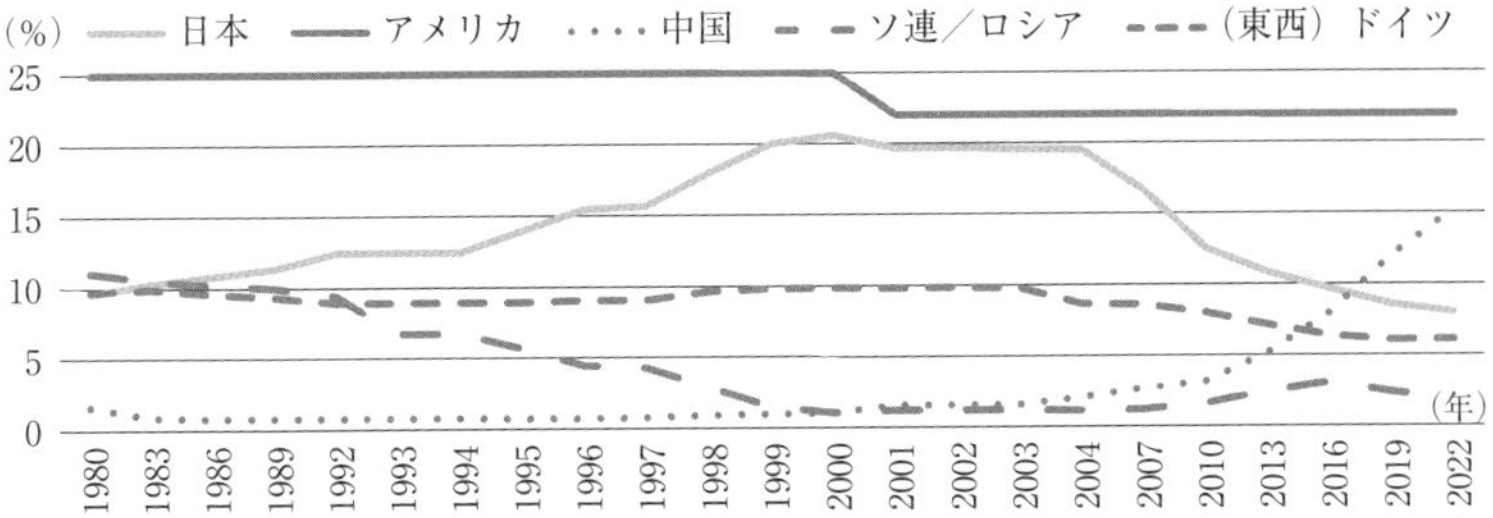

★―主要国の国連通常予算分担率推移（国連分担金委員会資料より筆者作成）

〔参考文献〕竹内俊隆・神余隆博編著『国連安保理改革を考える』（東信堂、二〇二一年）、ラインハルト・ドリフテ著、吉田康彦訳『国連安保理と日本』（岩波書店、二〇〇〇年）

Q54 日本は海外の災害や人道危機にどのような支援を行っていますか

A

歴史教科書を見れば、人類の歴史とは自然災害や事故、そして紛争との絶え間ない戦いにほかならないことに気づく。それらはこれからもなくなることはないものだ。世界中で頻発するこれらに、日本はどのように向き合い、支援を行っているのだろうか。

〔災害や事故、紛争への対応の分類〕

災害・人道危機に対する支援は、大別して、発生する前の対応と発生後の対処とに分けることができる。前者は平時の取り組みであり、たとえば自然災害では防災と呼ばれる取り組みとなる。一般には、発生後の対応の方がよく知られている。紛争後の平和維持活動（ＰＫＯ）や災害発生直後の救助隊の派遣などは、現地の悲惨な光景や活動の様相、救出される人々の姿の写真などとともに報道されるためである。発生後の対処は重要である一方で、報道される機会は限定される事前の地道な防災努力は、被害をそもそも起こさない、あるいは被害を抑えるという重要な意味を持つ。国際的な支援をこれらの区分に則って整理すると表の通りとなる。

要するに人道危機と支援とは、第一に悲惨な状況をもたらす要因が自然現象（災害）か人為的なもの（紛争）か、第二にそれが既に起きている（事後）か否か（事前）で区分される。それぞれの領域で日本が行ってきた支援をみてみたい。

〔紛争・事前対応（紛争予防・予防外交）〕

ロシアによるウクライナ侵攻は、紛争の発生を防止することの重要性を世界にみせつけた。紛争発生前に相争う勢力間の仲介や調停を行い、対立する勢力の緊張を緩和する努力を予防外交（Preventive Diplomacy）と呼ぶ。衝突を繰り返す勢力双方に停戦・和解を促したり、各勢力の代表を招いて対話の場を提供したりと取り組みは多岐にわたる。双方から信頼

表　災害・人道危機への対処

	発生前	発生後
紛　　争	紛争予防・予防外交など	人道的介入・平和維持・平和構築など
自然災害・事故	災害対応力の向上支援	緊急援助、緊急人道支援

される調停者として、現在では国連や地域機構などの主体による取り組みが一般的である。

日本は一九九〇年代にはカンボジア、二一世紀にはアフガニスタンの復興支援会議を主催するなど、紛争当時者同士、また国際社会（各国や非政府組織〈ＮＧＯ〉など）との対話や調停の場を提供して停戦後の平和構築の基盤を支える努力を行ってきた。二〇一一年にはフィリピン・ミンダナオ島で長年続く紛争を仲介するため、フィリピン大統領と反政府勢力モロ・イスラム解放戦線のリーダーとを極秘裏に日本に招き、直接会談の場をセットした。これにより、ミンダナオ和平に大きな転機をもたらすこととなった。

予防の努力の基礎には、紛争当事者による仲介者に対する信頼がある。ミンダナオの例でいえば、日本が長期間にわたって政府・反政府勢力双方と対話を行い、紛争再発時期にも現地で援助を継続しつつ和解を呼びかけ、双方から信頼を得ていたことで実現した。

〔紛争・事後対応（平和維持・平和構築）〕

武力紛争が周辺国や国際社会の調停などを経て停戦した後、偶発的な衝突や停戦協定違反が発生しないように展開してきたのが国連のＰＫＯである。紛争を行ってきた者同士の相互不信は深刻にならざるを得ない。そうした場に国連を代表とする国際社会が、当事者の要請に基づく中立・公平な第三者として展開し、衝突が起きないように監視や兵力の引き離しを行い、再発を防止する。それは各国が派遣する主に非武装の軍人・警察官や軽武装の軍隊によって担われる。

これに、日本は一九九二年から国連ＰＫＯ法に基づいて参加してきた。最初に派遣を行ったカンボジアで日本人警察官（高田《たかた》晴行《はるゆき》警視）が殉職する悲劇に見舞われながらも、東ティモールや南スーダンに数百人規模の自衛隊部隊派遣のほか、複数のＰＫＯに少数の自衛官・警察官の派遣を行ってきた。

二一世紀の対テロ戦争の過程では、国連ＰＫＯではない形で多国籍軍や地域機構主導の平和活動（Peace Operation）に参加する機会も増加してきた。イラク派遣（Ｑ37参照）や、二〇一五年の平和安全法制によって可能となった国際連携平和安全活動として、二〇一九年からはエジプト・シナイ半島の多国籍軍・監視団（ＭＦＯ）に参加してきた。なお、自衛隊部隊の派遣が二〇一七年から途絶えて以降は、国連ＰＫＯ軍事部門司令部の要員など少数の幹部自衛官の派遣や、後述の能力構築支援に活動の軸を移している。

〔自然災害・事故、事前対応（防災協力）〕

地震・津波・噴火・気象災害、さまざまな自然災害が発生する世界でも有数の災害大国である日本では、防災の取り組みが進展してきた。それは地域や建造物の強靭化、防災教育、発災に備えた避難・受援計画作りなどハード・ソフトの多方面にわたる。日本は自らの被災・防災の経験に基づき、世界各地で防災や減災のための国際協力を展開してきた。

国際的な防災戦略を話し合い、国際指針を作成してきた国連防災世界会議も、一九九四年以降、日本がホストしている。第二回（二〇〇五年）は神戸、第三回（一五年）は仙台で開催されており、それぞれ阪神・淡路大震災（一九九五年）と東日本大震災（二〇一一年）の経験を踏まえたものとなる。阪神・淡路大震災は、高度に発達した近代都市を襲った直下型地震で、都市機能が麻痺する様相が世界に衝撃を与えた。東日本大震災は、世界有数の先進地域でインフラが根こそぎ壊滅する自然災害の猛威をみせつけるものだった。

防災・減災の取り組みを発展させてきた日本でも、いざ自然災害が発生すれば人的、また経済的損失は巨大なものとなる。あらゆるインフラが未整備な発展途上国では、自然災害の影響はより破滅的となる。たとえば耐震が考慮されていない建物（レンガ建設が代表例）の多い人口密集地を地震が襲えば、同程度の地震が日本を襲った時と、被害は比較にならないほど拡大する。二〇二三年二月のトルコ・シリア地震はそれをみせつけたが、一九八〇年代には途上国での災害被害の大きさが注目を集めた。一九九〇年代に「国際防災の一〇年」と銘打たれ、国連が特に防災に力を入れ始めた所以《ゆえん》である。日本もこれに歩調を合わせ、従来は治水や地域開発として行ってきた政府開発援助（ＯＤＡ）事業で防災を明確に掲げるようになり、現在では防災・水資源分野として日本のＯＤＡの主要分野の一つとなっている。

〔国際緊急人道支援（自然災害・事故、事後対応）〕

巨大な災害に見舞われた場所に、世界中から救助隊が駆けつける光景を報道で目にする機会は多い。大規模な自然災害や事故（工場爆発、航空機や船舶の遭難など）の発生時に行われる国際支援は、（国際）緊急人道支援と呼ばれる。それは人命救助、苦痛の軽減、そして人間の尊厳の維持と保護を目的に行われる支援活動である。日本もそれを行ってきたし、二〇一一年の東日本大震災では支援を受ける側となった。

国外での大規模災害の際に、物資支援のほかに民間航空機を利用した日本の救助隊が派遣される光景をしばしば目にするだろう。一九八七年に施行された国際緊急援助隊（ＪＤ

R）法に基づき、政府職員や民間の医師・看護師・専門家ら、災害に応じて必要なことが想定される救助・医療・専門家のチームを派遣するものである。一九九二年からは自衛隊部隊の派遣が可能となり、二〇一五年からはエボラ出血熱など感染症対応も可能となっている。国内で経験を積んだ消防機関や警察、海上保安庁、自治体職員などは最新の知見に基づく高い対処能力を身につけており、彼らの混成チームとなるJDRの能力は世界トップレベルに認定されている。

二一世紀に入る頃から、外国での緊急支援で日本の民間団体（緊急支援NGO）の活動が目立つようになり、日本政府や民間企業が支える枠組みとしてジャパン・プラットフォームも整備された。経験を積んだNGOが国内災害時に活動を行う機会も増え、一部の国際協力NGOは、国内災害対応部門を新設して被災者支援などにあたっている。

〈連携の要請と新たな枠組み〉

ここまで前出の表の区分に基づいて解説するとともに、法律や実施主体の違いについても簡単に言及した。二一世紀以降にはこれら区分を越える傾向が顕著となってきた。たとえば自然災害では、「人道と開発の連携」として、発災後の緊急支援の時点から長期的な復興を見据えた支援を展開する必要性が指摘されてきた。紛争後の支援についても人道・開発に加えて、平和構築との連携が謳われている。社会のさまざまな矛盾が爆発する武力衝突を避けて平和を構築するには、貧困と格差、人権侵害や環境汚染などを解決に導き、「より良い社会を築く（Build Back Better）」ことが求められるためである。

二〇一〇年代から、新たな取り組みも進められてきた。たとえば海賊・テロ対策のために自衛隊は史上初となる事実上の海外基地をジブチに置いて監視任務などを行ってきた。同様に防衛省・自衛隊は途上国の軍隊の災害・事故対処などに焦点をあてた訓練を行う能力構築支援を進めてきた。自然災害の事前対応の取り組みではあるが、軍の建設能力の向上はPKOでも有効に機能するし、相手国の軍隊の規律や市民に銃を向けない組織文化形成などの形で武力紛争を遠ざける効果も持つものともなる。

（本多倫彬）

〔参考文献〕内海成治・桑名恵・大西健丞編『緊急人道支援の世紀』（ナカニシヤ出版、二〇二一年）、東大作編『人間の安全保障と平和構築』（日本評論社、二〇一七年）

Q55 なぜ安全保障輸出管理が重視されるようになってきたのですか

A

輸出管理とは、民間企業などにおいて製造される製品や技術が諸外国へ輸出される際、それらの製品や技術を輸出することが、国際的な平和と安全を脅かすおそれがあると認められる場合には、国の許可を要するという国際的な政策・制度である。企業などは、政府からの輸出許可が取得できなかった場合、当該輸出行為を行うことが法律で禁じられる。では、なぜこうした、一見すると自由貿易に反するような政策が、国際的にも推進されているのだろうか。

〈兵器の開発と輸出管理〉

二〇二二年二月から始まったロシアによるウクライナ侵略をはじめ、現在の世界では戦争・紛争・テロ、それに伴う大量破壊兵器及び先端兵器の開発が活発化している。戦争や兵器、テロなどと聞くと、平和な日本においてはあまり縁のない話だと認識する向きもあろう。しかしながら実際には縁がないどころか、日本こそ大量破壊兵器や通常兵器の不拡散という問題に積極的に取り組まねばならない環境にある。なぜならば我々の隣国には、核開発やミサイルの開発をとめどなく実施している北朝鮮、第四次産業革命とも呼ばれる人工知能（AI）などを駆使した最先端兵器を開発し軍事行動を継続し続ける中国、そして軍事侵行を実行に移したロシアがいるからである。

〈兵器の製造と国際社会〉

ある国の軍事力増強は、国際的な平和と安全をダイレクトに脅かすおそれに繋がる国際政治上の重大な問題である。言い換えると、不法な兵器の開発とは、一つの国家に留まらない国際的な安全保障の問題でもあるのである。それゆえ、いわゆる「ならず者国家」やテロリストによる不法な兵器の開発を阻止するための一方策として、国際社会は協働して輸出管理を行っている。

輸出管理をもう少し紐解いてみよう。兵器を製造するためには、少なくとも製造場所と製造技術、製造資機材が必要になる。これらのどれが欠けても兵器をつくることはできない。そこで、テロリストやならず者国家が不法に兵器を製造することを阻止するため、三つの内の二つ、「技術」と「資機材」を渡さないという措置（輸出管理）を実施しているのである。しかしながら、ここで一つの疑問が生まれる。兵器そのものや兵器に関係の深い物品や技術の輸出が規制されるだけでなく、なぜ、冒頭で述べたような「民間企業などで開発・製造されている物品や技術」までもが輸出管理の対象となるのだろうか。

〈「民生品」と「軍事品」の境界〉

通常、各国の民間企業で製造されている多くの製品は「民生品」と呼ばれており、この対極に位置する「軍事品」とはまったく結びつかないようにも思える。軍事品とは文字通り、軍事に関係するもので、わかりやすい例をあげれば、戦車や戦闘機、銃といった兵器・武器そのもののことだからである。ところが、科学技術の進展に伴い、「民生品」と「軍事品」の境界線が極めて曖昧になってきたので、ある製品が民生用途にも軍事用途にも「両用」できるというパターンが非常に増えている。

たとえば、インターネットやGPS（全地球測位システム）は、五〇年以上も昔にアメリカの国防総省が軍事目的で開発したものであるが、今では私たちの日常生活に欠かすことのできないものとして民生利用されている。逆に、テレビの液晶ディスプレイは元々、民間企業が民生品として開発したものであるが、現在では戦闘機の多目的表示装置として軍事的に使われている。このほかにも、インスタントコーヒーなどを製造する時に使用する民生用の凍結乾燥機は、細菌兵器を製造するという用途で軍事的にも使える。工場の金属のメッキ工程で使われるシアン化ナトリウムは、化学兵器の原材料になる。自動車の製造工程で使われる工作機械は、核爆弾を製造する際のウラン濃縮用の遠心分離機を製造するために使われる。このような軍民両用の例は無数に存在する。

このことは二つの点において重要な意味を持つ。一点目は、たとえ民生品であっても、その開発者・製造者・販売者の意図とは無関係に、兵器の開発のために軍事利用される高い蓋然性があるということ。二点目は、テロリストやならず者国家が、秘密裡に大量破壊兵器等を開発・製造しようと企み、その資機材を手に入れたいと思った時、その真の用途は伏せたまま、通常の商取引を装って物品を購入することも可能だということである。

実際に、北朝鮮やイランで行われていた核開発において、日本をはじめとするさまざまな国から不法に入手した民生品が使われていたことが国際連合（国連）や国際原子力機関（IAEA）の報告書などによって明らかになっている。

だからこそ、たとえ輸出するものが民生品であったとしても、「国際的な平和と安全を脅かすおそれがある」、すなわちそれら民生品が兵器の開発・製造に転用されるおそれがあると認められる場合には、あらかじめ国の許可を得なければならないのである。

〈国際協調と輸出管理〉

ところが輸出管理は、一国だけが行っても効果が限定的になるという構造的な問題がある。市場経済のもとにおける製品や技術の購入者は、自由にその購入先を選ぶことができるからである。仮にある国のある企業から、輸出管理が問題となって、何らかの製品や技術の購入ができないという事態が発生しても、購入者は別の国の他の企業から調達すればよい。あるいは、「迂回輸出」といって、フロントカンパニーなどを巧みに使って、第三国を経由して調達するという方法もあるだろう。しかしそうなると、最初に取引を行わなかった企業や国だけが経済的に損をするという、不公平な事態が生じてしまう。そればかりか、そもそも輸出管理を実施した意義さえも失わせかねないのだ。こうした事態を防ぐために、国際社会では「輸出管理レジーム」と呼ばれる協定のもと、国際協調しながら輸出管理を実施しているのである。

〈四つの輸出管理レジーム〉

大量破壊兵器とは、一度に大量の人間を殺傷できる兵器、すなわち核兵器、生物・化学兵器、そして核を運搬するためのミサイルのことを指す（逆に、大量破壊兵器に該当しない兵器はすべて「通常兵器」に分類される）。核兵器、生物・化学兵器に関しては表の上段の通り、保有すること自体を禁止する条約がある。ミサイルは、核兵器を運搬することだけがその用途ではないため、各国が保有することは禁じられておらず、禁止条約も存在しない。また、ロケットや無人航空機（ドローン）も、核兵器や生物・化学兵器の運搬手段たり得るので、輸出管理の項目上は「ミサイル」に分類される。表の下半分は、多国間で協調して行う「輸出管理レジーム」と呼ばれる協定と品目の関係が示されている。

まず一九七四年のインドの核実験が契機となって、原子力関連の資機材・技術を管理する原子力供給国グループが設立された。次に、イラン・イラク戦争において八四年のイラク

表　兵器に関する国際条約と輸出管理レジーム

	大量破壊兵器関連				通常兵器関連
	核兵器	生物・化学兵器		ミサイル	通常兵器
国際条約	核兵器不拡散条約（NPT）	生物兵器禁止条約（BWC）	化学兵器禁止条約（CWC）		
核兵器、生物・化学兵器そのものを規制	1970年発効 190ヵ国締約	1975年発効 173ヵ国・地域締約	1997年発効 190ヵ国締約		
輸出管理レジーム	原子力供給国グループ（NSG）	オーストラリア・グループ（AG）		ミサイル関連技術輸出規制（MTCR）	ワッセナー・アレンジメント（WA）
通常兵器や大量破壊兵器の開発に用いられる汎用品等を規制	1978年発足 48ヵ国参加	1985年発足 42ヵ国参加		1987年発足 35ヵ国参加	1996年発足 42ヵ国参加

による化学兵器の使用が判明したことを受け、八五年に化学剤を管理するためのオーストラリア・グループが設立された（九二年以降は規制対象に生物剤も加えられた）。さらに、八七年にはミサイル関連資機材の輸出管理を行っていくためのミサイル技術管理レジームが設立された。そして冷戦が終結すると、輸出管理をめぐる国際社会の関心は、「大量破壊兵器及び通常兵器の開発・拡散防止」へと変化し、九六年には、冷戦期のココムに代わって、ワッセナー・アレンジメントが設立された。

注意を要するのはこれら四つのレジームは条約ではないため法的拘束力はないという点である。よって、レジームで決定された事項は、参加国の国内法に反映される形で、それぞれの国において実施されるのである。日本では、外国為替及び外国貿易法（外為法）のもと、輸出管理が厳格に実施されている。

【今後の輸出管理】

輸出管理はその時々の国際情勢と技術革新の「度合い」に大きく左右される政策分野である。特に近年の第四次産業革命とも呼ばれている著しい技術進歩は、これまでにないレベルでの新型兵器の開発を可能にしており、その獲得者は世界のゲームチェンジャーとなり得る。だからこそ各国は自国が保有する技術を死守するため、輸出管理を単なる行政上の管理に留まらせず、経済安全保障上の問題として認識しているのである。安全保障の問題であるということは、検討課題は多岐にわたり、またそれらが複雑に絡み合って、時には困難な国際問題を引き起こすこともある。そのため我々は常に時代に適合した輸出管理のベストプラクティスを考え続け、技術革新のスピードに遅れることなく進化し続けなければならないのである。

（小野純子）

〔参考文献〕小野純子「輸出管理をめぐる米中関係」村山裕三編『米中の経済安全保障戦略』（芙蓉書房出版、二〇二一年）

コラム5

外交とワイン

近代外交はフランスを中心として発展してきたため、外交の場ではフランスの料理とワインが振る舞われてきた（第一次世界大戦頃まで言語もフランス語が主に使われた）。これを西欧中心主義と批判することもできようが、食事の席におけるプロトコール（儀礼）を統一できるという一定の利点もある。

今日でも、外国の賓客を迎える宮中晩餐会《ばんさんかい》では、最高のもてなしをすべく、フランス料理に最高級のフランスワインが相手に関係なく供される（他国は通常、相手によってワインのランクを変えて（↖）いる）。首相官邸の饗宴《きょうえん》でも、乾杯用に日本酒が提供されることはあっても、長らくフランス料理とフランスワインが中心だった。

ただし、ワインはフランスだけのものではない。特にアメリカは、饗応相手の国出身の移民がアメリカでつくったワインを供することも多い。移民国家ならではのわざである。

近年は、日本の首相官邸の饗宴でも日本ワインが活用されるようになっている。日本ワインとは、日本国内で収穫されたブドウから国内で製造されたものである。輸入した濃縮果汁や原料ワイ（→）ンを用いたものは、日本ワインを名乗れない。

この背景には、政権与党であった民主党が二〇一〇年に、ワイン産業振興議員連盟を立ち上げたことがある。二〇一三年に和食が国連教育科学文化機関（ユネスコ）の無形文化遺産に指定されたこともあり、和食と日本酒・日本ワインをセットで売り込もうとの気運が高まった。そして、第二次安倍《あべ》晋三《しんぞう》政権が、首相官邸の饗宴で和食に日本ワインや日本酒を供することを定着させた。

出典：外務省ホームページ

外務省も日本ワインや日本酒の普及に力を入れており、在外公館のレセプションなどで積極的に活用し、説明会やＰＲイベントも実施している。さらに、在外公館長や配偶者などには、赴任前に日本ワインや日本酒の研修もある。なお、外務省が調達し在外公館に送付しているのは、日本ワインコンクールで受賞したワインや、インターナショナル・ワイン・チャレンジ日本酒部門で受賞した日本酒である。

（山口航）

Q56 日本はどのような国際的な経済枠組みに入っていますか

A

戦後日本は、多国間経済枠組みを重んじてきたが、二一世紀の幕開けとともに二国間及び地域経済枠組みを含む重層的な経済枠組みを希求するようになった。近年、日本は有志国などとともに、中国の台頭を念頭にルールに則った経済枠組みの構築に尽力している。

〈国際経済枠組みが求められる背景〉

一九二九年の世界大恐慌を契機として世界経済は連鎖的不況に陥った。各国は自国経済を守るべく関税の引き上げ、輸入数量制限、為替の切り下げなど保護主義的な措置を導入した。この結果、世界貿易額は一九二九～三三年にかけて三分の一減少した。輸出先を喪失した日本やドイツは、資源と市場の獲得を求め軍事的拡張主義に走った。このことが第二次世界大戦の遠因となった。

保護主義が第二次世界大戦の一因になったとの反省のもと、国際社会は自由貿易に基づく開放的な国際経済枠組みの構築を目指した。そして一九四四年に、連合国四四ヵ国により戦後の国際経済秩序のあり方を規定するブレトン・ウッズ協定が締結された。これに基づき四五年に国際通貨基金（IMF）協定と国際復興開発銀行（IBRD）協定（通称、世界銀行）が制定された。また四八年に関税及び貿易に関する一般協定（GATT）が発効した。戦後、日本はブレトン・ウッズ体制に組み込まれ、貿易と投資に依存する日本経済は自由貿易体制の最大の受益者といえる。

〈APECの設立と地域主義の萌芽〉

日本はGATT加入以降、関税などの削減を漸進的に進め、逆に各国への市場アクセスは日本経済に恩恵をもたらした。特に日本は対米輸出を大幅に増やした。他方でアメリカは、対米貿易黒字を増幅させる日本に対し、繊維製品を皮切りにテレビ・鉄鋼・半導体・自動車などの財に貿易制限措置を課すようになった。こうした日米貿易摩擦をめぐる二国間交渉で、日本はアメリカの外圧に屈する場面も多かったが、GATTのような多国間経済枠組みをアメリカからの圧力の防衛の場にしようとした。

一九九〇年代初頭、欧州連合（EU）の設立、北米自由貿易協定（NAFTA）の結成により、世界的に地域主義の気運が高まった。プラザ合意を経て日本企業は安価な労働力を求め東アジアへの直接投資を加速させ域内相互依存を深化させたが、日本は引き続き多国間経済枠組みを支持し、地域主義的な動きには慎重であった。しかし、GATTウルグアイ・ラウンド交渉の行き詰まりや日米貿易摩擦という外的要因により、日本は自由貿易体制を補完・強化するための地域経済枠組みの構築を企図するようになった。そして一九八九年にアジア太平洋経済協力（APEC）が立ち上げられた。ただしAPECは、GATTの弱体化を懸念し、関税同盟や自由貿易地域の形をとらない「開かれた地域主義」という考え方を志向した。アジア太平洋の地域経済枠組みは「制度的な経済統合」に根ざしたものではなく、企業の貿易と投資が構築した「事実上の経済統合」という形態であった。

〈制度的な地域経済枠組みの模索〉

一九九五年に、GATT体制をより強化すべく世界貿易機関（WTO）が設立された。国際機関としての制度的基盤が整備されたWTOは、新たに紛争解決手続きを有し、多国間経済枠組みを強化させた。日本はWTOを軸に、「事実上の経済統合」を強化しようとしたが、二一世紀に入ると「制度的な経済統合」を希求するようになった。その背景に、WTO交渉に弾みをつけることを狙ったAPECにおける早期自主的分野別自由化（EVSL）交渉が頓挫し、また九九年に開催されたWTOシアトル閣僚会合で次期ラウンドの立ち上げに失敗し、多国間主義の先行きが不透明になったことがあった。さらに、九七年に起きたアジア通貨危機を引き金に、日本は制度的な経済統合を模索するようになった。

新世紀の幕開けとともに日本は自由貿易協定（FTA）の締結により貿易や投資の拡大を制度的に担保しようとする動きを示した。その皮切りとなったのが二〇〇二年に発効した日本・シンガポール経済連携協定（EPA）である。経済界がEPAの構築を強く求めた一方、農業関係者は農産物の自由化を伴うEPAの推進に強く抵抗した。このため農産物への打撃を最小限に留めるEPAが模索された。日本は、シンガポールに続き、メキシコ・タイ・インドネシア・ベトナム・スイス・チリ・東南アジア諸国連合（ＡＳＥＡＮ）などとＥＰＡを締結した。

〔広域経済枠組みの構築〕

日本に続く形で、中国・韓国・オーストラリア・ニュージーランド・インドもＡＳＥＡＮとのＦＴＡを締結し、アジア太平洋でＡＳＥＡＮをハブとする広域経済枠組みが模索されるようになった。中国が二〇〇四年にＡＳＥＡＮ＋３（日中韓）の枠組みによる東アジア自由貿易圏（ＥＡＦＴＡ）を提唱し、それに対し日本が〇六年にＡＳＥＡＮ＋６（日中韓印豪ＮＺ）による東アジア包括的経済連携（ＣＥＰＥＡ）の枠組みを提唱した。二つの広域経済枠組みの主導権をめぐり日本と中国は競争を展開した。

アジア太平洋の広域経済枠組みが進展する中で、超大国であるアメリカはこうした動きに関与できておらず、そこから排除されることに懸念を示すようになった。こうした事態を打開すべく、二〇〇六年にアメリカは、ＡＰＥＣ加盟二一ヵ国によるアジア太平洋自由貿易圏（ＦＴＡＡＰ）の構築を提案した。その後〇八年に、ＦＴＡＡＰに至る道筋として環太平洋パートナーシップ（ＴＰＰ）を用いることを表明し、一〇年に、ＴＰＰ交渉が始まった。ＴＰＰは、他に規定がある場合を除いて、発効と同時に他の締約国の原産品に対するすべての関税を撤廃することを原則としている。さらにＴＰＰは極めて包括的な協定であり、物品の貿易、サービス貿易、電子商取引、競争、税関手続き、投資、貿易の技術的障害と衛生植物検疫、政府調達、知的財産権などＷＴＯの枠組みを超えた規定がなされている。このことからＴＰＰは二一世紀型の経済枠組みといわれている。日本は当初よりＴＰＰへの参加に興味を示していたが、ＴＰＰが例外なき関税撤廃を掲げていることから農産物の扱いをめぐり参加は難しいと目されていた。しかし一三年に日本はＴＰＰ交渉参加を表明した。ＴＰＰをめぐる日本の動きに、それまでＥＡＦＴＡを主導しＣＥＰＥＡに慎重姿勢を示していた中国は、ＣＥＰＥＡを受け入れる姿勢を示し始め、また一二年に日中韓ＦＴＡ交渉も立ち上げられた。一連の流れに危機感を示したのが、ＡＳＥＡＮの中心性と一体性の維持に尽力してきたＡＳＥＡＮ諸国であった。ＡＳＥＡＮは、一一年にＡＳＥＡＮ＋６による東アジア地域包括的経済連携（ＲＣＥＰ）構想を打ち出した。

ＴＰＰ交渉は難航しながらも参加国を拡大させ、二〇一六年に一二ヵ国により署名に至ったが、一七年にトランプ大統領が登場したことによって頓挫した。トランプ大統領は「アメリカ第一主義」を掲げＴＰＰからの離脱を表明した。アメリカが離脱する中で残りの一一ヵ国は修正枠組みに合意し、一八年に環太平洋パートナーシップに関する包括的及び先進的な協定（ＣＰＴＰＰ）の発効にこぎ着けた。ＣＰＴＰＰは、日本の強いイニシアティブにより高水準かつ拘束力のあるルールを維持させることに成功した。また日本は同年に日ＥＵ経済連携協定も締結させている。一方、ＲＣＥＰは、インドを除く一五ヵ国がＲＣＥＰ協定に署名し、二二年に発効した。ＲＣＥＰは包括的な経済枠組みではあるものの関税および非関税障壁の自由化率などにおいてＴＰＰと比べ劣る。

ＴＰＰから離脱したアメリカは自国にとってよりよい貿易ルールを実現するための手段として二国間の貿易交渉を追求した。日本は、アメリカと「日米貿易協定」やデジタル貿易に特化した「日米デジタル貿易協定」を締結した。しかし、ＴＰＰから離脱したアメリカは、中国の経済的台頭に対抗する具体的な手段を持ち合わせていなかった。こうした状況下で急浮上したのが二〇二二年に一四ヵ国が参加し発足したインド太平洋経済枠組み（ＩＰＥＦ）である。ＩＰＥＦは、①貿易、②サプライチェーン、③クリーン経済、④公正な経済の四つの柱から構成されている。対中関係への危機意識を共有する日本は、ルールに則ったＩＰＥＦの構築にむけリーダーシップを発揮することが期待されている。

（三浦秀之）

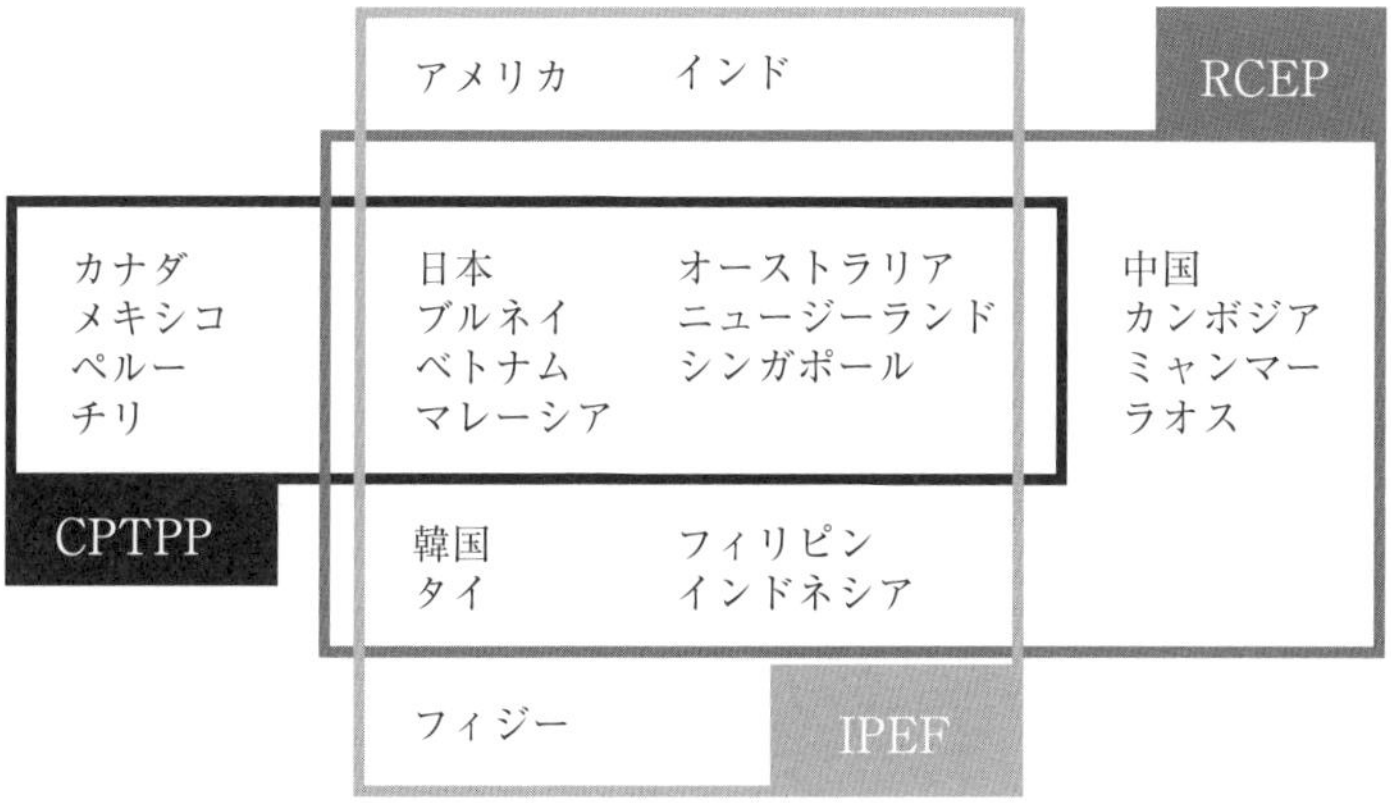

★—インド太平洋地域の主な経済枠組み

〔参考文献〕片田さおり著、三浦秀之訳『日本の地経学戦略』（日本経済新聞出版、二〇二二年）、三浦秀之『農産物貿易交渉の政治経済学』（勁草書房、二〇二〇年）

Q57 環境政策に日本はどのように取り組んでいますか

A

日本は、四大公害病をはじめとする国内環境問題に対して、法制度の強化を通じて対処してきた。国際的な環境問題では、議定書を含む国際環境条約の国内実施を進めている。各問題では中長期的な政策目標を設定し、取り組みの達成度をはかる試みがなされている。

〈四大公害病〉

戦後の高度経済成長は、経済大国としての日本の地位の足がかりとなったが、同時に多くの環境汚染を引き起こした。産業由来型環境汚染の中で極めて深刻で、かつ人々の関心をひいた問題が、水俣病《みなまたびょう》・新潟水俣病・イタイイタイ病・四日《よっか》市《いち》公害の四大公害病である。これらの産業由来型環境汚染に対し、一九六〇年代後半に法制化された環境法は、一九七〇年の公害国会で改正・強化され、企業の公害対策が進む契機となった。翌年には環境政策を所管する環境庁が設置され（二〇〇一年に環境省に改組）、日本政府の環境政策の立案・実行を担うこととなった。

この時期に日本を含む多くの先進国が環境政策に取り組んだ背景としては、一九七二年にストックホルムで国連人間環境会議の開催が予定されていたことがあげられる。日本を含む多くの先進国が、同会議までに自国の環境政策作成を目指した。国連人間環境会議には、日本から水俣病患者も参加した。同会議を通じ世界各地の環境汚染や環境政策に関する知見が共有され、先進国のみならず会議に参加した途上国も環境問題の深刻さに目覚めることとなった。

その後の日本は、自動車排気ガスによる大気汚染や生活排水による河川・湖沼の水質汚染などの生活由来型環境汚染にも苦しんだ。工場などの特定の排出源対策が中心だった産業由来型環境汚染に対し、生活由来型環境汚染では、多くの排出源からの多種多様な汚染物質対策が必要になった。これに対し、自動車排気ガス規制、ガソリンの無鉛化、下水処理場の増設など、国や地方自治体による規制や社会インフラへの投資が行われた。規制に適応するための企業による環境技術開発の進展は、国際的な競争力の源泉となった。

アジアでは、二〇世紀末からの高度経済成長に伴う環境汚染に苦しむこととなった。いわば、国内環境問題の国際化という状況である。アジアの国々では、日本が過去に実施した公害対策や汚染浄化技術の移転を求める期待が高かった。そのため、日中韓三ヵ国環境大臣会合や東南アジア諸国連合（ＡＳＥＡＮ）＋３（日中韓）環境大臣会合などの省庁間の政策対話を通じた国際協力や、政府開発援助（ＯＤＡ）による途上国の能力開発や環境人材育成などが行われている。

〔気候変動問題〕

一九八〇年代に浮上したオゾン層保護問題に続き、気候変動問題が国際社会において課題となった。その背景には、それまで東西対立のもとで二番手以降の国際課題とされていた南北問題や地球環境問題が、冷戦終結により国際的に注目を集めたことがある。冷戦終結後全世界から一〇〇ヵ国以上の首脳が一堂に会した国際会議が、一九九二年にリオデジャネイロで開催され、環境問題と開発問題を議論した国際連合（国連）環境開発会議だったのは象徴的である。

この会議では、気候変動枠組条約と生物多様性条約への署名が行われ、今後の国際社会の行動計画となるアジェンダ21が採択された。このうち、気候変動問題は、一九九一年に条約形成に関する政府間会合が開催されてからわずか一五ヵ月で気候変動枠組条約が採択された。九七年には京都で気候変動枠組条約第三回締約国会議（ＣＯＰ３）が開催され、日本は自国で開いた会議での成果を求めた。最終的に、先進国全体の温室効果ガス排出量を第一約束期間（二〇〇八〜一二年）に一九九〇年比で約五％削減することを骨子とする京都議定書が採択された。京都議定書で設定された削減目標（ＥＵ八％、アメリカ七％、日本六％）は、日米にとって厳しい目標であった。アメリカのジョージ・Ｗ・ブッシュ政権は、自国経済に悪影響が出ることや途上国への排出義務がなく不公平性が残るとして、二〇〇一年に京都議定書離脱を宣言した。他方、日本は森林などの吸収源や京都議定書のもとで形成された炭素市場を通じて排出枠を入手することで、京都議定書が日本に定めた削減目標を達成した。

二酸化炭素排出量で世界の一、二位を占める米中に排出制限がかからなかった状況に対し、不公平感を抱く国々が増え、二〇一三年以降の国際体制をめぐる交渉は難航した。実効性の面でも懸念が生じた京都議定書に代わって、全世界の国々が自主的に温室効果ガスの排出目標を設定し、それを通じて産業革命以降の温度上昇を二度以内に、可能であれば一・五度以内に収めることを目標としたパリ協定が一五年に採択された。パリ協定のもとでは、各国は五年ごとに自国の目標を強化する必要があり、二〇五〇年までに脱炭素を達成することが一・五度目標と整合的であるとされる。日本が二一年に提出した目標は、三〇年に温室効果ガス排出量を一三年比で四六％削減し、五〇年までに温室効果ガス排出を実質ゼロにすることを目指すとしている。しかし、世界各国の目標を総計しても一・五度目標の達成は困難で、各国の目標のさらなる強化が求められている。

〔生物多様性問題や有害化学物質への取り組み〕

国連環境開発会議に向け、生物多様性条約も採択された。これは森林減少や開発などによって野生生物の生息地が減少し、種の絶滅が進んでいる状況に対し、生物多様性の保全を主たる目的としてつくられた条約である。この条約の締約国は、生物多様性の保全及び持続可能な利用を目的とする国家戦略の作成が求められた。日本も一九九五年に最初の生物多様性国家戦略を策定し、数次にわたる見直しを行っている。

生物多様性条約では、このほかにも、生物多様性の構成要素の持続可能な利用や遺伝資源の利用から生ずる利益の公正かつ衡平な配分についても定めるとされており、後者については二〇一〇年に名古屋で開催された生物多様性条約第一〇回締約国会議（ＣＯＰ10）で名古屋議定書が採択された。また、同会議では、締約国は生物多様性の損失速度を一〇年までに顕著に減少させるという二〇一〇年目標の後継目標として、二〇二〇年を目標年とする愛知目標を定めた。二二年には、愛知目標の後継となる昆明《クンミン》・モントリオール生物多様性枠組に合意し、五〇年までのビジョンと、三〇年までに達成するターゲットが定められた。二〇一〇年目標も愛知目標もともに未達成の項目が非常に多く、経済開発が進む中で生物多様性を保全する難しさが明らかになっている。

国連環境開発会議で国際社会の行動計画として採択されたアジェンダ21では、有害化学物質の環境上適正な管理も取り上げられた。この問題に対し、一九八九年に有害物質の越境移動に関するバーゼル条約が、九八年に有害化学物質貿易の際に事前通報と同意手続の実施を求めるロッテルダム条約が、二〇〇一年に残留性有機汚染物質に関するストックホルム条約が採択された。さらに、国連環境計画による世界水銀アセスメントや国際的な化学物質管理のための戦略的アプロ

表　国際社会全体の政策目標（気候変動・生物多様性・持続可能な発展）

分　野	名　称	概　要	目標年	根　拠
気候変動	1.5度目標，2度目標	産業革命前からの温度上昇の目標	な　し	パリ協定
生物多様性	昆明・モントリオール生物多様性枠組	生物多様性の損失を食い止め，反転させるためのビジョンとターゲット	2030・2050	締約国会議決定
持続可能な発展	持続可能な開発目標（SDGs）	環境，経済，社会など17分野にわたる目標	2030	国連総会決定

ーチに基づく対策が進むにつれ、水銀に焦点を絞った国際対策の重要性が叫ばれ、一三年に水銀に関する水俣条約が採択された。日本は、各条約の規定に基づく国内制度を定めている。

〔持続可能な開発目標（ＳＤＧｓ）〕

これまでみてきたように、国際的な環境問題では、国際環境条約が結ばれ、その条約とより具体的な政策目標などを定めた議定書や締約国会議決定に基づき各国は環境政策を自国内で実施してきた。しかし、環境政策を実施する中心的主体は、政府ではなく企業や市民である。二〇一五年に国連総会で採択された持続可能な発展のための二〇三〇アジェンダに含まれているＳＤＧｓは、各国政府のみならず、企業や市民に対して取り組みを求める全世界共通の普遍的な目標が定められている。

ＳＤＧｓは、二〇一五年を目標年としたミレニアム開発目標（ＭＤＧｓ）の後継目標である。ＭＤＧｓで定められた定量的目標の達成度は地域ごとにさまざまであったため、ＳＤＧｓでは「誰一人取り残さない」をスローガンに掲げた。さらにＭＤＧｓは、途上国の開発問題を中心にした目標が多かったのに対し、ＳＤＧｓは二〇三〇年を目標年とし、開発問題のみならず、環境・経済・社会の持続可能性と発展のあり方をテーマに取り上げ、全世界の多様な主体が目指す定量的な目標を定めている。一七分野にわたる目標ごとにロゴを定め、企業や市民による取り組みがどの分野の目標への対策にあたるか可視化しており、市民目線では、身近な政策目標の一つとなっている。

（沖村理史）

〔参考文献〕沖村理史「気候危機を乗り越える国際制度」広島市立大学広島平和研究所編『広島発の平和学』（法律文化社、二〇二一年）、高柳彰夫、大橋正明編『ＳＤＧｓを学ぶ』（法律文化社、二〇一八年）、政野淳子『四大公害病』（中央公論新社、二〇一三年）

Q58 パブリック・ディプロマシーとは何ですか

A

パブリック・ディプロマシー（Public Diplomacy＝ＰＤ）は、外国の国民や世論に直接働きかける外交活動のことであり、伝統的な政府同士の外交活動とは区別されるものである。ＰＤは各国の国益を追求するとともに、国際社会共通の利益、いわば国際益にも貢献すべきだと広く考えられている。

〈ＰＤの手法〉

ＰＤは外交活動の一種である以上、その目的は自国の対外的な利益・目的の達成や、国際社会における自国のプレゼンスとイメージの向上にある。ＰＤには一方的な情報発信だけでなく、双方向の交流活動も含まれる。具体的な活動としては、政府による広報・ラジオ・テレビなどによる海外放送、共同研究などの知的交流、海外での語学教育や各種文化交流があげられる。近年では、インターネットを通じた活動も多様化しており、その影響力を拡大している。

民主主義諸国では、政府はＰＤの実施主体であり、教育研究機関・企業・民間団体・個人などの非政府アクターによる交流活動を支援している。そして、非政府アクターは自発的にＰＤ活動に参加しており、政府によるＰＤ活動を監視している。一方、狭い意味での国益を追求し、政治的な目標を達成するために虚偽の情報をも発信するような外交活動は、プロパガンダや情報戦であるとみなされる。グローバル規模の情報化が進む中、プロパガンダは短期的な政治目的を達成したとしても、中長期的には国際世論による警戒と批判を受けることになりやすい。

〈日本外交における意義〉

対外広報や文化交流活動には長い歴史があるが、ＰＤという概念が最初に使われたのは、一九六〇年代のアメリカである。ＰＤの説明は国や論者によってさまざまであるが、共通する部分もある。日本語での説明の代表例として、ここでは北野充による説明を紹介しよう。

自国の対外的な利益と目的の達成に資するべく、自国のプレゼンスを高め、イメージを向上させ、自国についての理解を深めるよう、また、自国の重視する価値の普及を進めるよう、海外の個人及び組織と関係を構築し、対話を持ち、交流するなどの形で関わったり、多様なメディアを通じて情報発信したりする活動（金子・北野編二〇一四）。

北野の説明からわかるように、ＰＤは政府による外交活動に限定されているわけではない。一方、ＰＤがディプロマシー、つまり外交活動である以上、政府が自国の対外的な利益と目的に資するようにＰＤを計画、実施するのは当然であろう。二〇二三年現在、日本政府によるＰＤの公式な定義は存在しないが、日本外交に関わるさまざまな政府文書にＰＤの意義や重要性への言及が確認できる。二二年一二月に国家安全保障会議決定、閣議決定された「国家安全保障戦略」では、人的交流などの促進は戦略的なアプローチの一環としてあげられている。その意義について、同戦略は次のように説明している。人と人、国と国の相互理解の増進は、国家間の緊張を緩和し、平和で安定した国際関係を築く土台となる。そして、海外における日本への理解を促進し、日本と日本国民が好意的に受け入れられる国際環境を醸成するには、人的交流・文化交流などに取り込む必要がある。同年六月に発行された『外交青書』では、ＰＤは総合的な外交力を強化する取り組みとして紹介されている。その内容には国際社会から日本の政策・取り組み・立場への理解と支持を得るための戦略的な対外発信だけでなく、親日派・知日派育成や日系社会との連携強化のための人的交流・文化交流も含まれている。

〔ソフト・パワーをめぐる競争〕

戦後の日本外交において、対外広報と国際文化交流といった活動は重要な役割を果たしてきたが、ＰＤが政策概念として用いられるようになったのは二〇〇〇年代前半からである。その背景には、国際社会におけるソフト・パワーをめぐる競争があった。

ソフト・パワーはアメリカの国際政治学者ジョセフ・ナイが提起した概念である。ナイの説明によると、ソフト・パワーは力による強制と利益による誘惑を伴うことなく、魅力により他者からの尊敬と共感を集め、自らにとって望ましい行動を促す能力である。アメとムチで直接的に他者の行動を変えるハード・パワーに対し、ソフト・パワーは他者の認識と

現代編

評価への働きかけを通じて、間接的に他者の行動を変える力だとされる。ナイが最初にソフト・パワーについて論じたのは一九九〇年代だったが、二〇〇一年に起きた同時多発テロ事件とその後のアメリカによる対テロ戦争をきっかけに、ソフト・パワー論は世界規模の注目を集めた。ナイの議論では、国家のソフト・パワーの源泉は文化の魅力、政治的な価値観と対外政策の正当性である。文化の魅力と政治的な価値観がアメリカに強力なソフト・パワーを提供しているが、対テロ戦争をめぐる対外政策が国際世論の支持を得られなかったためアメリカのソフト・パワーを損なうことになったとナイは指摘する。

ソフト・パワーが人口に膾炙し、各国がソフト・パワーをめぐる競争における優位性を求めてPDに注力する中、日本も自国のイメージを向上させ、日本文化の持つ魅力を外交上もソフト・パワーとして活用するため取り組みを強化した。二〇〇四年、外務省は大規模な組織改編を行い、大臣官房のもとに広報文化交流部が新設され、その英語名称が「Public Diplomacy Department」とされた。これにより、従来組織的に分けられていた対外広報と国際文化交流が部分的に統合された。当時では、日本と中国・韓国の間では歴史認識問題をめぐって対立と摩擦が激しさを増していた。日本はPDを通じて、中国や韓国の対日世論の改善を図りつつ、アメリカをはじめとする第三国世論の理解と賛同を得ようとしていた。そして、経済の低迷が続く中、日本はポップカルチャーを含む文化コンテンツを活用して海外の日本ファンを増やし、新たなビジネスチャンスを生み出そうとしていた。

その後、急速な経済発展を続ける中国が西側発のコンセプトであるPDを受け入れ、自らのソフト・パワー戦略を打ち出したことで、中国は日本のPDにとって重要な対象国だけでなく、最大のライバルにもなった。しかし、政府色・政治性の強い中国のPDに対し、日本は対外広報を通じて主張／反論をしつつ、とりわけ文化交流活動における非政府アクターの自律性を尊重してきた。二〇一七〜一八年にかけて、サンパウロ（一七年開館）・ロンドン（一八年開館）・ロサンゼルス（一七年部分開館、一八年全開館）の三都市に戦略的な対外発信を行う拠点である「ジャパン・ハウス」が開設された。その目的は日本の多様な魅力や政策、取り組みの発信を通じて、知日派・親日派の裾野を一層拡大することだとされている。三都市にあるジャパン・ハウスでは日本の伝統工芸品や食、そして書籍を楽しめるだけでなく、企画展示会を通じて日本文化に触れることができる。ジャパン・ハウスは当初、領土問題や歴史認識に関する日本の立場をも説明し、

「正しい日本」の姿を発信する予定だった。しかし、有識者の議論を経て、文化の紹介に重点を置いた「世界を豊かにする日本」を発信することになった。なお、巨額の費用を投じているため、ジャパン・ハウスの活動が実際どれほど日本の外交に貢献しているか、いわゆる費用対効果の分析も今後求められるだろう。

★―ジャパン・ハウス内のショップ（外務省戦略的対外発信拠点室提供）

〈PDに携わる組織と個人〉

対外政策としてのPDを立案し、実施するのは政府だが、政策広報を除くPDのほとんどの活動にはさまざまな非政府アクターが関わっている。とりわけ文化交流活動では、資金、場所や媒体が必要であるが、活動に参加し、相互理解を深める人がいなければいかなる交流も意味をなさない。戦後日米間の文化交流を例にあげると、両国の交流を質と量の両面から発展させたのは財団や教育・芸術・学術交流の組織、そして個人だといえる。アメリカのロックフェラー財団・カーネギー財団・アジア財団・フォード財団などの助成金により、日米両国の多くの知識人・学生たちが互いに学び、交流する機会を得た。そして、ロックフェラー三世と松本重治《まつもとしげはる》のイニシアティブと財界の支援により設立された国際文化会館もまた日米各界の交流と友好関係に貢献してきた。これらの組織や個人の努力と貢献は政府によるPDを補っていただけでなく、政府間の同盟、協力関係を支える土台を提供している。

（張雪斌）

〔参考文献〕金子将史・北野充編『パブリック・ディプロマシー戦略』（PHP研究所、二〇一四年）、ジョセフ・S・ナイ『スマート・パワー』（日本経済新聞出版社、二〇一一年）、渡辺靖『文化と外交』（中央公論新社、二〇一一年）

Q59 日本は毎年どれくらいの数の難民を受け入れていますか

A

日本の難民認定数・認定率は主要先進国の中で極めて低い。例年、日本の難民認定数は一桁から二桁の間で推移しており、二〇二二年の七四名が過去最大となるが、近年は認定率が一％に満たない状態が続く。

〈難民と国際的な取り決め〉

難民とは一九五一年に国際連合（国連）で採択された国際条約の中で「人種、宗教、国籍、特定の社会的集団の構成員であること又は政治的意見を理由として迫害を受けるおそれがあるという十分に理由のある恐怖を有するために国籍国の外にいる者」と定義されている。庇護を希望する者が庇護先となる政府に申請し、審査を経て難民の地位を認定された者を「条約難民」と呼ぶ。条約難民は国際法で定められた地位が保障され、雇用や社会福祉の面で受け入れ国の国民と同等の扱いを受けられるほか、受け入れ国政府は特別な場合を除き難民を国籍国へ送還できなくなる。

冒頭の数値はこの条約難民に関するもので、日本では条約の定義の解釈が厳格であることを反映している。一方、諸外国では定義を柔軟に解釈し、より多くの難民を受け入れる国もあれば、アフリカや中南米のように地域的な取り決めのもとで難民をより広義なものとして定義し、多くの難民を受け入れる国もある。いずれにしても、難民を受け入れる責任は各国が個別に負うことになるが、国連難民高等弁務官事務所（UNHCR）という国際機関があり、各国による難民保護の促進や問題解決にむけた活動を行っている。

〈日本の難民受け入れ状況〉

日本が初めて難民を受け入れたのは一九七〇年代後半のインドシナ紛争の最中である。当時の日本は条約未批准国であったため、受け入れを閣議了解で決定するという特別措置を

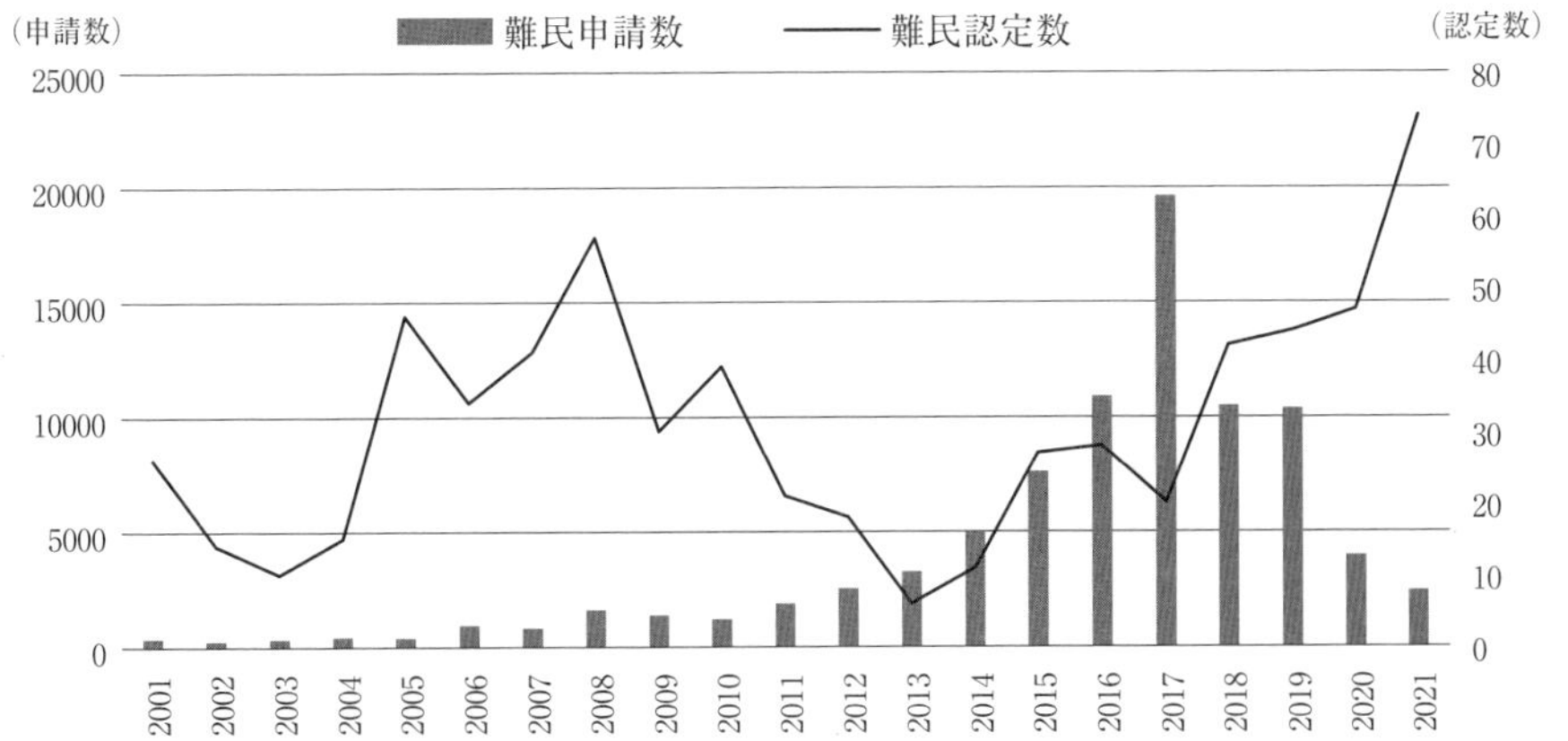

★—日本の難民受け入れ状況

講じた。この時に日本が受け入れた人々は「インドシナ難民」と呼ばれ、一万人強にのぼる。これに対して、一九八一年の条約加入以降の難民認定数は一桁ないし二桁台に留まる。特に新型コロナウィルス感染拡大により外国人の日本入国が制限される前の数年間、難民申請数が一万件を超える状態が続いた事実を踏まえると、難民認定率の低さが際立つ。難民申請者の国籍国の多くをアジア諸国が占めるという日本の状況は世界的な傾向とは異なるものの、世界的に受け入れが進むトルコ国籍を持つクルド人やミャンマー国籍を持つロヒンギャであっても日本で難民認定を得ることは容易ではない。このことは難民に対して閉鎖的な日本の姿勢を象徴している。

　なお、難民不認定者に対しては、人道的配慮に基づく特別在留許可が認められる場合があり、例年難民認定数を上回る数百名程度が対象となる。とはいえ、この数を加えても例年数万人規模で難民を受け入れる先進主要国に遠く及ばず、日本の閉鎖性を補うものとはいえない。

　一方、積極的な国際貢献が求められる世界的な難民危機に対しては、正規の難民認定手続きと異なる措置による対応が試みられることがある。たとえば、二〇一二年のシリア内戦により発生したシリア難民に対しては一七年に難民留学生の受け入れ事業が始まった。これは国際協力機構（ＪＩＣＡ）や文部科学省が有する既存の制度を利用するもので、五年間で最大一五〇名の受け入れが計画され二一年の時点で八五名が来日している。また二二年九月の時点で同年のウクライナ危機から逃れてきた一七七二名を受け入れているが、これらの人々は「ウクライナ避難民」と呼ばれ、難民認定手続きを経ない特例措置を受けている。

このほか日本の特筆すべき試みとして、二〇一〇年にアジアで初となる第三国定住の受け入れ事業を開始し現在も継続していることがあげられる。第三国定住とは、既にある国で難民として庇護を受けた者に第三国での定住資格を与える方策で、国際的な難民問題の解決方法の一つである。一九年には、タイ・マレーシアに滞在するミャンマー難民を対象とする年間三〇名を上限とした受け入れ枠を、地域・人数の点で拡充することが閣議決定された。第三国定住は政府による難民認定を必要とせず、難民認定率の低さを補うものとはならないが、難民受け入れ負担が途上国に集中している今日の状況では、日本のさらなる貢献が期待される分野である。

ここまでにあげた条約難民・インドシナ難民・第三国定住難民には、「定住者」資格が与えられ、国内での制限のない就労が可能となるほか医療保険などの公的サービスが受けられる。また、在留資格の更新が不要な「永住者」への資格変更や帰化といった選択肢も用意されている。一方、ウクライナ避難民は希望者に一年間の就労が可能な「特定活動」と呼ばれる在留資格を付与する措置を講じており、難民とは扱いが異なる点に注意したい。

〔その他の外国人の受け入れ状況〕

迫害などの何らかの理由により国籍国を離れることを余儀なくされた難民と異なり、自らの意思で移動した人々、すなわち国際的に移民（migrants）と称される人々は、国際的に統一された定義が存在せず、難民とは扱いが異なる。たとえば、国連の統計では、国籍国ないし定住国以外の国に滞在する人を、滞在期間が一二ヵ月以上の者を長期移住者（long-term migrants）、三～一二ヵ月までの者を短期移住者（short-term migrants）と区別して計上するが、日本の政策では移民という言葉は用いず、「在留資格」を持つ在留外国人として扱われる。二〇二二年末時点で二七六万人にのぼる在留外国人を在留資格別にみたとき、最多は「永住者」であり全体の三割程にあたる。前述の制限のない就労が可能な「定住者」の在留資格を持つ者には難民のほか日系三世などがあるが、全体の一割に満たない。残りの在留資格は、就労に制限を受ける。以下、その中のいくつかを紹介する。

最も多いのは「技能実習」資格を持つ滞在者であり、在留外国人全体の一割強にのぼる。一九九〇年代に開始された技能実習制度は日本から途上国への技能・知識の移転を通した国際貢献の一つとして位置づけられている。ところが同制度のもとで外国人労働者が不当な労働を強いられているとしてアメリカ政府の報告書や国連の人種差別撤廃委員会から批判されていることもあり、近年制度の見直しが進んでいる。

次いで多いのが「技術・人文知識・国際業務」であり、国内の公的機関や企業で雇用される外国人の多くがこれに該当する。この資格はいわゆる高度人材の受け入れ枠の一つとして位置づけられ、在留期間の定めがあるものの延長が可能な資格となっている。

そして、三番目に多いのが「留学」である。その数は二〇〇〇年代半ばと比べて三倍に増加しているが、その背景には二〇〇八年に政府が打ち出した「留学生三十万人計画」がある。計画の目的は高度人材の受け入れをみすえて留学生を獲得するとともに、諸外国に対して知的貢献を果たすことであり、実際に留学終了後に「技術・人文知識・国際業務」の資格を得て、国内で就労する者も少なくない。一方、「留学」の在留資格自体に就労は認められず、働くためには別途「資格外活動許可」が必要となる。ところが、二〇年の統計によると、「資格外活動」の形態で雇用されている外国人は約三七万人もいることがわかり、コンビニエンスストアや飲食店など日常に欠かせない場所での労働需要が現実には留学生らに支えられていることが示唆される。

その他に、二〇一二年の高度人材ポイント制導入や一九年の「特定技能」資格新設など、日本では外国人材受け入れのための制度整備が進んでいる。これらの制度は就労期間や家族帯同、永住権申請などの面で高度技能を持つ外国人を優遇する形で設計されているが、実際に日本で不足している人材が高度人材に留まらないことは技能実習制度の実態や留学生の就労が常態化していることからも明らかである。アジア各地で経済成長と高齢化が進み労働力不足が顕在化する中で、外国人材獲得競争は今後ますます苛烈化していくことになり、そのことをみすえた制度設計がより一層必要になる。

〔在留外国人を取り巻く環境〕

日本では既に数多くの外国人が居住し、今後その数は増加していくことが見込まれるが、外国人を取り巻く環境は充分に整備されているとは言い難い。外国人であることを理由とする不安定な雇用状況や保険への未加入、子の不就学など、問題は多岐にわたる。外国人の受け入れ可否の決定や在留外国人の処遇は原則的には内政的な問題なのだが、出身国や国際社会との良好な関係の維持にも関わる重要な外交課題の一つとして取り組む必要がある。

（中山裕美）

〔参考文献〕石川えり「難民政策の推移」『移民政策研究』（一、二〇〇九年）、根本かおる『日本と出会った難民たち』（英治出版、二〇一三年）、近藤敦『多文化共生と人権』（明石書店、二〇一九年）

Q60 米中の対立に日本はいかに対応すべきですか

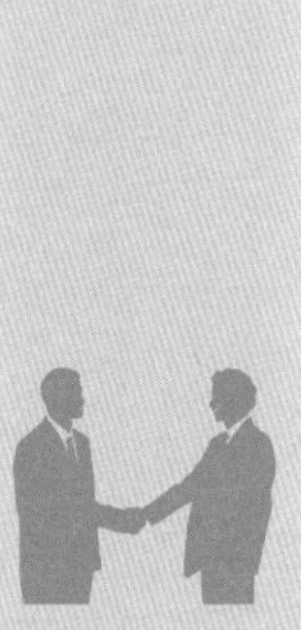

A

ドナルド・トランプ米政権の発足以降、貿易不均衡によるアメリカの対中赤字解消を理由の一つとして、対中貿易赤字の改善や中国の「不公正な貿易慣行」などを名目に米中対立が本格的に幕を開けた。両国と深い関係を有する日本にとって、これは対岸の火事ではない。

〔中国の構想〕

米中対立は単なる貿易摩擦に留まらず、経済貿易面での包括的な対立の様相を呈している。アメリカは中国による先端科学技術の窃取に対して取締りを強化するとともに、中国の戦略的新興産業の育成や製造業の発展計画である「中国製造二〇二五」の見直しを迫っている。

さらに、米中の対立は人権や価値をめぐっても深まっている。それ以前から、国交正常化に伴う台湾をめぐる問題や、中国によるサイバー上の攻撃やエスピオナージ（諜報行為）、サイバー覇権をめぐる対立、及び中国の海洋進出と南シナ海における軍事化などをめぐり対立が存在してきた。

中国は、アメリカとの「新型の大国間関係」構築を模索している。習近平《しゅうきんぺい》は、副主席であった二〇一二年二月に訪米した際、初めてアメリカとの「新型の大国間関係」という概念を提起した。「新型の大国間関係」の定義は明確ではないが、米中が紛争に突入することを意味するものではなく、覇権を求めるものではないと説明されている。しかし、この概念は、二〇〇七年五月に中国人民解放軍海軍の楊毅《ようき》少将が、中国を訪問した米太平洋軍司令官のキーティング大将と会談した際、「ハワイを基点として米中が太平洋の東西を『分割管理』する」と提案したことを想起させた。中国は、二大大国たる米中による世界秩序を模索し、「人類運命共同体」というキーワードを用いて、こうした一連の外交施策への国際世論の支持を獲得しようとしている。一期目（二〇一二―一七年）の習近平政権では、「一帯一路《いったいいちろ》」構想（OBOR、もしくはBRI）や同サミット、アジア相互協力信頼醸成措置会議（CICA）を開催するとともに、アジアインフラ投資銀行（AIIB）を創設した。なお、「一帯一路」構想とは、習近平国家主席が一三年九月と一〇月に提唱した、中国内陸部から中央アジアを経由して陸路で欧州と結ぶ「シルクロード経済ベルト」（一帯）と、中国沿岸部から東南アジア、インド洋北部、アラビア半島周辺海域を経てアフリカ東岸を結ぶ「二十一世紀海上シルクロード」（一路）の整備を通じて、中国を中心とした経済圏を構築しようとするものである。

〈台湾をめぐる対立〉

その一方で、中国は台湾及び近海におけるアメリカの介入を防ぐべく、米軍が第一列島線及び第二列島線内で作戦を展開することを忌避するレベルまで軍事力を強化することを目標の一つとしてきた。中国はこれまで台湾の平和的な統一を目指すとする一方で、台湾が独立を宣言するなどの行動に出た場合は武力行使も辞さない姿勢を示している。

近年、中国は「反分裂国家法」をはじめとする国内の法律・法規を整備し、実際の台湾侵攻能力の構築や軍事演習など武力による統一のための軍事闘争準備を進めており、習近平政権下の中国と台湾を取り巻く環境が大きく変化している。

中国が台湾に対して軍事侵攻や武力による統一を実行に移すかどうかを決定づけるのは指導者の判断にかかっている。その判断基準は中国が主張する「一つの中国」の原則に基づく「ボトムライン」（譲れない一線）と台湾やアメリカによる現状変更・独立の動きという「レッドライン」（越えてはならない一線）であるといわれている。

これに対して、アメリカは、四年ごとの国防計画見直し（QDR）の二〇〇一年版において、中国が台湾侵攻の際に米軍の介入を阻止するために進めている取り組みを「接近阻止・領域拒否」（A2／AD）戦略と称し、中国がそうした能力を強化していることや、漸進的に海洋進出を進める「サラミスライス」戦略への批判を強めてきた。そして、中台間の現状維持に努め、中国による海洋進出や南シナ海における一方的な現状変更の試みに対して「航行の自由作戦」を展開、アジアへのリバランス政策を進めている。

また、アメリカは日本やオーストラリア、インドなどとの「クワッド」（QUAD）や国家が外交政策を通じて推進する価値観や文化、政治体制などを他国に対して提供すべく、

「自由で開かれたインド太平洋」（ＦＯＩＰ）によって中国の覇権獲得に対抗しようとしてきている。

〔日本の対応〕

日本は、こうした米中対立から生じるさまざまな課題に対応すべく、多様な貿易パートナーを持ち、自由で公正な貿易システムを維持することが求められる。そのため、日米同盟を基軸として、同盟国及び有志国と連携を強化するとともに、ＱＵＡＤやＦＯＩＰなどの多国間枠組みを模索して、自由や民主主義といった価値観を共にする国々との価値外交を重視していくことが望まれる。

日米安全保障条約を中核とする日米同盟は、これまで、日本の外交・安全保障の基軸であり続けてきた。日米同盟は、日本のみならず、インド太平洋地域、さらには国際社会の平和と安定の礎の役割を果たしている。また、日米は自由や民主主義といった価値観を共有しており、今後ともアメリカと緊密に連携し、地域や国際社会の平和と繁栄の確保に取り組むことが肝要である。日本は、同盟国・有志国と連携しながら力による現状変更をはじめとする地域の緊張や不安定化に繋がる懸念や脅威に対処しなければならない。また、サイバー攻撃や認知領域におけるセキュリティー対策、ディスインフォメーション（偽情報）対策を強化することも求められる。

一方、日中関係は日本にとって最も重要な二国間関係の一つであり、対話を継続して友好協力関係をさらに深め、「戦略的互恵関係」を包括的に推進し、「建設的かつ安定的な日中関係」を双方の努力で構築していくことが肝要である。中国が推進している「一帯一路」構想に基づく第三国でのインフラ開発協力については、適正融資による対象国の財政の健全性・プロジェクトの開放性・透明性・経済性の四つの条件が満たされれば協力していく方針を堅持するべきである。

他方、中国への過度な経済的依存を低減させ、経済安全保障上のさまざまなリスクに備える必要がある。また、東シナ海や南シナ海における安全保障上の懸念は、地域の平和と安定に直結しており、日本を含む国際社会の関心事項である。

〔台湾をめぐる対応〕

台湾をめぐっては、「日本政府は、この中華人民共和国政府の立場を十分理解し、尊重し、ポツダム宣言第八項に基づく立場を堅持する」としており、武力紛争の可能性がないと考えられる状況では、日米安全保障条約の運用上の問題が生じることはない。しかし、中国が武力による台湾「解放」の可能性を排除しないとの立場をとっている以上、万が一、中国が武力を用いて台湾を統一しようとして武力紛争が発生した場合には、台湾は日米安保条約の対象となる。

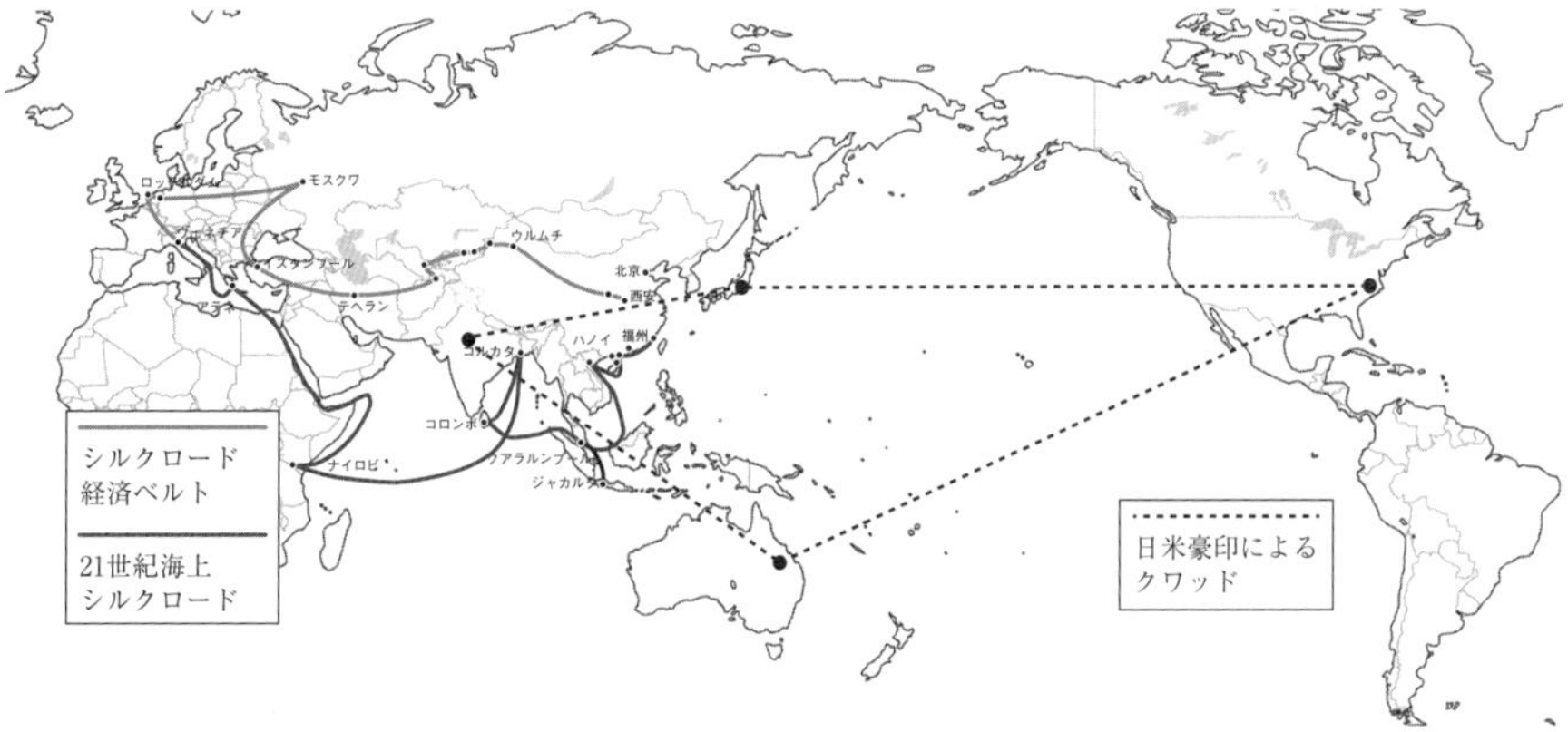

★―中国の「一帯一路」構想と日米豪印の「クワッド」

二〇二一年一二月、安倍《あべ》晋三《しんぞう》元首相は「台湾有事は日本有事、すなわち日米同盟の有事だ」などと述べ、中国を強く牽制した。実際、中国と台湾が武力衝突にエスカレートした場合、台湾に進出している一〇〇〇を超える日系企業や一万人以上の在留邦人の安全は奪われ、さらに中国本土に進出している一万を超える日系企業と、約一〇万人の邦人も何らかの影響を受けることは必至である。

日本としては、東シナ海や南シナ海、台湾海峡での緊張を高めるような、いかなる行為にも反対すべきである。何よりも中国に台湾への侵攻を思いとどまらせるには、有事の際に日本とアメリカが当事国として関わるであろうことを認識させ、すべての関係当事国による対話と国際法に基づき、紛争の平和的な解決に向けて努力することが重要である。

同時に、自衛隊と米軍の連携を強化することで抑止・対処能力を向上させるとともに、海上保安庁や自衛隊を中心にした対応や、南西防衛態勢を不断に強化していく必要がある。また、日中防衛当局間の海空連絡メカニズムのもとでのホットラインの早期運用開始、日中安全保障対話などによる意思疎通の強化を通じて、東シナ海や南シナ海、とりわけ近年緊張が高まる台湾海峡の平和と安定を求めていかなければならない。

（土屋貴裕）

〔参考文献〕外務省『外交青書二〇二三』（日経印刷、二〇二三年）、宮本雄二他編『東アジア 最新リスク分析』（日経BP社、二〇二三年）

コラム6

首相の訪米

日米同盟は日本外交の基軸である。だからといって、新任の首相はまっさきに訪米する、というわけではない。たとえば、アメリカと緊密な関係を築いた、岸信介《きしのぶすけ》・中曽根康弘《なかそねやすひろ》・安倍晋三《あべしんぞう》各首相の最初の外遊先はアメリカではなかった。岸は東南アジア諸国と台湾を、中曽根は韓国を、安倍は第一次政権期には中国と韓国を、第二次政権期には東南アジア諸国を訪問した後に、それぞれ訪米している。アジアでの足場を固めてから、それを梃子として日米関係を強化しようとする思惑が見て取れる。

(↖)

歴史的にみると、首相が訪米した回数は米大統領が来日した回数を凌駕している。この背景には、日米の関係性をみることができようが（かつては「参勤交代」と揶揄されることもあった）、近年は大統領が来日する機会も増えている。なお、ニューヨークで国連総会に出席する機会などもあるため、首相が訪米する回数自体は自然と多くなる。

賓客の接遇にはランクがある。アメリカを例にとると、最上級の国賓訪問は元首級が、それに次ぐ公式訪問は首相などが基本的

(→)

に対象となっている。国賓には二一発の礼砲で敬意を表し、ホワイトタイ・燕尾服《えんびふく》着用の晩餐会《ばんさんかい》が催されるが、公式訪問の場合は礼砲が一九発、晩餐会もブラックタイ・タキシード着用となるなど、儀礼上の違いがある。ただし、首相の訪米が短期の場合などは、礼砲や晩餐会を伴わない実務訪問となることもある。逆に、オバマ政権が安倍首相を国賓として接遇した例などもある。

訪米中は、アメリカの大統領のみならず、政界・経済界・学界の関係者や、現地の日本人などとの会合もセッティングされる。とくに国連総会に出席するときは、アメリカ以外の首脳との会談も多く開催され、過密なスケジュールとなる。

なお、首相訪米の際、ワシントンDCでは、ホワイトハウスの北西にあるブレアハウス（大統領の賓客が宿泊する施設）に宿泊することが多い。ニューヨークでは日系のザ・キタノ・ホテルもよく使われている。

（山口航）

出典：首相官邸ホームページ

自由で開かれた国際秩序を求めて

山口 航

〔民主化の波〕

政治学者のサミュエル・ハンティントンは、「民主化の波」という概念を提起した。非民主主義から民主主義への体制移行には、時期によってトレンドがあるという議論である（サミュエル・P・ハンティントン著、川中豪訳『第三の波』白水社、二〇二三年）。

民主化の「第一の波」は一八二八～一九二六年に生じ、参政権が拡大した。だが、民主化の波には揺り戻しも生じる。一九二二～四二年にかけ、共産主義やファシズム、軍国主義といったイデオロギーが興隆した。「第一の揺り戻しの波」である。日本でも一九二〇年代に制限された民主主義が導入されたが、三〇年代初頭に軍が台頭した。

続いて、一九四三～六二年にかけて民主化の「第二の波」が到来した。ここには、第二次世界大戦後、日本やドイツ西部などを連合国が占領して、民主主義制度の開始を促したことが含まれる。しかし、「第二の揺り戻しの波」が一九五八～七五年にきた。クーデターなどによって成立した体制は、権威主義の色彩を帯びるようになった。

その後、民主化の「第三の波」が一九七四年から生じた。ヨーロッパ、アジア、ラテン・アメリカと民主主義が広がり、八〇年代末には共産主義世界を飲み込んでいった。この波は二〇〇〇年代初頭にかけて続いたといえる。

民主化の波を促進してきたのはアメリカなどの国々であった。民主主義的規範を擁護し、民主的な政府や運動を

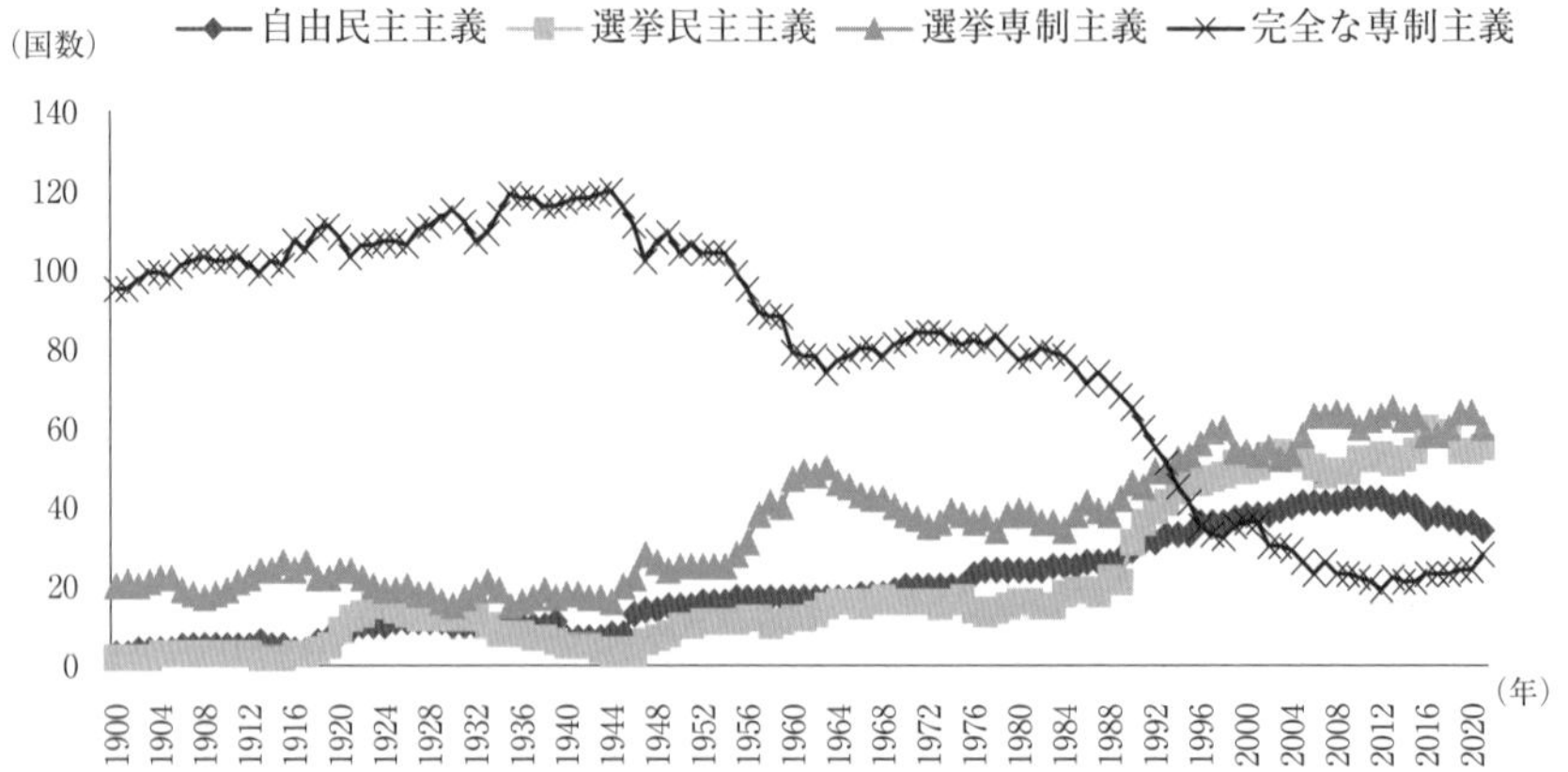

★—民主主義国と専制主義国の数（Our World in Data 〈https://ourworldindata.org/〉より作成）

支援し、自由貿易と広範な経済発展を支援し、さらに、侵略を抑止し抑圧を非難することによって、民主主義は広がってきたのである。民主主義国家同士は戦争をしにくいという「民主的平和論」もこれを後押しした。

〔「第三の揺り戻し」〕

だが、今日、世界的に民主主義国家の数が減少するとともに、専制主義国家が増加し、民主主義の危機が訴えられている。「第三の揺り戻し」のただ中に我々はいると捉えることができよう。

多くの国で専制支配者が主導権を握り、民主主義者は守勢に立たされ、競争的な政治と表現の自由が縮小している。以前の揺り戻しの波では、軍事クーデターが民主主義を蝕む典型的な手法であった。だが今日は、選挙で選ばれた指導者たちが、裁判所や経済界、メディア、国家機関の政治的独立性を攻撃している。民主主義は徐々に死に追いやられているのである（ラリー・ダイアモンド著、市原麻衣子監訳『侵食される民主主義』上・下、勁草書房、二〇二二年）。

スウェーデンのV‐Dem研究所は政治体制を、自由民主主義・選挙民主主義・選挙専制主義・完全な専制主義の四つに分類している（V-Dem Institute, "Democracy Report 2023, https://www.v-dem.net/publications/democracy-reports/）。

選挙民主主義とみなされるには、普通選挙が実施され、表現や結社の自由、自由で公正な選挙が実施される必要がある。したがって、選挙さえ実施すれば民主主義となるわけではない。選挙民主主義の要件が満たされ、自由主義的な側面（立法と司法による行政の制約や、法の支配、個人の人権）が尊重されていれば、自由民主主義と呼ばれる。選挙専制主義では、民主主義を模倣した制度が存在するものの、信頼性や質の面で民主主義の基準を満たしていない。完全な専制主義では、国民にほぼ制約されずに、個人や集団が権力を行使している。この定義に基づくと、世界の人口の約七〇％が非民主主義国に住んでいることになる。

さらに、アメリカをはじめとした自由民主主義が確立された国々自体も揺らいでいる。司法の独立・メディアの自由・市民的自由が浸食され、政治的に分極化し、不寛容になり、機能不全に陥りつつあるのである。

我々は相互の繋がりがますます強まる世界に生きている。したがって、「第三の波」のように自由の風が吹くと、既存の民主主義国でも新興の民主主義国でも、民主主義を深め説明責任を求める社会的勢力の追い風となる。逆に、権威主義の風が吹き荒れると、権利と説明責任をめぐる環境が悪化し、各国に影響を及ぼす。

〈自由で開かれた国際秩序の受益者、日本〉

こうした国内の政治体制の変化は、国際秩序のあり方にも密接に関係している。

我々が今日暮らす世界は、自由で開かれた国際秩序などと呼ばれる。これは、ジャーナリストの船橋洋一と国際政治学者のジョン・アイケンベリーによると、アメリカが保証するハードパワーを背景とした、開かれた形のルール・規範・制度であり、相互に関連する三つの柱から形成される。第一は安全保障秩序であり、国際法や条約を通じて対立の緩和に努める国際連合（国連）や、アメリカ主導の同盟関係が含まれる。第二の経済秩序は、自由貿易と無差別の原則、世界経済を管理する多国間協定に基づく。第三の人権秩序は、民主主義や個人の自由と人権及び移動の自由に対する、規範的なコミットメントから成っている（船橋洋一、G・ジョン・アイケンベリー編『自由主義の危機』東洋経済新報社、二〇二〇年）。

日本は第二次世界大戦後、こうした自由で開かれた国際秩序の受益者であった。対日講和条約と同時に署名された日米安全保障条約を所与とし、いわゆる吉田ドクトリンのもと、日本外交は再出発した。そして、日米経済摩擦を生じるほど経済的に発展を遂げ、サミット体制に参画するなど、国際秩序の維持に尽力するようになっていく。

かつて大平正芳《おおひらまさよし》首相は、政策研究会「総合安全保障研究グループ」を立ち上げ、総合安全保障政策を議論させた。この研究会が一九八〇年に提出した報告書は、「日本は、国内的にも国際的にも、自由で開放的な秩序を志向しており、それ故に、いわゆる『自由陣営』に属してきた」と端的に論じ、「自由で開放的な秩序の維持、発展を求めることが、当然、日本の基本的政策となるのである」と喝破した。

さらに、湾岸危機・湾岸戦争やアフガニスタン・イラク戦争を経て、今や自衛隊の海外派遣は珍しいものではなくなった。国連平和維持活動（ＰＫＯ）にも自衛隊を派遣している。政府開発援助（ＯＤＡ）を含む開発協力や、核軍縮・核兵器不拡散の問題などを通じても、日本政府は積極的に国際社会に関わってきている。

〈自由で開かれた国際秩序の危機〉

だが今日、世界で民主主義が揺らぐと同時に、自由で開かれた国際秩序も危機に瀕している。日本の文脈では、大きく分けて三つの課題が生じていると船橋とアイケンベリーは指摘する。

第一に、世界のパワーバランスの変化である。アメリカは、特にアジアにおいて、自由で開かれた国際秩序を維持・発展させてきた。だが、そのコミットメントが不確実になってきている。アメリカが相対的に衰退する一方、中国は経済規模の拡大とともに、軍隊や準軍事組織の近代化と増強を進めている。中国はロシアとの戦略的な連携も強化しており、アメリカ主導の自由主義的な制度やイデオロギーに挑戦し始めている。北東アジアでは北朝鮮も核とミサイル能力を向上させている。

本書が示してきたように、日本は戦前から国際的な環境の影響を強く受けつつ外交を展開してきた。今日では、米中の対立のはざまに日本は置かれている。厳しい安全保障環境にあって、日本は対応を迫られている。

★—G7広島サミットのセッション（出典：首相官邸ホームページ）

第二に、グローバル化と技術革命である。グローバル化は億単位の人々を貧困から解放した一方で、同時に多くの人々の生活基盤を破壊し、無力感を漂わせることにもなった。人工知能（ＡＩ）・ビッグデータ・ブロックチェーンなどの第四次産業革命の技術革新が進行していることも、大きな混乱を引き起こしつつある。特に、中国は５Ｇ技術を世界に先駆けて普及させ、デジタル覇権争いにおける地場を築こうとしている。日本は、インターネット・デジタル化・スマートフォンなどの市場化と社会実装化で遅れをとっており、新たな技術革新への対応が急務である。

第三に人口減少と公的負債である。日本の労働力人口は一九九五年から減少し始めており、このままだと、今世紀末までに日本の人口は五〇〇〇万人にまで減少し、そのうち四〇％は高齢者となる見込みである。こうしたことを背景として社会保障費が増加し、公的債務が国内総生産（ＧＤＰ）の二〇〇％以上となっている。これは、第二次世界大戦直後の債務水準をも上回っている。人口減少と経済規模の相対的縮小によって弱体化する日本は、他国にとって魅力的なパートナーではなくなっていくかもしれない。

日本国内に目を向けると、たしかに、冷戦期に比べれば外交・安全保障政策は超党派になりつつあり、国際秩序の維持において役割を果たすことに一定のコンセンサスがあるといえよう。だが、日本は国力の限界を抱えており、国内世論が具体論としてどこまでの負担に耐えられるのかは不透明である。

〔日本外交の模索〕

それでもなお、日本政府は国際秩序を維持すべく尽力している。二〇二二年に改定された「国家安全保障戦略」でも、国際秩序が重大な挑戦にさらされているとの認識が示され、自由・民主主義・基本的人権・法の支配などの普遍的価値や国際法に基づく国際秩序を擁護することが国益であると謳われた。特に、「自由で開かれたインド太平洋」（ＦＯＩＰ）というビジョンのもと、自由で開かれた国際秩序の実現が死活的に重要であるとされている。

もちろん、こうした秩序は日本一国の意思や能力だけで実現できるものではない。そのためには、各国との協力が不可欠である。日米豪印（ＱＵＡＤ）や日米韓などの枠組みを活用しつつ、欧州諸国・東南アジア諸国連合（ＡＳＥＡＮ）諸国・カナダ・北大西洋条約機構（ＮＡＴＯ）・欧州連合（ＥＵ）などと安全保障上の協力を強化することも、国家安全保障戦略には盛り込まれた。また、国際経済の面でも、「環太平洋パートナーシップに関する包括的及び先進的な協定」（ＣＰＴＰＰ）を主導し、日ＥＵ経済連携協定（ＥＰＡ）に参加するなど、自由貿易の推進を通じて、国際秩序の維持を目指している。

果たして日本は自由で開かれた秩序を維持していけるのか。日本外交の模索は続く。

外交を知るためのブックガイド

比較的最近出版されたもので、入手しやすいものを中心に紹介しよう。

外交には過去の交渉の経緯に規定される側面があるため、理解を深めるには歴史をおさえる必要がある。そのためには、まず通史的な教科書や研究書を読むのがよいだろう。

たとえば、**片山慶隆編『国際政治の中の日本外交史』**（法律文化社、二〇二四年刊行予定）、**五百旗頭薫・奈良岡聰智『日本政治外交史』**（放送大学教育振興会、二〇一九年）、**井上寿一『日本外交史講義〔新版〕』**（岩波書店、二〇一四年）を参照。**増田弘・佐藤晋編著『新版　日本外交史ハンドブック—解説と資料—〔第二版〕』**（有信堂高文社、二〇一六年）や**武田知己・鈴木宏尚・池田慎太郎・佐道明広『資料で学ぶ日本政治外交史』**（法律文化社、二〇一七年）は包括的な資料集であり、通史を読む際の参考になる。**井上寿一・波多野澄雄・酒井哲哉・国分良成・大芝亮編『日本の外交』**全六巻（岩波書店、二〇一三年）は、外交史・政治思想史・国際政治学・地域研究など多角的な視点から日本外交を論じており、読みごたえがある。

戦前に関しては、**佐々木雄一『近代日本外交史—幕末の開国から太平洋戦争まで—』**（中公新書、二〇二二年）がある。また、**簑原俊洋・奈良岡聰智編著『ハンドブック近代日本外交史—黒船来航から占領期まで—』**（ミネルヴァ書房、二〇一六年）は、重要な外交事例が簡潔に記されているので、読みやすく、便利である。

戦後に特化したものとしては、**添谷芳秀『入門講義　戦後日本外交史』**（慶應義塾大学出版会、二〇一九年）や、**五百旗頭真編『戦後日本外交史〔第三版補訂版〕』**（有斐閣、二〇一四年）がバランスよくまとまっている。冷戦後に関しては、**宮城大蔵『現代日本外交史—冷戦後の模索、首相たちの決断—』**（中公新書、二〇一六年）がある。

政治史に関しては、**御厨貴・牧原出『日本政治史講義—通史と対話—』**（有斐閣、二〇二一年）や**清水唯一朗・瀧井一博・**

村井良太『日本政治史—現代日本を形作るもの—』（有斐閣、二〇二〇年）、北岡伸一『日本政治史—外交と権力—〔増補版〕』（有斐閣、二〇一七年）を参照。戦後に関しては、吉川弘文館の「現代日本政治史」シリーズがある（楠綾子『占領から独立へ 1945-1952』二〇一三年、池田慎太郎『独立完成への苦闘 1952-1960』二〇一一年、中島琢磨『高度成長と沖縄返還 1960-1972』二〇一二年、若月秀和『大国日本の政治指導 1972-1989』二〇一二年、佐道明広『「改革」政治の混迷 1989-』二〇一二年）。ちくま新書の歴史講義シリーズは、外交のみならず政治・経済・社会・思想など幅広いテーマをコンパクトに扱っている（小林和幸編『明治史講義【テーマ篇】』二〇一八年、筒井清忠編『大正史講義』二〇二一年、筒井清忠編『昭和史講義—最新研究で見る戦争への道—』二〇一五年、筒井清忠編『昭和史講義2—専門研究者が見る戦争への道—』二〇一六年、筒井清忠編『昭和史講義【戦後篇】上・下』二〇二〇年、吉見俊哉編『平成史講義』二〇一九年）。

各地域との外交についても書籍が出版されている。日米関係については、畠山圭一編『テキスト日米関係論—比較・歴史・現状—』（ミネルヴァ書房、二〇二二年）が文化・社会、歴史、現状と展望を包括的に扱っている。吉次公介『日米安保体制史』（岩波新書、二〇一八年）は戦後の安全保障関係を、五百旗頭真編『日米関係史』（有斐閣、二〇〇八年）はペリー来航以来の歴史を論じている。日中関係に関しては、国分良成・添谷芳秀・高原明生・川島真『日中関係史』（有斐閣、二〇一三年）がある。戦前に関しては、日中両方の視点から書かれた波多野澄雄・中村元哉編『日中戦争はなぜ起きたのか—近代化をめぐる共鳴と衝突—』（中央公論新社、二〇一八年）も参照。日台関係に関しては、川島真・清水麗・松田康博・楊永明『日台関係史 一九四五—二〇二〇〔増補版〕』（東京大学出版会、二〇二〇年）がある。日韓／日朝関係については、幕末から南北分断までは長田彰文『世界史の中の近代日韓関係』（慶応義塾大学出版会、二〇一三年）を参照。戦後の日韓関係に関しては、李鍾元・木宮正史・磯崎典世・浅羽祐樹『戦後日韓関係史』（有斐閣、二〇一七年）がある。木宮正史『日韓関係史』（岩波新書、二〇二一年）は、主に戦後の韓国との関係を扱った通史である。日露／日ソ関係は、戦前期については麻田雅文『日露近代史—戦争と平和の百年—』（講談社現代新書、二〇一八年）、戦後も含めた通史として五百旗頭真、下斗米伸夫、A・V・トルクノフ、D・V・ストレリツォフ編『日ロ関係史—パラレル・ヒストリーの挑戦—』（東京大学出版会、二〇一五年）を参照。インドとの関係は、**堀本武功編『現代日印関係入門』**（東京大学出版会、二〇一七年）、アジア全般に関しては、**宮城大蔵編著『戦後日本のアジア外交』**（ミネルヴァ書房、二〇一五年）がある。**川島真・服部龍二編『東アジア国際政治史』**（名古屋大学出版会、二〇〇七年）は、一九～二一世紀に至る日本・中国・韓国／朝鮮・台湾の関係を描いている。

日本外交の諸問題に関しては、**佐藤史郎・川名晋史・上野友也・齊藤孝祐・山口航編『日本外交の論点〔新版〕』**（法律文化社、二〇二四年）が、賛否両論を併記している。安全保障については、**千々和泰明『戦後日本の安全保障―日米同盟、憲法九条からNSCまで―』**（中公新書、二〇二二年）、**山本章子『日米地位協定―在日米軍と「同盟」の七〇年―』**（中公新書、二〇一九年）が、自衛隊に関しては、**佐道明広『自衛隊史論―政・官・軍・民の六〇年―』**（吉川弘文館、二〇一五年）がある。沖縄の米軍基地については、**野添文彬『沖縄米軍基地全史』**（吉川弘文館、二〇二〇年）がわかりやすい。**川名晋史編『世界の基地問題と沖縄』**（明石書店、二〇二二年）は、基地問題を国際比較の視点から分析している。歴史問題に関しては、**波多野澄雄『日本の歴史問題―「帝国」の清算から靖国、慰安婦問題まで―』**（中公新書、二〇二二年）を参照。

指導者については、**佐道明広・小宮一夫・服部龍二編『人物で読む近代日本外交史―大久保利通から広田弘毅まで―』**（吉川弘文館、二〇〇九年）、**同編『人物で読む現代日本外交史―近衛文麿から小泉純一郎まで―』**（吉川弘文館、二〇〇八年）がある。戦後の首相に関しては、**宮城大蔵編『平成の宰相たち―指導者一六人の肖像―』**（ミネルヴァ書房、二〇二一年）や、**増田弘編『戦後日本首相の外交思想―吉田茂から小泉純一郎まで―』**（ミネルヴァ書房、二〇一六年）を参照。

世界における日本の位置づけを考えるには、**佐橋亮『米中対立―アメリカの戦略転換と分断される世界―』**（中公新書、二〇二一年）や**細谷雄一『国際秩序―一八世紀ヨーロッパから二一世紀アジアへ―』**（中公新書、二〇一二年）が参考になる。

外交官に興味があれば、**河東哲夫『新・外交官の仕事』**（草思社文庫、二〇一五年）の一読をお勧めする。

政府の見解やデータについては、『外交青書』や『開発協力白書』など、政府刊行物を見てみよう（インターネット上で公開されている）。タイムリーな出来事については、シンクタンク（日本国際問題研究所、防衛研究所、平和・安全保障研究所など）がレポートや解説記事などを出していることがあるので、ウェブサイトを確認してみよう。

アイルランド
スウェーデン
ノルウェー
ポルトガル
スペイン
ロシア帝国
モンゴル
ヒヴァ=ハン国
ブハラ=ハン国
オスマン帝国
中華民国
朝鮮
日本
太平洋
カージャール朝
アフガニスタン
モロッコ
アルジェリア
リビア
エジプト
ネパール
ブータン
インド帝国
台湾
香港(英)
マカオ(ポ)
マリアナ諸島(独)
ワッハーブ王国
ディウ(ポ)
シャンデルナゴル(仏)
フランス領インドシナ連邦
タイ
フランス領西アフリカ
エリトリア
アラビア海
ゴア(ポ)
マヘー(仏)
マニラ
グアム(米)
フィリピン諸島
エジプト=スーダン
フランス領ソマリランド
イギリス領ソマリランド
イタリア領ソマリランド
ポルトガル領ギニア
ナイジェリア
フランス領赤道アフリカ
ポンディシェリ(仏)
マーシャル諸島(独)
カロリン諸島(独)
エチオピア
セイロン
カメルーン
リベリア
マレー連合州
ケニア
シンガポール
ボルネオ
ビスマルク諸島
ベルギー領コンゴ
ベルギーの委任統治領
スマトラ
タンガニーカ
イギリスの委任統治領
インド洋
オランダ領東インド
ニューギニア
ジャワ
東ティモール
アンゴラ
北ローデシア
南西アフリカ
南アフリカの委任統治領
南ローデシア
ポルトガル領東アフリカ
マダガスカル
南アフリカ連邦
オーストラリア
0
3000km
ニュージーランド

第一次世界大戦前の世界勢力地図

- イギリスとその領土（英）
- フランスとその領土（仏）
- スペインとその領土
- ポルトガルとその領土（ポ）
- オランダとその領土（蘭）
- ドイツとその領土
- アメリカとその領土
- 日本とその領土
- イタリアとその領土
- ベルギーとその領土

ソヴィエト社会主義共和国連邦
モンゴル人民共和国
中華人民共和国
朝鮮民主主義人民共和国 1948
大韓民国 1948
東京
日本
太平洋
アイルランド
スウェーデン
ノルウェー
フィンランド
ポルトガル
スペイン
トルコ
キプロス1960
シリア 1946
レバノン
イスラエル 1948
イラク
イラン 1925
アフガニスタン
クウェート1951
バーレーン1971
カタール 1971
パキスタン 1947
ヨルダン1946
サウジアラビア
エジプト
アラブ首長国連邦 1971
オマーン 1971
イエメン 1990
1993エリトリア
ジブチ 1977
ネパール
ブータン
インド 1947
バングラデシュ 1971
ミャンマー 1989
ラオス 1953
タイ
カンボジア1953
ベトナム民主共和国 1945
ベトナム共和国 1955
香港(英→1997返還)
マカオ(ポ→1999返還)
(台湾)
フィリピン
ブルネイ1984
マレーシア 1963
シンガポール 1965年分離独立
インドネシア 1949
東ティモール(ポ)
パプアニューギニア 1975
スリランカ 1972
モルディブ 1965
インド洋
セーシェル 1976
コモロ 1975
マダガスカル
オーストラリア
ニュージーランド
チュニジア 1956
マルタ 1964
モロッコ 1956
アルジェリア 1962
リビア 1951
マリ
ニジェール
チャド
スーダン 1956
エチオピア
ソマリア
ブルキナファソ
ガーナ 1957
ベナン
ナイジェリア
カメルーン
中央アフリカ
コートジボワール
リベリア
トーゴ
1968 赤道ギアナ
サントメ=プリンシペ 1975
ガボン
コンゴ共和国
コンゴ民主共和国
ウガンダ 1962
ケニア 1963
ルワンダ 1962
ブルンジ 1962
タンザニア1964
アンゴラ 1975
ザンビア 1964
マラウイ 1964
モザンビーク 1975
ジンバブエ 1980
ナミビア 1990
ボツワナ 1966
スワジランド1968
レソト1966
南アフリカ共和国
0
3000km

冷戦期の世界地図

アメリカとその同盟国（1959年）
共産主義国（1959年）
戦後独立した国
数字 独立年
1960年の独立国（アフリカ）
(英) イギリス領
(仏) フランス領
(ポ) ポルトガル領

機関名	活動年	機関名	活動年
国際エネルギー機関（IEA）	1974～	南米南部共同市場(MERCOSUR)	1991～
ラテンアメリカ統合連合(ALADI)	1981～	欧州連合（EU）	1993～
湾岸協力理事会（GCC）	1981～	カリブ諸国連合（ACS）	1994～
アジア太平洋経済協力(APEC)	1989～	世界貿易機関（WTO）	1995～
独立国家共同体（CIS）	1991～	太平洋諸島フォーラム（PIF）	2000～
中米統合機構（SICA）	1991～	アフリカ連合（AU）	2002～

主な国際機関本部地図

機関名	活動年	機関名	活動年
国際連盟	1920〜46	石油輸出国機構 (OPEC)	1960〜
国際連合	1945〜	経済協力開発機構 (OECD)	1961〜
アラブ連盟	1945〜	東南アジア諸国連合(ASEAN)	1967〜
北大西洋条約機構 (NATO)	1949〜	アラブ石油輸出国機構(OAPEC)	1968〜
米州機構 (OAS)	1951〜	アンデス共同体 (CAN)	1969〜
ワルシャワ条約機構 (WTO)	1955〜91	カリブ共同体 (CARICOM)	1973〜

執筆者紹介

＊配列は 50 音順とした

石田《いしだ》智範《とものり》	1985 年生まれ	防衛省防衛研究所主任研究官⇒ Q28・39・47
井上《いのうえ》正也《まさや》	1979 年生まれ	慶應義塾大学法学部教授⇒ Q31・32
今井《いまい》宏平《こうへい》	1981 年生まれ	ジェトロ・アジア経済研究所海外研究員⇒ Q33・38
沖村《おきむら》理史《ただし》	1967 年生まれ	広島市立大学広島平和研究所教授⇒ Q57
小野《おの》純子《すみこ》	1978 年生まれ	外務省不拡散・科学原子力課輸出管理交渉官⇒ Q55
片山《かたやま》慶隆《よしたか》	別掲	⇒ Q5～10・12、コラム 1
亀田《かめだ》政之《まさゆき》	1983 年生まれ	外務省中東アメリカ局中東第二課首席事務官 ⇒ Q41～43、コラム 2
木場《きば》紗綾《さや》	1980 年生まれ	神戸市外国語大学国際関係学科准教授⇒ Q25・49・52
篠﨑《しのざき》正郎《まさお》	1980 年生まれ	防衛大学校防衛学教育学群准教授⇒ Q34・50
醍醐《だいご》龍馬《りゅうま》	1988 年生まれ	小樽商科大学商学部一般教育系准教授⇒ Q3・4・27
田中《たなか》慎吾《しんご》	1979 年生まれ	大阪経済法科大学国際学部特別専任准教授⇒ Q40・48
張《ちょう》　雪斌《せつひん》	1985 年生まれ	大阪経済法科大学国際学部准教授⇒ Q58
土屋《つちや》貴裕《たかひろ》	1980 年生まれ	京都先端科学大学経済経営学部准教授⇒ Q46・60
中山《なかやま》裕美《ゆみ》	1983 年生まれ	東京外国語大学大学院総合国際学研究院准教授⇒ Q51・59
西村《にしむら》真彦《まさひこ》	1988 年生まれ	国際日本文化研究センター機関研究員⇒ Q21～23・26
野添《のぞえ》文彬《ふみあき》	1984 年生まれ	沖縄国際大学法学部准教授⇒ Q24・29・30
樋口《ひぐち》秀実《ひでみ》	1967 年生まれ	國學院大學文学部教授⇒ Q16～20
福岡《ふくおか》万里子《まりこ》	1979 年生まれ	国立歴史民俗博物館研究部准教授⇒ Q1・2
舟橋《ふなばし》正真《せいしん》	1982 年生まれ	公益財団法人政治経済研究所研究員⇒ Q44、コラム 4
本多《ほんだ》倫彬《ともあき》	1981 年生まれ	中京大学教養教育研究院准教授⇒ Q36・37・54
政所《まどころ》大輔《だいすけ》	1984 年生まれ	北九州市立大学外国語学部准教授⇒ Q53
三浦《みうら》秀之《ひでゆき》	1982 年生まれ	杏林大学総合政策学部准教授⇒ Q56
山口《やまぐち》　航《わたる》	別掲	⇒ Q35・45、コラム 3・5・6
吉田《よしだ》ますみ	1990 年生まれ	公益財団法人三井文庫研究員⇒ Q11・13～15

編者略歴

片山慶隆

一九七五年、神奈川県に生まれる
一九九九年、学習院大学文学部史学科卒業
二〇〇五年、一橋大学大学院法学研究科博士後期課程修了
現在、関西外国語大学英語国際学部教授、博士（法学）
〔主要著書〕
『日露戦争と新聞―「世界の中の日本」をどう論じたか―』（講談社、二〇〇九年）
『小村寿太郎―近代日本外交の体現者―』（中央公論新社、二〇一一年）

山口　航

一九八五年、兵庫県に生まれる
二〇一四年、同志社大学大学院法学研究科博士後期課程単位取得満期退学
現在、帝京大学法学部専任講師、博士（政治学）
〔主要著書〕
『冷戦終焉期の日米関係―分化する総合安全保障―』（吉川弘文館、二〇二三年）

Q＆Aで読む日本外交入門

二〇二四年（令和六）三月一日　第一刷発行

編　者　片《かた》山《やま》慶《よし》隆《たか》
　　　　山《やま》口《ぐち》航《わたる》

発行者　吉川道郎

発行所　株式会社 吉川弘文館
郵便番号一一三―〇〇三三
東京都文京区本郷七丁目二番八号
電話〇三―三八一三―九一五一〈代〉
振替口座〇〇一〇〇―五―二四四番
https://www.yoshikawa-k.co.jp

印刷＝藤原印刷株式会社
製本＝ナショナル製本協同組合
装幀＝黒瀬章夫

ISBN978-4-642-08446-8

前田哲男・飯島滋明編

Q&Aで読む 日本軍事入門

A5判・二五二頁／二二〇〇円（税別）

憲法九条・自衛隊・安保条約・集団的自衛権・秘密保護法・領土問題…。これからの日本の平和と安全はどうなるのか。太平洋戦争から今日まで、日本の軍事に関わるさまざまな疑問を、ジャーナリスト・軍事専門家・憲法学者ら気鋭の執筆者が平易に解答する。教科書にはない歴史が語られ、〝新たな戦前〟への警鐘を鳴らす、若い世代に向けた格好の手引書。